古典文獻研究輯刊

三五編

潘美月・杜潔祥 主編

第6冊

詩經世本古義

（第二冊）

陳開林 校證

國家圖書館出版品預行編目資料

詩經世本古義（第二冊）／陳開林 校證 -- 初版 -- 新北市：
花木蘭文化事業有限公司，2022〔民 111〕
目 2+210 面；19×26 公分
（古典文獻研究輯刊 三五編；第 6 冊）
ISBN 978-626-344-108-8（精裝）
1.CST：詩經 2.CST：研究考訂
011.08 111010303

ISBN-978-626-344-108-8
9 786263 441088

古典文獻研究輯刊
三五編 第 六 冊 ISBN：978-626-344-108-8

詩經世本古義（第二冊）

作 者 陳開林 校證
主 編 潘美月、杜潔祥
總 編 輯 杜潔祥
副總編輯 楊嘉樂
編輯主任 許郁翎
編 輯 張雅淋、潘玟靜、劉子瑄 美術編輯 陳逸婷
出 版 花木蘭文化事業有限公司
發 行 人 高小娟
聯絡地址 235 新北市中和區中安街七二號十三樓
電話：02-2923-1455／傳真：02-2923-1452
網 址 http://www.huamulan.tw 信箱 service@huamulans.com
印 刷 普羅文化出版廣告事業
初 版 2022 年 9 月
定 價 三五編 39 冊（精裝）新台幣 98,000 元

詩經世本古義
（第二冊）

陳開林 校證

目次

第二冊

詩經世本古義卷之六

閩儒何楷玄子氏學

殷文丁之世詩五篇

何氏小引

《采薇》，勞戍役也。周公季歷以戍役伐戎，獲捷而歸，代為述征之辭以勞之。

《卷耳》，太姒欲文王求賢審官也。

《鹿鳴》，文王燕群臣嘉賓之詩。

《南山有臺》，文王養老之詩。

《伐木》，文王季冬大飲三族也。

采薇

《采薇》，勞戍役也。周公季歷以戍役伐戎，獲捷而歸，代為述征之辭以勞之。據詩中有「一月三捷」之語，以《竹書》考之，文丁十一年，周公季歷伐翳徒之戎，獲其三大夫來獻捷。其事與三捷合，即此詩之所為作也。翳徒當是獫狁別號，或其君長之名。《漢書・匈奴傳》云：「匈奴，其先夏后氏之苗裔，曰淳維。唐、虞以上，有山戎、獫狁、葷粥，居於北邊，隨草畜牧而轉移。」顏師古謂「山戎、獫狁、葷粥皆匈奴別號」，然則翳徒以戎名，正所謂山戎耳。又，《竹書》於季歷獻捷之後，即書王殺季歷。沈約注云：「王嘉季歷之功，錫之圭瓚秬鬯，九命為伯。既而執諸塞庫，季歷困而死。因謂文丁殺季歷。」《竹書》小注亦云：「執王季於塞庫，羈文王於玉門。鬱尼之情，辭以作歌，其來久矣。」季歷有勞而不見察，鬱邑不得志而死，非文丁殺之也。而曰王殺者，所以深著文丁之失耳。雖於他書無所見，而此事或者不誣。季歷死於文丁十一年，則文王嗣位當即在文丁之世，而《孔叢子》載子思述子夏之言，謂「殷王帝乙之時，王季以九命作伯於西，受圭瓚秬鬯之賜〔註 1〕，故文王因之得專征伐」。後之編史者，如《皇王人〔註 2〕紀》、《通鑒前編》、《諸史會編》之類，因《孔叢》之言，謂王季於帝乙時尚在，遂繫文王嗣位於帝乙之世。今以意會之，正謂帝乙命文王為西伯，實仍王季九命作伯之舊耳，非指王季為帝乙所命也。古人文字質直，不善讀者鮮不以疑似失之，往往類此。

采薇采薇，微韻。與下「曰歸」以隔句為韻。**薇亦作**叶遇韻，臧祚翻。**止**。豐氏本作只。下同。**曰歸曰歸**，微韻。**歲亦莫**叶遇韻，莫故翻。陸德明本作「暮」。**止**。**靡室靡家**，叶遇韻，古慕翻。**玁**《漢書》、《申培說》、豐本俱作「獫」。下同。**狁**《漢書》作「允」。**之故**。遇韻。**不遑啟居**，叶遇韻，讀如自，俱遇翻。**玁狁之故**。同上。○賦也。「薇」，解見《草蟲》篇。重言「采薇」者，不一採也。「作」，起也，猶言怒生也。「止」，通作「只」，《說文》云：「語已詞也。」後仿此。「曰」者，預計之詞。「莫」，晚也。此代為將士追述之言，曰：我向從戍臨行，正是春月採取薇菜之時，其薇菜已生而出地矣。斯時心口相語，當何時歸乎？何時歸乎？連言之者，念歸之切，慮其當在歲晚也。「靡」，通作「無」，蓋音近也。男有室，女有家。今男不得以室為室，女不得以家為家，所謂「靡室靡家」也。「玁狁」，毛《傳》云：「北狄也。」鄭玄云：「今匈奴也。」按：《說文》「玁」作「獫」，「長喙犬」也。「狁」，據《前漢書》，本作「允」。《說文》無「狁」字，意即《左傳》所謂「允姓之奸，居於瓜州」者。因其為狄，故以犬呼之曰玁狁〔註 3〕耳。「遑」，《說文》云：「急也。」「啟」，《爾雅》云：「跪也。」按：「啟」之訓「跪」，其義難通。展轉推尋，當是「啟」音同「跽」，通作「跽」耳。「跽」，《說文》云：「長跪也。」謂伸兩足，兩膝著地而立身也。凡有所獻於尊者，必拜跪而進之，此蓋指將父將母之事也。以玁狁侵陵之故，身當出戍，不能急急為啟居之計。啟

〔註 1〕「賜」，四庫本作「錫」。《孔叢子・居衛第七》作「賜」。
〔註 2〕「人」，當作「大」。《皇王大紀》八十卷，胡宏撰。
〔註 3〕「狁」，底本作「允」，據四庫本改。

所以求父母之歡，居所以圖棲止之逸也。朱子云：「敘其勤苦悲傷之情，而又風以義也。」○**采薇采薇，薇亦柔**尤韻。**止。曰歸曰歸，心亦憂**尤韻。**止。憂心烈烈，**屑韻。**載飢載渴。**叶屑韻，巨列翻。**我戍未定，**叶青韻，唐丁翻。**靡使歸聘。**叶青韻，讀如俜，滂丁翻。○賦也。「柔」，鄭云：「謂脆脕之時。」朱子云：「始生而弱也。」「心亦憂止」，憂歸期之遠也。「烈」，《說文》云：「火猛也。」嚴云：「如火烈烈，言內熱也。」「載」之言「則」，亦音近也。輔廣云：「此章言其在路之情，故曰『憂心烈烈，載飢載渴』。凡人在道路時，饑渴固有所不免，故卒章言其歸路之情，亦曰『載飢載渴。』」蘇轍云：「內憂歸期之遠而外為饑渴之所困，亦甚病矣。」「我」，託為戍役之自我也。後倣此。「定」，《說文》云：「安也。」鄭云：「止也。」我戍未定，謂未至戍所而安止也。「使」，指同戍者言。「聘」，毛云：「問也。」徐鍇云：「字久耳，訪問之以耳也。」孔穎達云：「謂問安否之義。『靡使歸聘』，同行無歸人，誰可使問其家之安否也？」○**采薇采薇，薇亦剛**陽韻。**止。曰歸曰歸，歲亦陽**韻。**止。王事靡盬，**麌韻。**不遑啟處。**叶麌韻，讀如取，此主翻。**憂心孔疚，**叶職韻，訖力翻。**我行不來。**叶職韻，六直翻。○賦也。「剛」，朱子云：「既成而剛也。」三山李氏云：「始遣戍時，薇始生。其後薇長而柔，又其後薇壯而剛，以見天時之變爾。」戴侗云：「薇即苦益菜，生山中，冬晚抽牙，至春柔矣，夏而剛，宜芼豕。《詩》曰：『薇亦剛止，歲亦陽止。』薇蓋至夏而剛也。」愚按：據戴說，以陽為夏，則此云陽者，謂正陽之月，乃巳月也。與「日月陽止」之解不同。首章言「歲亦暮止」，預期之辭也。此言「歲亦陽止」，即景之辭也。雖均以「曰歸」發端，而命意各別。「王事」，謂封疆守禦之事。「盬」，毛云：「不堅固也。」按：盬乃河東鹽池之名。鹽最易消，故為不堅固之義。「王事靡盬」者，謂王事不可使之不堅固，故當竭力以圖之也。愚意此說亦迂。以音求之，直是「盬」、「固」音近，通作「固」耳。言王事無可恃以為固者，故外侮來侵如此也。「不遑啟處」，與首章「不遑啟居」義同。但彼就初上道言，此則已至戍所，而復興內顧之思耳。「憂心孔疚」與次章「憂心」意亦有異。彼憂歸期之遠，此則根「王事靡盬」生來，憤激國難，以成敗利鈍未可逆知，故憂之而至於甚病也。「行」，是戍已定而復他，有所行意。當時必有趨利搗巢之事，故下章以「戎車既駕」、「一月三捷」言也。「來」，鄭云：「猶反也。」據家曰來。朱子云：「此見士之竭力致死，無還心也。」凌濛初云：「我行不來，奮然自誓，壯氣凜凜，自與『不我活兮』不同。」

沈蓮岡云：「言情處委曲悲傷，言義處慷慨激烈，自是動人。」○**彼爾**《爾雅注》、《說文》俱作「薾」。**維何？維常之華**。麻韻。**彼路斯何？君子之車**。麻韻。**戎車既駕，四牡業業**。叶韻。**豈敢定居，一月三捷**。叶韻。○興也。「爾」，《說文》云：「麗爾也，猶靡麗也，從冂從㸚，尒聲。與爽同意。」徐鍇云：「猶歷歷然希疏點綴見明也。」《說文》又引此詩句，作「薾」，云：「華盛貌。」二義俱通。「常」，常棣也。解見《常棣》篇。常棣之華甚盛，秦子〔註 4〕所謂「作人當如常棣，灼然光發」是也。「路」，戎路。「斯」，此也。「君子」，謂主帥，則季歷是也。「戎路」乃主帥所乘，若下文所謂「戎車」，則總括五戎而言，路車亦在其內。朱子即以路當戎車，非是。按：《周禮》車僕所掌，有戎路、廣車、闕車、蘋車、輕車五者。戎路即革路，王在軍所乘也。廣車，橫陳之車，備更迭戰者。闕車，遊軍，乘以補闕者。蘋車，蘋讀為屏，所用對敵以自蔽隱者。輕車，所以馳敵致師者。此五者，皆兵車，所謂五戎也。不獨天子有之。「巾車」職云：「革路以即戎，以封四衛。」故《春秋傳》曰「公喪戎路」，又「王賜晉侯戎路之服」，又襄十四年，欒鍼曰「吾有二位於戎路」，是則侯國亦有戎路也。邲之戰，楚君之戎分為二廣，是侯國亦有廣車也。又，邲之戰，楚使潘黨率遊闕四十乘，是侯國亦有闕車也。《孫子》八陳，有蘋車之陳，又曰「馳車千乘」，是蘋車、輕車侯國皆有也。殷車制無考，但即《周禮》例之，內之卿大夫士視外之侯伯子男命數相等，固知所乘為戎路。而自廣車以下四等之車，其皆為行間所必備，明矣。詩之興意，以棣華之盛況兵車之盛，非但為一君子之車言也。又，陸佃云：「常棣，華萼上承下覆，甚相親爾。」此以「爾」通作「邇」取義，以興將帥士卒互相親爾，亦自可通。但此詩只言華，不曾及萼，未可與鄂韡之詩同論耳。「駕」，《說文》云：「馬在軛中也。」「業」，所以飾懸鍾鼓者，《詩》「簴業維樅」是也。借為動而不息之貌，故曰「業業」也。「豈敢定居」，鄭云：「豈敢止而居處自安也？」陸化熙云：「『豈敢定居』內有工夫，如坐則運籌，行則決戰，退則堅壁，進則攻取是也，豈敢在心上看。」「捷」，《說文》云：「軍獲得也。」《春秋傳》：「齊人來獻戎捷」之捷。「一月三捷」，當時適有此事，即《竹書》所謂「獲三大夫來獻捷」是也。三捷之事，別無所見，故知此詩為王季伐翳徒之役無疑也。以常華推之，其時正在夏間，故於師既還而述其功以勞之耳。舊說泥於《小序》歌遣之說，乃以為預期之詞，正與說夢何異。又，鄭、孔謂遣戍有三時，故所

〔註 4〕按：陸璣《詩疏》：「蓁子曰：『作人當如常棣，灼然光發』。」

遣有先中後三輩，陸佃因之，遂謂「其到有先後，各能獲捷，故曰『一月三捷』」〔註5〕，皆迂滯附會，不成義理。《左・文十三年》：「鄭伯會公於棐，請平於晉。鄭大夫子家賦《載馳》之四章，魯季文子賦《采薇》之四章。鄭伯拜，公答拜。」〇**駕彼四牡，四牡騤騤**。叶微韻，讀如頎，渠希翻。**君子所依**，微韻。**小人所腓**。微韻。**四牡翼翼**，職韻。**象弭魚服**。叶職韻，鼻墨翻。**豈不日**陸德明云：「日音越，又人栗反。」今按：日音越，則是作「曰」字。**戒，玁狁孔棘**。職韻。〇賦也。三捷既奏，可以歸矣然。戍事未畢，猶未敢弛備遽歸。昔人言北狄畏暑耐寒，又秋氣折膠，則弓弩可用，故秋冬尤易為侵暴，必留屯以防之。此章所述，正其事也。「騤」，《說文》云：「馬行威儀也。」重言「騤騤」者，非一馬也。此歸而屯戍，非趨利進戰之時，故與上章「業業」之象不同。但見群馬之行動，有威儀而已。「君子」，即上章君子。「依」，憑依也。小人託為戍士，自稱之辭。「腓」，《說文》云：「脛腨也。」程子云：「腓有從動之義。人之腓，身行則從動。」劉彝云：「君子則依之以為禦備也，小人則腓之以為進退也。」愚按：「腓」本實字，今借作虛字解，終覺牽強。凡古文音同及偏傍同者多通用，此「腓」字當即是「扉」字。「扉」，《說文》、《爾雅》皆云隱也。《楚辭》「隱思君兮扉側」，《禮記》「取廟之西北扉薪用爨之」，皆訓作隱。此曰「小人所扉」者，言戍士亦藉是車以自隱蔽也。陳祥道云：「古之用兵也，險野，人為主；易野，車為主。險野非不用車而主於人，易野非不用人而主於車，車之於戰，動則足以衝突，止則足以營衛。將卒有所芘，兵械衣裝有所賫。昔周伐鄭，為魚麗之陳，先偏後伍，伍承彌縫。邲之戰，楚君之戎分為二廣。廣有一卒，卒偏之兩。先偏後伍，伍從其偏也。卒偏之兩，兩從其偏也。先其車，足以當敵。後其人，足以待變。則古者車戰之法略可知也。按：曰伍、曰兩、曰卒，皆以人言。曰偏、曰廣，皆以車言。《周禮》：『五人為伍，五伍為兩，四兩為卒。』即《司馬法》所謂『二十五人為兩，百人為卒』也。《左傳》杜《注》：『車十五乘為大偏，九乘為小偏。』其尤大者，又有二十五乘之偏。周魚麗之偏，二十五乘之偏也。楚二廣之偏，十五乘之偏也。」廣即廣車，說見上章。楚以十五乘為一廣，亦用舊偏法。西麓周氏云：「古者戰陳，士卒必與車乘相麗。故《左傳》曰：『卒乘輯睦。』」章氏云：「車戰之法，每車用甲士三人，步卒七十二人，

〔註5〕按：語見羅願《爾雅翼》卷四《釋草四・薇》。陸佃《埤雅》卷十八《釋草・薇》無此語。

行則以車為衛，居則以車為營。」顧起元云：「古者以馬駕車。秦晉韓原之戰，惠公乘小駟。昭公元年，晉荀吳敗狄於大鹵，始毀車崇卒，而單騎自此始。或問：《六韜》有騎戰，何言古無單騎？曰：《六韜》偽文，非太公著。杜牧之注《孫子》，曰：『黃帝險於蚩尤，以中夏車徒制夷虜騎士，此乃弧矢之利也。』牧之此言，必有所據。」徐光啟云：「讀『君子所依』二句，想見古人用車之法，今宜模仿此意，變通其制度，極是國家根本之策。若以房琯為口實，幾於懲噎廢飧矣，豈古無以步騎敗者乎？」「翼」，鳥羽也。「翼翼」，程子云：「行列整治之狀。」又，季本云：「言馬之欲行，如鳥舒翼也。」「象」，獸名。此謂象牙也。「弭」，《說文》云：「弓無緣，可以解轡紛者。」毛云：「弓反末也，所以解紒也，亦名彆。」《埤蒼》云：「彆，弓反末戾也。」孔云：「《爾雅》：『弓有緣者謂之弓』，謂繳束而漆之；『無緣者謂之弭』，不以繳束骨飾兩頭者也。紒與結義同。」繩束有結，用以解之，故曰所以解結也。兵車三人同載，左人持弓，中人御車，御人自當佩觿，不專待射者解結。弭之用骨，自是弓之所宜，亦不為解轡而設。但巧者作器，因物取用，若轡或有紒，可以助解之耳。一說：李巡謂骨飾兩頭曰弓，不以骨飾曰弭。郭璞《毛詩拾遺》云：「毛訓象弭，謂弓反末以象骨為之，蓋俗說之誤。」弭者，弓之別名，謂以象牙為之。今西方有以犀角及器角為弓者。「魚服」，以魚皮為矢服。陸璣云：「魚獸之皮也。魚獸似豬，東海有之，一名魚狸。其皮背上斑文，腹下純青。今以為弓鞬步叉者也。其皮雖乾燥，以為弓鞬矢服經年。海水將潮，及天將雨，其毛皆起水潮。沓及天晴，其毛復如故。雖在數千里外，可以知海水之潮，氣自相感也。」按：《左傳》：「夫人魚軒。」服虔亦云：「魚獸也。」「服」，盛矢器。《周禮》「仲秋獻矢服」、《國語》「檿弧箕服」是也。本作「箙」。《初學記》云：「織竹曰筵，以皮曰箙。箙者，柔服之義。筵者，相迫筵之名。」陳祥道云：「《周禮》：『田弋用籠箙，以竹為之。』則凡非籠箙皆皮也。『中秋獻矢箙』，蓋皮以秋堅也。然所謂魚服者，魚皮之堅者皆可為之，不必魚獸而已。弓與弩有三等，矢箙亦三等，則箙之長短視矢為之也。」「戒」，《說文》云：「警也。」「棘」，鄭云：「急也。」當通作「亟」。承上文言。行間之人，整肅器械，何日不然？雖無事之時，凜如大敵將至者，以玁狁往來飄忽，至如風雨，誠不可以忘備也。蔡汝楠云：「『豈敢定居』，繇君子有不測之略；『豈不日戒』，繇君子有不懈之心。《采薇》雖詠戍役之情，而將道亦自可見。」一說：「日戒」就心言。亦通。錢天錫云：「怠惰偷安，無果敢之氣，則謂之定居。疏忽慢敵，無敬謹之心，則謂之不戒。」豐道生云：「上章既敘其戰捷，此又述其日警之志，則所以美其憂國之誠終始不忘而勞之也。」〇**昔我往矣，楊柳依依**。微韻。**今我來思，雨**去聲。**雪霏霏**。微韻。豐氏本作「霏霏」。**行道遲遲**，支韻。**載渴載飢**。支韻。《鹽鐵論》作「饑」。**我心傷悲**，支韻。**莫知**《鹽鐵論》作「之」。**我哀**。叶支韻，魚羈翻。〇賦也。「昔我往矣」即首章所言采薇之時也。楊、柳本〔註6〕二種，然相似，而稱之易混。《爾雅》云：「楊，蒲柳，即《本草》之水楊也。」陸璣云：「有兩種，皮正青者曰小楊，其一種皮紅者曰大楊，皆長廣於柳葉，皆可為箭笴。」《左傳》所謂「董澤之蒲」是也，亦名楊柳。「柳」，《說文》云：「小楊也。」《本草注》云：「柳葉狹長青綠，枝條長軟。」《草木志略》云：「柳曰天棘。斬其枝，橫倒曲直插之，皆生其華，謂之絮，隨風如飛雪。」《夏小正》云：「正月柳稊。」稊者，發孚也。《注》云：「稊，芽也。」《衍義》云：「柳華即初生有黃蕊者。及其華，乾絮方出，謂之柳絮。」陸云：「柳，柔脆易生之木，與楊同類。」陳藏器云：「江東通名楊柳，北人都不言楊。楊樹葉短，柳樹葉長。舊說順插為柳，倒插為楊。」朱子云：「柳，楊之下垂者。楊，柳之揚起者。」「依依」者，初抽條時嫋嫋不定，如欲依倚他物也。「思」，語辭。「雨雪」，解見《北風篇》。「霏霏」，朱子云：「雪甚貌。」按：二十四氣，十月立冬之後為小雪，至大雪則為十一月節氣。此言「霏霏」，當在十一月以後也。《白虎通》云：「古者師出不踰時者，為怨思也。天道一時生，一時養。人者，天之貴物也。踰時則內有怨女，外有曠夫。故《詩》曰：『昔我往矣，楊柳依依。今我來思，雨雪霏霏。』」「遲遲」，毛云：「長遠也。」程子云：「言『行道遲遲』，則見歸思之切。」鄭云：「行反在於道路，猶饑渴，言至苦也。」「莫」，疑詞，猶《論語》「文莫吾猶人」之「莫」。「哀」，即傷悲，言或有知我之情者否乎。嚴云：「言莫知其勞苦，乃所以深知之也。」范景文云：「去日則盼前期，歸日則感往事。懷此悽惻，不啻在己也。」范祖禹云：「予於《采薇》見先王以人道使人，後世則牛羊而已。」毛云：「君子能盡人之情，故人忘其死。」朱子云：「首章言征夫之出，蓋以玁狁不可不征，故捨其室家而不遑寧處。二章則既出而不能不念其家。三章則竭力致死而無還心，蓋不復念家矣。四章、五章則唯勉於王事而欲成戰伐之功也。卒章則言事成之後，極陳其勞苦憂傷之情也。其序如此。」程子云：「上能察其情，則雖勞而不怨，雖憂而能勵矣。」

〔註6〕「本」，四庫本作「木」。

《采薇》六章。章八句。《序》云：「遣戍役也。文王之時，西有昆夷之患，北有玁狁之難，以天子之命，命將率遣戍役，以守衛中國。故歌《采薇》以遣之，《出車》以勞還，《杕杜》以勤歸也。」毛公云：「遣將率及戍役，同歌同時，欲其同心也。」季本辨之，云：「古者出師以喪禮處之，則無宴樂，故無遣詩。及其獻捷代還，則歌凱以歸，故極美其功而曲敘其情，以為勞詩也。」鄒忠胤亦云：「《序》以《采薇》為『遣戍夫』，『楊柳依依』則正薇柔時也，『雨雪霏霏』則正歲暮時也。撫今追昔，道其實歷之景如此。若云預道歸時之景，豈有方遣之日而遂以為昔往，是《莊子》所謂『今日適越而昔日至』矣。」今按：「一月三捷」，自是紀述實事之語。若遣行時，安得有此？《子貢傳》以為勞師之詩，是已。而但繫之宣王之世。《申培說》亦以為宣王之世，既驅玁狁，勞其還師之詩。此蓋惑於《漢書．匈奴傳》之說，謂懿王時，王室遂衰，戎狄交侵，暴虐中國，中國被其苦，詩人始作疾而歌之，曰：「靡室靡家，玁狁之故」、「豈不日戒，玁狁孔棘」。至懿王曾孫宣王興師命將，以征伐之，詩人美大其功。而或又泥《采薇》、《出車》篇中「昔我往矣」四語，文氣相類，則謂二詩果皆同時之作。今第思薇作薇柔，「楊柳依依」與「黍稷方華」迥不相及，且彼歸於「春日遲遲」，此歸於「雨雪霏霏」，冬春瞭然，烏可混也？又況《采薇》三捷正值常華，而《出車》獲醜乃在二月，其奏功之期，尤相去之遠乎！賴有《竹書》為據，則知此詩實作於王季之時，不屬之文王，亦不屬之宣王矣。

卷耳

《卷耳》，太姒欲文王求賢審官也。《序》云：「《卷耳》，后妃之志也。又當輔佐君子，求賢審官，知臣下之勤勞，內有進賢之志，而無險詖私謁之心，朝夕思念，至於憂勤也。」按：《史記》稱文王立為西伯，禮下賢者，日中不暇食以待士，士以此多歸之。太顛、閎夭、散宜生、鬻子、辛甲大夫之徒皆往歸之。是詩也，其作於文王初即位之時，多賢未來歸之日乎？劉敞云：「后妃但主內事，所職陰教，善不出閨壼之中，業不過籩饋之事，何得知天下之賢而思進之乎？且令自古婦人慾干預政事，故引此為證。初雖以進賢審官為號，已而晨鳴，便無可奈何矣。蓋后妃於君子有夙夜警戒相成之道，此詩言警戒人君之意，不謂自己求賢審官也。」郝敬云：「或者謂婦人勿與外事，然則《雞鳴》之解佩，十亂之邑姜，非乎？不越酒食，不及爵賞，借中饋以儆箴，故謂之志而已，豈婦無公事、休其蠶織之謂哉？」

采采卷《爾雅》作「菤」。**耳，不盈頃筐**。陽韻。豐氏本作「匚」。**嗟我懷人，寘彼周行**。叶陽韻，戶郎翻。〇賦也。「采」，《說文》云：「捋取也。」重言「采采」，非一采也。「卷耳」，草名。《爾雅》以為苓。「耳」，《廣雅》以為枲耳，幽州人謂之爵耳，以其形似鼠耳，故有耳之號。江東呼常枲。郭璞云：「亦曰胡枲。」陸璣云：「葉青白色，似胡荽，白華，細莖蔓生，可煮為茹，滑而少味。四月中生子，如婦人耳璫，故又謂之耳璫草也。」羅願云：「幽冀謂之檀菜，或又謂之常思菜。一名葹，一名羊負來。」《博物志》曰：「昔中國無此，言從外國逐羊毛中來。此物既稱胡枲，必是胡物，但其名出後代耳。」卷耳，野中所多，日夕羊下來，多負以歸，以此得名，未可知也。《本草》云：「即今蒼耳，多刺，叢生如盤，麴糵中多用之。」按：張敬夫詩：「采耳元因備酒漿」，其說本此。后妃之貴，必不自采卷耳。《淮南子》稱「瞽師庶女，位賤尚葈」。許叔重曰：「尚，主也。葈者，葈耳，菜名也。主是官者，至微賤也。瞽師庶女復賤於主葈之官」，故云。觀此，則主枲之官，位之微者。《周禮》顧不可考，或成周以前有之，如醢人、酒人之屬也。郝云：「婦人以縫衣裳、羃酒漿為事。葛覃，衣裳也；卷耳，酒漿也。」「頃」，本頭不正之義。通作「傾」，《說文》云：「仄也。」韓詩云：「敧也筐竹器。」歐陽脩云：「卷耳易得。頃筐，小器也。然采采而不能頓盈，后妃以采卷耳之不盈而知求賢之難得，因物託意，諷其君子。」「嗟」，《說文》云：「諮也。」《易注》云：「佐也。」言之不足以盡意，故發此聲以自佐。「我」，后妃自謂。「懷」，后妃自思也。「人」，謂賢人之未用者。「寘」，置。「周」，密也。俱見《說文》。「行」，毛《傳》云：「列也。」師師濟濟，密布朝列曰周行。《左・襄十五年》：「君子謂：『楚於是乎能官人。官人，禮之急也。能官人，則民無覦心。《詩》曰：嗟我懷人，寘彼周行。能官人也。王及公、侯、伯、子、男、甸、采、衛、大夫各居其列，所謂周行也。』」后妃言「嗟我」，思欲君子，敷求哲人，布滿有位，亦惟恐朝之不盈也。張綱云：「夫易得之菜，以實易盈之器，又采采而不已，然且不能頓盈，況賢才之士為難得，百官之位為至眾，欲求難得之材以實至眾之位，可不思念之乎？」又，《荀子》云：「卷耳，易得也。傾筐，易盈也。而不可以貳周行，故曰：心枝則無知，傾則不精，貳則疑惑。」劉敞本《荀子》之意，以說此詩，云：「采卷耳者欲求盈筐，今不得盈，心不在，故無獲也。以言治國，當求賢耳，亦以心不專，故賢不來矣。如是頃筐無所獲，則失其所願；周行無所寘，則失其所治。此為后妃警戒求賢審官也。」亦通。

○**陟彼崔嵬**，灰韻。**我馬虺**《九經考異》作「瘣」。豐本作「蟲」。**隤**。灰韻。《爾雅》作「穨」。《說文》作「頹」。**我姑**《說文》作「夃」，音同。云秦以市買多得為夃。**酌**豐本作「勺」。**彼金罍**，《漢書注》作「櫑」。**維以不永懷**。叶灰韻，乎乖翻。○比而賦也。「陟」，《說文》云：「登也。」「崔」，《說文》云：「大高也。」「嵬」，《說文》云：「高不平也。」又，《爾雅》云：「石山戴土謂之崔嵬。」「馬」，比在位諸臣。《易》曰：「用拯馬壯，吉」，亦以馬比臣也。「虺」，似蛇而小。解見《斯干》篇。「隤」，《說文》云：「下墜也。」按：孫炎解「虺隤」為「馬退不能升高之病」。愚意猶今人言蛇倒退是也。「姑」，且也。「酌」，《說文》云：「盛酒行觴也。」后妃飲酒而以酌言，則是與文王對酌也。「罍」，酒尊也。顧起元云：「梁孝王有罍尊，直千金，戒後世善寶之。古之酌酒，皆取罍，故廟堂之上，罍尊在阼，犧尊在西。」字本作「櫑」。形似壺，龜目，刻木作雲雷象。名罍，取於雲雷故也。大者受一斛。《韓詩》言：「天子以玉飾，諸侯大夫皆以黃金飾，士以梓。」孔穎達謂：「天子以玉，經無明文。士無飾，言其木體，則以上同用梓而加飾耳。所以刻雲雷者，以盛酒故，取其陽氣發達。又像雲雷，博施如人君，下及諸臣也。」沈括云：「余嘗得一古銅罍環，其腹皆有畫，正是人間屋樑所畫曲水。細觀之，乃是雲雷相間為飾。如者，古雲字也，象雲氣之形；如者，雷字也，象迴旋之聲。皆一一相間。」「永」，毛云：「長也。」「懷」，《說文》云：「念思也。」后妃言文王以身任國家之重，當憂患之時，猶之登崔嵬者。然惟此二三在位戮力公家，譬馬之虺隤其力，亦孔殫矣。而所欲求之賢人，未知尚在何所。微獨我憂念之，文王亦當憂念之。人亦有言，惟酒可以忘憂。我姑且飭治中饋，與文王對酌，以相寬解，庶不至長介懷而不釋也。蓋無所聊賴之辭。後章放此。

○**陟彼高岡**，陽韻。**我馬玄黃**。陽韻。**我姑酌彼兕觥**，叶陽韻，姑黃翻。陸德明本、豐本俱作「觵」。**維以不永傷**。陽韻。○比而賦也。《爾雅》云：「山脊曰岡。」「玄黃」者，毛云：「玄馬病則黃。」朱子云：「病極而變色也。」「兕」，獸名。解見《吉日》篇。其角可以為爵，即兕觥也。「觥」，亦罰爵。韓詩云：「觥受五升。」「觥」，廓也，所以著明之貌。君子有過，廓然著明。陸佃云：「兕善牴觸，故先王之制罰爵，以兕角為之。酒，陽物也，而善發人之剛，其過則在牴觸，故先王制此，以為酒戒。」既言「金罍」，又言「兕觥」者，金罍所以盛酒，及其注之兕觥，然後飲之，酌酒行觴，須此二器，故兩言「酌彼」也。「傷」，《說文》云：「創也。」創者，痛也。蓋憂思之極也。

蘇轍云：「此章意不盡，申殷勤也。凡詩之重複類此。」○**陟彼砠**《說文》作「岨」。陸本作「碴」。《集韻》作「嵖)」。**矣，我馬瘏**虞韻。陸云：「一作屠」，非。**矣。我僕痡**虞韻。陸本作「鋪」。**矣，云何籲**虞韻。《爾雅注》作「盱」。豐本作「於」。**矣。**○比而賦也。「砠」，本作「岨」，《說文》云：「石戴土也。」毛亦云：「石山戴土曰砠。」「瘏」、「痡」，《說文》皆云：「病也。」孫炎云：「瘏，馬疲不能進之病。痡，人疲不能行之病。」「云何」者，自問之辭也。「籲」《說文》云：「驚也。」升高必資馬，馭馬必資僕。馬以比宣力四方之臣，僕以比倡率群僚之臣。石山戴土，既已不良於行，而我又馬瘏僕痡，安能有濟？計無所出，惟有深懷驚怛而已。始而「懷」，繼而「傷」，終而「籲」，一節深一節，王聞而求賢審官之念不勃然生哉？又，《爾雅注》引此句，「籲」作「盱」，長目遠望也。蓋望賢者之來而解吾思也，尤有味。范景文云：「四『矣』字亦是亂辭。」其音方終，不更遲之又久也。晉束晳《讀書賦》云：「讀《卷耳》則忠臣喜，誦《蓼莪》則孝子悲。」

《卷耳》四章。章四句。《子貢傳》謂：「文王遣使求賢，而閔行役之艱也，勞之以《卷耳》。」《申培說》亦云：「文王遣使求賢，而勞之以詩。」今觀章首二句，采耳乃中饋之業，懿筐亦女執之器，其必非文王語明矣。朱子則以此詩「亦后妃所自作」，「后妃以君子不在而思念之」，「可以見其貞靜專一之至」，意謂「當文王朝會征伐之時，羑里拘幽之日」而有此詩，則恐鄙事非后妃所執，大路非后妃所遵，而更復登山、飲酒、乘馬、攜僕，何其言之不倫一至於此。縱極贊為增伉儷之重，得性情之正，而其為義亦小矣。若雪山王氏直以為「勞媵妾之歸寧而作」，無稽斯甚。又齊、魯、韓三家皆以為康王時詩，亦不足信。

鹿鳴

《鹿鳴》，文王燕群臣嘉賓之詩。出陳暘《樂書》。○按：《史記・周本紀》云：「公季卒，子昌立，是為文王。篤仁敬老，禮下賢者，日中不暇食以待士，士以此多歸之。」意即《鹿鳴》、《南山有臺》諸詩之所為作也。《序》云：「《鹿鳴》，燕群臣嘉賓也。既飲食之，又實幣帛筐篚，以將其厚意，然後忠臣嘉賓乃得盡其心矣。」《孔叢子》引孔子之言曰：「於《鹿鳴》見君臣之有禮也。」而《儀禮注》則云：「《鹿鳴》者，君與臣下及四方之賓燕講道脩德之樂歌。」《左傳》：「叔孫豹如晉。晉悼公享之，工歌《鹿鳴》之三。三拜，晉侯使行人問焉。對曰:『《鹿鳴》,君之所以嘉先君之好也,敢不拜嘉?』」又,《儀禮》於燕禮、鄉飲酒禮皆歌《鹿鳴》、《四牡》、《皇皇者華》。《注》謂歌《鹿鳴》,取嘉賓,示善道,又樂其明昭之德可則效也;《四牡》取其勤勞王事,忠孝之至,以勞賓;《皇華》取自以不及,欲諮謀賢,知自光明。謂之升歌三終。大射禮亦歌《鹿鳴》三終。《大戴記·投壺》篇云:「凡雅二十六篇,共八篇可歌:《鹿鳴》、《狸首》、《鵲巢》、《采蘩》、《采蘋》、《伐檀》、《白駒》、《騶虞》。」劉公瑾云:「凡上下通用之樂,止是《小雅》、《二南》諸詩,而無歌《大雅》者,可見《大雅》獨為天子之樂,此二雅大小所以分也。」朱《傳》因之,以為「此燕饗賓客之詩」。郝敬云:「此詩初本燕群臣嘉賓作,猶《關雎》本『后妃之德』,雖鄉射、燕禮用之,未可遂為鄉射、燕禮之樂歌也。」又按:《學記》云:「大學始教皮弁祭菜,示敬道也。宵雅肄三,官其始也。」鄭氏云:「宵之言小也。肄,習也。習《小雅》之三,謂《鹿鳴》、《四牡》、《皇皇者華》也。此皆君臣宴樂相勞苦之詩。蓋以居官受任之美誘諭其初志,故曰『官其始也』。」章潢云:「觀《鹿鳴》之詩,後世燕射上下通用,無非示人尊賢求教之意。」

呦呦鹿鳴,庚韻。以下二章例之,則此句非韻。**食野之苹**。庚韻。**我有嘉賓,鼓瑟吹笙**。庚韻。**吹笙鼓簧**,陽韻。**承筐**豐氏本作「匚」。**是將**。叶陽韻,資良翻。**人之好**去聲。**我,示**鄭玄本作「寘」。**我周行**。叶陽韻,戶郎翻。○興也。「呦」,《說文》云:「鹿鳴聲也。」鳴非一鹿,故曰「呦呦」。許慎云:「鹿之性,見食急則必旅行。」陸佃云:「鹿性警防,分背而食,以備人物之害。蓋鹿萃善走者,分背而食,食則相呼。群居則環其角,外向以防物之害己。而《毛詩草蟲經》曰:『鹿欲食,皆鳴相召,志不忌也。』《周官》曰:『視朝則皮弁服。』皮弁正以鹿皮為之,蓋取諸此。」《易林》云:「白鹿鳴呦,呼其老少。喜彼茂草,樂我君子。」「苹」,《爾雅》云:「藾蕭也。」郭璞云:「今藾蒿也。」陸璣云:「葉青白色,莖似箸而輕脆,始生香,可生食,又可蒸食。」毛《傳》、《說文》皆以為「萍」。按:萍乃水中所浮者,非野所生,非鹿所食,故鄭《箋》不從。而羅願駁之,以為:「古人以水草之交為麋,則麋鹿亦食水草。今鹿豕多就水傍食,又人家養豕,皆以萍食之,何嫌於鹿不食乎?」愚謂羅說非也。考《爾雅》先云「萍,蓱」,又云「苹,藾蕭」。萍、苹字異,實非一物,安得混苹為萍乎?又唐德宗聽政,暇博覽群書。一日問宰臣:「《詩》『食野之苹』,苹是何草?」楊玨以《爾雅》藾蕭為對。上曰:

「《詩疏》:『葉圓而花白，叢生野中』，似非藾蕭。」今按:《詩疏》中都無此語，不知何出。野有苹而群鹿相呼以食之，以興君有禮而眾嘉賓相率以趨之。古語謂「桃李不言，下自成蹊」，即此意也。舊說以鹿呼同類，如君呼臣子，似不成義理。《家語》:「孔子曰:『《關雎》興於鳥而君子美之，取其雌雄之有別。《鹿鳴》興於獸而君子大之，取其得食而相呼。』若以鳥獸之名嫌之，固不可行也。」陸賈云:「《鹿鳴》以仁求其群，《關雎》以義鳴其雄。」劉晝云:「夫鳥獸之醜，苟有一善，詩人歌詠以為美談，奚況人之有善而可棄乎？」按:昔裴安祖講《鹿鳴》，而兄弟同食。詩之可以興如此。「我」，主人自謂也。「嘉」，善也。「嘉賓」，謂所燕之客。孔穎達云:「燕禮於客之內立一人為賓，使宰夫為主，與之對行禮。其實君設酒殽群臣，皆在君為之主，群臣總為賓也。《燕禮》云:『若與四方之賓燕，則迎之於大門內。』四方之賓，惟迎之為異，其燕皆與臣同。」按:《序》以群臣、嘉賓對言，則似謂群臣為本國之臣，嘉賓為四方之賓。然詩不言群臣，惟言嘉賓，則總謂群臣為嘉賓，待臣之厚也。朱子曰:「於朝曰君臣焉，於燕曰賓主焉。先王以禮使臣之厚，於此見矣。」「鼓」，嚴粲云:「動也。謂動其聲也。」陳暘云:「《爾雅》曰:『所以鼓柷謂之止，所以鼓敔謂之籈，徒鼓鍾謂之脩，徒鼓磬謂之寋。』繇是觀之，凡所以作樂者，古人皆以為鼓。則所以作琴瑟笙簧謂之鼓，不亦可乎？」又按:《易》亦以擊缶為鼓缶。「瑟」，解見《關雎》篇。「笙」，《說文》云:「正月之音物生，故謂之笙。」又，劉熙云:「笙，生也，象物貫地而生也。」《世本》云:「隨作笙。」未詳何代人。《禮記》云:「女媧之笙簧。」張揖云:「以匏為之，十三管，宮管在左方。」《爾雅》云:「大笙謂之巢，小者謂之和。」「巢」，《風俗通》作「郭」，云:「列管匏中，施簧管端，大者十九簧，小者十三簧。」《鄉射記》云:「三笙一和而成聲，言三人吹笙，一人吹和也。」許氏云:「古者造笙，以曲沃之匏、汶陽之筱，有長短之制，法象鳳皇，其形鳳翼，其聲鳳鳴。大者名巢，以眾管在匏，有鳳巢之象。小者名和，以大者倡則小者和也。」按:笙以匏、竹合而成聲，而在八音中，獨以匏稱者，蓋所重在匏也。唐協律郎劉貺作《大樂令壁記》，謂:「女媧氏列管於匏，以應立春。今以木易匏而漆之，無匏音矣。惟荊梁之南尚仍古制。」「鼓瑟吹笙」，即燕樂也。瑟在堂上，笙在堂下，古者主人。三獻禮成之後而樂作，《記》所謂:「凡舉爵，三作而不徒爵」，故作樂以樂之。《燕禮》篇云:「小臣納工，工四人，二瑟。小臣左何瑟，面鼓執越，內弦，右手相。入，升自西階，北面東上坐。小臣坐，授瑟，乃降。工歌《鹿鳴》、《四牡》、《皇皇者華》。卒歌，笙入，立於縣中，奏《南陔》、《白華》、《華黍》。乃間歌《魚麗》、《笙繇》、《庚歌》、《南有嘉魚》，笙《崇丘》，歌《南山有臺》，笙《繇儀》，遂歌鄉樂，《周南》:《關雎》、《葛覃》、《卷耳》;《召南》:《鵲巢》、《采蘩》、《采蘋》。大師告樂正曰:『正歌備。』」按:「小臣」，相工者也。「工四人」，謂二瑟二歌也。「左何瑟」，以左肩擔瑟也。「面鼓」，謂可鼓者在前也。「越瑟」，底孔也。「內弦」，以瑟弦側向身也。「右手相」，以右手扶瞽也。「授瑟」，相者以瑟授瞽工也。「間歌」者，謂堂上堂下一歌一吹，更迭而作也。「笙」，以笙吹詩也。先鼓瑟而後吹笙，故《詩》言之，《序》云爾。重言「吹笙」者，引下鼓簧之文也。「簧」，笙中之簧。解見《君子陽陽》篇。嚴云:「吹笙則動其簧而發聲。」「承」，藉也。「筐」，篚屬。承之以筐，指幣帛言。《書》曰「篚厥玄黄」是也。「將」，奉也。孔云:「飲有酬賓送酒之幣，食有侑賓勸飽之幣。」或疑《燕禮》無用幣之文。兒熹謂:「《周語》云:『先王之燕，體解節折而共飲食之，於是乎有折俎加豆、酬幣宴貨，以示容合好』，則燕未嘗不用酬幣也。」朱子云:「君臣之分，以嚴為主。朝廷之禮，以敬為主。然一於嚴敬，則情或不通而無以盡其忠告之益，故先王因其飲食聚會，制為燕饗之禮，以通上下之情，而言其禮意之厚如此。」「人」，指嘉賓也。「好」，猶愛也。「人之好我」，指平日言。「示」，垂示也，「垂象示人」之「示」。孔云:「古字以目視物，以物示人，同作視字。後世作字，目視物從示傍見，示人物作單示字。」「周」，《說文》云:「密也。」「行」，毛《傳》云:「列也。」與《卷耳》篇同解。以眾賓與燕者森然在列，亦謂之周行。言我之於嘉賓，既有琴瑟以樂之，又有幣帛以將之矣。彼嘉賓固素愛我者，庶乎當此時而有以示我於濟濟行列之中乎？萬時華云:「嘉賓素有忠愛之心，而情適於燕樂之時，庶幾志意舒展，言語得盡。若君以燕享結其臣之歡心，則非所以為君；臣因君之燕享而後輸好我之忱，亦非所以為臣矣。」嚴云:「以告我者為相愛，蓋道之使言也。」《禮記》:「子曰:『私惠不歸德，君子不自留焉。』」引此詩，言人有私惠於我，而不合於德義之公，君子決不留之於己也。朱子云:「蓋所求於群臣嘉賓者如此。夫如是，是以君臣上下誠意交孚，而莫不一出於正，所以和樂而不淫也。」〇**呦呦鹿鳴，食野之蒿。**豪韻。**我有嘉賓，德音孔昭。**叶豪韻，則豪翻。**視**豐氏本作「示」。**民不恌，**叶豪韻，魯刀翻。《左傳》、《說文》、《中論》、豐本俱作「佻」。**君子是則是傚。**叶豪韻，何高翻。《中論》作「效」。**我有旨酒，嘉賓式燕以敖。**

豪韻〔註 7〕。○興也。「蒿」，《爾雅》、《說文》皆云「菣也」。郭璞云：「今人呼為青蒿，香中炙啖者為菣。」陸璣云：「青蒿，荊、豫之間、汝南、汝陰皆云菣也。本或云牡菣者，牡衍字。牡菣乃是蔚，非蒿也。」陸佃云：「蒿之類至多。如青蒿一類，自有兩種。有黃色者，有青色者。《本草》謂之青蒿，亦恐有別也。陝西綏、銀之間有青蒿，在蒿叢之間，時有一兩株，迥然青色，土人謂之香蒿，莖與常蒿悉同，但比常蒿色青翠，一如松檜之色。至深秋，餘蒿並黃，此蒿猶青，氣稍芬香。恐古人所用以此為勝。」又，《爾雅》云：「蘩之醜，秋為蒿。」則蘩，蕭莪之類。至秋老成，通名為蒿。「德音」，善言也。與上章「示我周行」相應。「孔」，甚。「昭」，明也。此言嘉賓教益於我，皆有德之言，甚昭明也。燾謂「此作樂坐燕之後，而復行旅酬之禮時也」。《鄉射禮》云：「古者於旅也語。」《疏義》云：「賓筵之初，禮樂方盛，言語則慢矣。迨至旅酬，則禮已成，樂已備，於是而語，乃無嫌也。」「視民」，曹氏云：「與視民如傷同義。」「恌」，輕薄也。其視民也，不敢以輕薄之意視之，故其所言無非造福民生之言。「君子」，讚美嘉賓也。「則」，法。「效」，學也。言嘉賓以不恌之德而形為孔昭之音，信乎其為君子，而我當尊所聞而師法之也。此二句解依《左傳・昭十年》：「季平子伐莒，取郠。獻俘，始用人於亳社。臧武仲在齊聞之，曰：『周公其不饗魯祭乎！周公饗義，魯無義。《詩》曰：德音孔昭，視民不佻。佻之謂甚矣。而壹用之，將誰福哉？』」又，昭七年：「公至自楚，孟僖子病，不能相禮，乃講學之，苟能禮者從之。仲尼曰：『能補過者，君子也。《詩》曰：君子是則是傚。孟僖子可則效已矣。』」「式」，用也。「燕」，通作「宴」，《說文》云：「安也。」按：賈逵曰：「不脫履升堂曰宴。」安之意也。《左傳》云：「享以訓共儉，宴以示慈惠。」「敖」，毛云：「遊也。」嚴云：「言其禮之從容也。我與之燕飲而敖遊，庶乎從容款洽，而有磨礱浸潤之益，非徒遊燕而已。」○**呦呦鹿鳴，食野之芩**。侵韻。**我有嘉賓，鼓瑟鼓琴**。侵韻。**鼓瑟鼓琴**，同上。**和樂**音絡。後同。**且湛**。叶侵韻，持林翻。楷家君諱也。《說文》本作「媅」。《釋文》作「耽」。**我有旨酒，以燕樂嘉賓之心**。侵韻。○興也。「芩」，草名。陸璣云：「莖如釵股，葉如竹蔓，生澤中下地鹹處，牛馬亦喜食之。」羅願云：「《鹿鳴》所食三物：一曰蘋，今藾蒿，始生香，可食；二曰蒿，蒿甚香；三曰芩，芩亦香草。蓋草木之臭味相同，有同類食之之義。」「琴」，解見《關雎》篇。陳暘云：「頤天下之和者樂

〔註 7〕「韻」，四庫本作「叶」。

也，窮樂之趣者琴也。八音以絲為君，絲又以琴為君。此《爾雅》既釋五音，即次以琴而必先言瑟者。瑟與琴相須為用，異於琴者，以絲分而音細耳。故四代之樂，大琴必配以大瑟，中琴必配以小瑟。又，《禮》〔註8〕『瞽矇掌鼓琴瑟』，《詩》『鼓瑟鼓琴』，《書》『琴瑟以詠』，《大傳》『大琴大瑟』，皆並言之，蓋古制也。然《鄉飲酒禮》『二人皆左何瑟』，《燕禮》『小臣左何瑟』，《樂記》『清廟之瑟』，《詩》『並坐鼓瑟』、『何不日鼓瑟』，皆不及琴者，以瑟見琴也。」又云：「文王之燕群臣嘉賓，始則『鼓瑟吹笙，吹笙鼓簧』者，以其樂主盈，遇之之誠，有加而無已也。終則『鼓瑟鼓琴』，先瑟而後琴者，以反為文，示其有常而無變也。」燾謂首章言「鼓瑟吹笙」，至此復言「鼓瑟鼓琴」者，蓋旅酬將終，作無筭樂之時也。先是作樂樂賓之後，君命曰：「以我安」，言以我故安坐也。皆對曰：「諾。敢不安？」既而君曰：「無不醉」，命盡醉也。皆興對曰：「諾。敢不醉？」於是旅酬禮畢。無筭爵，言以醉為節，不限數也。公有命徹幕。公尊，有幕，今徹之，示欲罄此尊，意勤厚也。然後皆升堂反坐，無筭樂。向者獻酬有節，笙歌間合皆三終。今曰無筭不拘三也。此詩「鼓瑟鼓琴」重言，義或因此。及宵執燭，奏《陔夏》而後出。鄧元錫云：「終之以樂，成之以禮，愛敬交通，拜坐互起，既腆厥終，復惟其始，此古者君禮臣，臣事君，一體相待而成之道也。」「耽」，通作「媅」，《說文》云：「樂也。」愚按：字久甚，蓋言樂之甚也。「燕樂」，燕而樂也。嚴云：「言非徒養其氣體也，偕之燕飲，以樂其心，庶其罄竭而無隱耳。蓋上下之情不通，則忠臣嘉賓雖欲盡心以告君，而其勢分隔絕，有不可得者，非為必待燕而後盡其心也。」毛云：「夫不能致其樂，則不能得其志。不能得其志，則嘉賓不能竭其力。」陸化熙云：「心字最重。盛世所以地天交泰，堂簾不隔，而絕無忌諱者，正為君心與臣心合而為一耳。」馮時可云：「但欲燕樂其心而不敢為再三之瀆，其尊之也至矣。」又，范祖禹云：「食之以禮，樂之以樂，將之以實，求之以誠，此所以得其心也。賢者豈以飲食幣帛為悅哉？夫昏姻不備則貞女不行也，禮樂不備則賢者不處也，賢者不處則豈得樂而盡其心乎？」

《鹿鳴》三章。章八句。《子貢傳》云：「《伐木》、《菁莪》、《隰桑》、《白駒》，皆所以燕賢也。」《申培說》則云：「《鹿鳴》，天子燕賓師之歌。蓋《鹿鳴》、《伐木》、《菁莪》、《隰桑》皆燕賢者，而詞有重輕，敬有隆殺，所謂尊賢之等也。」愚按：以此詩專為燕賓師作，亦臆度之說。又，王應麟云：「太

〔註8〕按：此係《周禮》。

史公謂：『仁義陵遲，《鹿鳴》刺焉。』蔡邕《琴操》云：『《鹿鳴》，周大臣所作也。王道衰，大臣知賢者幽隱，彈弦風諫。』」陳暘《樂書》引《古琴曲》，謂：「周大臣傷時在位而作。」王符云：「忽養賢而《鹿鳴》思。」又或謂《鹿鳴》、《四牡》、《皇皇者華》之類皆為康王時詩，蓋齊、魯、韓三家之說，猶《關雎》刺時作諷也。〇又按：漢太樂食舉十三曲，一曰《鹿鳴》。杜夔傳舊雅樂四曲，一曰《鹿鳴》，二曰《騶虞》，三曰《伐檀》，四曰《文王》，皆古聲辭。《琴操》云：「古琴有詩歌五曲，曰《鹿鳴》、《伐檀》、《騶虞》、《鵲巢》、《白駒》。」黃佐云：「禮樂相須以為用，禮非樂不行，樂非禮不舉。自后夔以來，樂以詩為本，詩以聲為用，八音六律為之羽翼耳。仲尼編《詩》，為燕享祀之時，用以歌，而非用以說義也。古之詩，今之詞曲也。若不能歌之，但能誦其文而說其義，可乎？不幸腐儒競起，齊、魯、韓、毛四家各為序訓，而以說相高。漢朝又立之學官，以義理相授，遂使聲歌之音湮沒無聞。然當漢之初，去三代未遠，雖經生學者不識《詩》，而太樂氏以聲歌肄業，往往仲尼《三百篇》，瞽史之徒例能歌也。奈義理之說既勝，則聲歌之學〔註9〕日微。東漢之末，禮樂蕭條，雖東觀、石渠議論紛紜，無補於事。曹孟德平劉表，得漢雅樂郎杜夔。夔老矣，又不肄習，所得於《三百篇》者，惟《鹿鳴》、《騶虞》、《伐檀》、《文王》四篇而已，餘聲不傳。大和末，又失其三。左延年所得，惟《鹿鳴》一篇。每正旦大會，太尉奉命，群臣行禮，東廂雅樂常作者是也。古者歌《鹿鳴》，必歌《四牡》、《皇皇者華》，三詩同節，故曰工歌《鹿鳴》之三，而用笙入，三終以贊之，然後間歌合樂，首尾相承，節奏有屬。今得一詩而無所用，可乎？應知古詩之聲為可貴也。至晉，《鹿鳴》一篇又絕無傳，後世不復聞詩矣。」

南山有臺

《南山有臺》，文王養老之詩。《尚書大傳》云：「齊宣王問於子春曰：『寡人愍行孝悌之義，為之有道乎？』子春曰：『昔者，衛聞之樂正子曰：文王之治岐也，五十者杖於家，六十者杖於鄉，七十者杖於朝，見君揖杖。八十者杖於朝，見君揖杖。君曰：趨見客，無俟朝。以朝乘車輲輪，御為僕，送至於家，而孝悌之義達於諸侯。九十杖而朝，見君建杖。君曰：趨見，毋俟朝。以

〔註9〕「學」，四庫本作「樂」。

朝車送之舍。太子重鄉養，卜筮巫醫御於前，祝咽祝哽以食。乘車輲輪，胥與就膳徹，送至於家。君如有欲問，明日就其室以珍從。而孝悌之義達於四海。此文王之治岐也。君如欲行孝悌之大義，盍反文王之治岐？』」按：文王立教最重養老。《禮・文王世子》篇云：「凡大合樂，必遂養老。」鄭玄謂：「春入學，舍菜，合舞。秋頒學，合聲。」〔註10〕於是時也，視學則遂養老。又，孔穎達謂：「《月令》：『季春，大合樂』，亦在其中。」此皆因視學而養老者也。至其教世子也，亦然。曰：「凡祭與養老、乞言、合語之禮，皆小樂正詔之於東序。大樂正學舞干戚，語說，命乞言，皆大樂正授數。」故《孟子》曰：「伯夷闢紂，居北海之濱，聞文王作，興曰：『盍歸乎來？吾聞西伯善養老者。』太公闢紂，居東海之濱，聞文王作，興曰：『盍歸乎來？吾聞西伯善養老者。』天下有善養老，則仁人以為已歸矣。」文王之善養老，其見於經傳者如此。《南山有臺》之篇，據《鄉飲酒禮》、《燕禮》笙入而後皆間歌此詩，則周公未作儀禮之前已有之，故朱子以為「燕饗通用之樂」歌。而其首二章則祝君子曰「萬壽無期」、「萬壽無疆」，末二章則又贊之曰「遐不眉壽」、「遐不黃耇」，此非為養老發詠而何？

南山有臺，叶支韻，田飴翻。《穆天子傳》作「𦶈」。《子貢傳》、《申培說》、豐氏本俱作「薹」。**北山有萊**。叶支韻，陵之翻。**樂**音絡。後同。**只**《左傳》作「旨」。**君子，邦家之基**。支韻。**樂只君子，萬壽無期**。支韻。○興也。南山、北山，皆據周地而言，左右前後之況也。「臺」、「萊」，皆艸名。《爾雅》云：「臺，夫須。」陸璣云：「舊說夫須，莎草也。有皮，堅細滑致，可為簦笠。《都人士》詩云『臺笠』是也。」陸佃云：「又可以為蓑，疏而無溫，故莎從沙。與《內司服》所謂沙同意。」嚴粲云：「以莎艸為衣，則謂之蓑。莎為艸名，蓑為衣名。」羅願以臺與莎為兩物，云：「臺者，沙艸可為衣以禦雨。編之若甲，毶毶而垂，故雨順注而下。然或藉而臥，則不能隔雨。名曰夫須。蓋匹夫所須也。莎，莖葉都似三稜，根若附子，周匝多毛。人謂之香附子，一名雀頭香。」招《隱》云：「青莎雜樹兮，薠草靃靡。」薠與莎相似，但以大小為異。陶隱居以為古人詩多用之而無識者。河中府有綠莎廳。晏元獻公《庭莎記》曰：「是草耐水旱，樂延蔓，雖拔心隕葉，弗之絕也。」按：《爾雅》云：「臺，夫須。」又云：「薃，侯莎。」《疏》云：「薃即莎別名。」侯，維也，

〔註10〕按：此語出《周禮・春官・大胥》，非鄭玄語。

猶語辭也。《說文》又訓莎云「鎬侯也。」據此，則臺與莎自是兩物，羅說是也。朱子以「臺」為「即莎草」。而《大全》又引《本草》曰：「其實名香附子」，又似此臺即羅氏之所謂莎者。但未知羅氏所言沙草其形狀何似。一說：臺，一名山莎。而《夏小正》曰：「薃也者，莎蒻也。」通作沙隨。亦名地毛，見《廣雅》。則《爾雅》之所云「薃，侯莎」者乃以莎蒻二字為名，不單名莎，且得地毛之名。疑羅所云「根若附子，周而多毛」者形若近之。而臺既一名山莎，故舊說謂之莎草，或即青莎、綠莎之類耳。「萊」，《說文》云：「蔓華也。」通作「釐」，《爾雅》所謂「釐，蔓華」是也。郭璞云：「一名蒙華。」又，朱子云：「其葉香可食。」陸璣云：「今兖州人蒸以為茹，謂之萊蒸。」按：朱、陸所云，未審即蔓華否。然以意類之，莎既樂延蔓，而萊亦名蔓華，則二草皆蔓生屬也。又，《原始》云：「萊即梨也，一名落帚。初生葉可食，大則為樹，可為杖。」未知是否。歐陽脩云：「高山多草木，如周多賢才。」殷大白云：「山以草木為毛髮，國以賢才為羽儀。」「樂只君子」，言君子有令德，可令人愛樂也。鄭玄云：「只之言是也。」「君子」，通群老之為賓客者言之。以此詩五章，各舉南北山草木起興，可知其非一老也。「基」，《說文》云：「牆始也。」基固則牆安。「邦家之基」，即邦家賴以鞏固之謂。以臺、萊為興者，取其附地而生，蔓延愈遠，或又可以為杖，有得其基藉之象焉。又，羅云：「《詩・雅》言得賢為邦家立太平之基。凡詠八物，以臺為首，蓋禦雨之具雖至微，然非平日預知其所在，蓄以待之，則一旦欲用，索之而不得，故特宜先備，亦猶賢者之不可不先蓄也。越王句踐棲於會稽之上，求謀士退吳者，大夫種進，對曰：『臣聞：賈人夏則資皮，冬則資絺，旱則資車，水則資舟，以待乏也。夫雖無四方之憂，然謀臣與爪牙之士不可不養而擇也。譬如蓑笠，時雨既至，必求之。今君王既棲於會稽之上，然後乃求謀臣，無乃後乎？』是古者蓄蓑笠以備患，比之賢者之待難矣。」陸佃云：「萊可食，臺可覆，賢者之類也，故曰『邦家之基』。」又云：「臺可覆，以象庇下之臣。萊可食，以象濟難之臣。《左・襄二十四年》：『鄭子產寓書於韓宣子，曰：夫令名，德之輿也。德，國家之基也。有基無壞，無亦是務乎？有德則樂，樂則能久。《詩》云：樂只君子，邦家之基。有令德也夫。』昭十三年：『同盟於平丘，子產爭承。自日中以爭，至於昏。晉人許之。仲尼謂：子產於是行也，足以為國基矣。《詩》曰：樂旨君子，邦家之基。子產，君子之求樂者也。』」愚按：《傳》意以國安則可樂，故曰「求樂」，此與詩解異。「期」，限也。「萬壽無期」，言壽自此至於萬年，尚未有期限也。嚴云：「有期則有時而止。」劉公瑾云：「或疑賓客不足以當萬壽之語。愚謂當時賓客容有爵齒俱尊，足當之者。蓋古人簡質，如《士冠禮》祝辭亦云『眉壽萬年』，又況古器物銘所謂『用蘄萬壽』，『用蘄眉壽，萬年無疆』，『邾其眉壽，萬年無疆』之類，皆為自祝之辭，則此詩以萬壽祝賓，庸何傷乎？」愚按：此詩為養老作，先美其德而後祝其壽，期其老而益老也。次章放此。○**南山有桑**，陽韻。**北山有楊**。陽韻。**樂只君子，邦家之光**。陽韻。**樂只君子，萬壽無疆**。陽韻。○興也。《典述》云：「桑木者，箕星之精，神木也。蟲食葉為文章。」《格物論》云：「桑樹大者數圍，高一二丈許，皮粗，枝幹條竦。春正二月抽條發葉，大者盈尺，有刻缺，面深綠而光。」「楊」，解見《采薇》篇。與柳相似。枝條揚起者曰楊。陸佃云：「鬱彼之楊，沃若之桑，以賁乎山則有光之象，故曰：『樂只君子，邦家之光。』」「基」，所以安也；「光」，所以榮也。輔廣云：「首章美其可以為邦家之基本，所謂治生乎君子賢者，為國之楨幹也。次章美其可以為邦家之顯榮，所謂儒者在朝則美政，在位則美俗也。」陸化熙云：「邦家之基、之光，直指其德，非言德足以基之顯之也。」「疆」，界也。期以時言，疆以地言，總是言其未有限量之意。○**南山有杞**，紙韻。**北山有李**。紙韻。**樂只君子，民之父母**。叶紙韻，母鄙翻。**樂只君子，德音不已**。紙韻。○興也。「杞」，王應麟以為梓杞之杞。解見「在彼杞棘」下。愚以「陟彼北山，言采其杞」例之，則此杞當即是枸檵也，根、葉、莖、子皆可食，令人輕身益氣。解見《四牡》篇。「李」，木之多子者。解見《何彼襛矣》篇。陸佃云：「李性頗難老，老雖枝枯，子亦不細。其品處桃上，故《詩》曰：『投我以桃，報之以李。』」杞、李皆可食，取其養人，故以興民之父母。父母，子之所賴以養者也。《大學》云：「民之所好好之，民之所惡惡之」，此之謂「民之父母」。前言「邦家之基」、「邦家之光」，猶虛虛讚美之詞。此正指其德之實足為人所利賴耳。有德之言曰德音。《鹿鳴》篇「德音孔昭」是也。後放此。「已」，《說文》云：「止也。」古者養老有乞言、合語之禮。《內則》篇云：「凡養老，五帝憲，三王有乞言。五帝憲，養氣體而不乞言，有善則記之為惇史。三王亦憲，既養老而後乞言，亦微其禮，皆有惇史。」《文王世子》篇云：「始之養也，適東序，釋奠於先老，遂設三老五更群老之席位焉。適饌省醴，養老之珍具，遂發詠焉，退修之以孝養也。反登歌《清廟》。既歌，而語以成之也。言父子君臣長幼之道，合德音之致，禮之大者也。」按：乞言者，從之求善言。合語者，旅酬而合語。君子有藴藉，足以父母斯民，當其就養之時，亹亹談說，曾無解倦，故曰「德音不已」。○**南山有栲**，叶有韻，去九翻。**北山有杻**。有韻。**樂只君子，遐不眉壽**。有韻。**樂只君子，德音是茂**。叶有韻，莫口翻。○興也。「栲」、「杻」，解俱見《山有樞》篇。栲全天年，杻號萬歲，故取以興眉壽。又，陸佃云：「杻可為弓幹，栲可為車輻，有久之道，故曰『遐不眉壽』。」亦通。「遐」之言「何」，蓋音近也。「眉壽」，毛《傳》云：「秀眉也。」劉公瑾云：「醫書以眉毛過垂眼下者為壽長。」嚴云：「秀眉，壽證也。」愚按：「萬壽無期」、「萬壽無疆」，願其後日之辭也。「遐不眉壽」、「遐不黃耇」，美其今日之辭也。「茂」者，草豐盛之義。德音之多亦如之，故曰「是茂」。蓋期望過此以往，愈得聞君子之善言也。○**南山有枸**，麌韻。**北山有楰**。叶麌韻，勇主翻。**樂只君子，遐不黃耇**。叶麌韻，讀如古，果五翻。**樂只君子，保艾爾後**。叶麌韻，後五翻。○興也。「枸」，毛《傳》云：「枳枸也。」陸璣云：「其狀如櫨，一名枸骨，高大如白楊，所在山中皆有。理白，可為函板。枝柯不直。子著枝端，大如指，長數寸，啖之甘美如飴。八九月熟，江南特美。今官園種之，謂之木蜜。古語云：『枳枸來巢』，言其味甘，故飛鳥慕而巢之。本從南方來，能令酒味薄。若以為屋柱，則一屋之酒皆薄。」《本草注》云：「其樹徑尺，葉如桑柘。其子作房似珊瑚，核在其端，人皆食之。」《詩詁》云：「枸木在處有之。其子生枝耑，橫析岐出，狀如枅栱，土人謂枅栱木。此木誤入酒，能使酒化如水味。」《本草》云：「木蜜樹生南方，枝葉俱可啖如飴。」《古今注》云：「一名樹蜜，一名木錫，實形捲曲，核在實外，亦名白石、白實、木實、木石，一名機枸子。」朱子云：「建陽謂之皆拱子，吾鄉呼為兼勾，味甘而解酒毒。」李善注宋玉《風賦》「枳句來巢」云：「橘踰淮為枳。句，曲也。」以舊說考之，「句」當通作「枸」。李解似誤。孔云：「枸木多枝而曲，所以來巢。」「枸」又通作「椇」。《廣韻》云：「枳椇實如珊瑚，是白石木之子。」古者人君燕食，所加庶羞，凡三十一物，其果則有蔆、椇。《曲禮》云：「婦人之摯椇榛。」《疏》云：「椇即今之白石李也。」鄭玄云：「今邳、郯之間食其實，亦名支枸，又名厲漢腳指。」戴侗云：「以其實似指也。人亦取以代飴作餈。」「楰」，《爾雅》云：「鼠梓也。」郭璞云：「楸屬。今江東有虎梓。」陸璣云：「其樹葉木理如楸，山楸之異者，今人謂之苦楸。濕時脆，燥時堅。」《集韻》云：「似山楸而黑。」曹居貞云：「楰，宮室之良材也。」嚴云：「臺、萊、桑、楊、杞、李、栲、杻、枸、楰，多其名者，喻賢之多而皆有用也。」陸佃云：「得賢之盛，若栲、杻、枸、楰高大以不朽，成乎山則至矣。」愚按：此章所以取興枸、楰者，不徒取高大堅久之義。枸可代飴，所以為養；楰可構宮室，所以為安。末句云「保艾爾後」，「保」之為義則安也，「艾」之為義則養也。詩之興意，殆兼為是與？「黃」，毛云：「黃髮也。」舍人云：「老人髮白復黃也。」「耇」，《說文》云：「老人面凍黎色若浮垢者。」〔註11〕《方言》云：「汝、穎、梁、宋之間謂養為艾。」「後」，後日也。自此以後，壽尚未有窮期，故曰「保艾爾後」，蓋申祝之辭。

《南山有臺》五章。章六句。《穆天子傳》：「庚寅，天子西遊，乃宿於祭。壬辰，祭公飲天子酒，乃歌𡳿天之詩，天子命歌《南山有㮀》，乃紹宴。」舊說疑為即《南山有臺》之篇，但古字難曉耳。《左・襄三十年》：「季武子如宋，報向戌之聘，歸覆命，公享之，賦《魚麗》之卒章。公賦《南山有臺》。武子去所，曰：『臣不堪也。』」按：燕禮既間歌此二詩，而魯之君臣復舉此二詩為賦，何也？豈禮之行亦有異耶？《序》以為「樂得賢也。得賢則能為邦家立太平之基矣」。鄒忠胤駁之，云：「《序》以《南有嘉魚》為『樂與賢』，此篇為『樂得賢』，不過更一字以為異，其實無甚意義。」朱子亦謂：「看詩便有感發人意思。今讀之無所感發者，正是被時儒解殺了，如《南山有臺》之《序》，蓋見詩中有『邦家之基』，故如此說。才如此說定，便局了一詩之意。」至若《子貢傳》以為「大臣所以報王」，《申培說》以為「大臣頌美天子之詩」，此不過因詩中有「萬壽」二語。疑謂非頌祝臣下之詞耳。果爾，則周穆、魯襄之饗臣，皆不宜賦此詩矣。

伐木

《伐木》，文王季冬大飲三族也。《月令》：「季冬之月，命樂師大合吹而罷。」鄭玄《注》云：「歲將終，與族人大飲，作樂於大寢，以綴恩也。言罷者，此用禮樂於族人最盛，後年若時乃復然也。凡用樂，必有禮。用禮則有不用樂者。《王居明堂禮》：『季冬命國為酒，以合三族，君子說，小人樂。』」《唐禮志》：「貞觀中，顏師古議明堂曰：『文王居明堂之禮，國有酒，以合三族。』推其事，與《月令》合。」黃子道周云：「夫是季冬之月，不言合族也。而於合吹言合族者，蓋合族在於是矣。《詩》曰：『坎坎鼓我，蹲蹲舞我。迨我

〔註11〕按：此係朱熹《詩集作》之語。《說文解字・耇》：「老人面凍黎若垢。」

暇矣，飲此湑矣。』謂歲暮禮闋，王者乃暇也。」愚按：先是仲冬之月，日短至，則伐木取竹箭。季冬，命四監牧秩薪柴，所謂草木黃落，然後斧斤入山林者。合之歲暮飲湑之說，《伐木》之詩信為此事詠矣。鄭《注》摭《王居明堂禮》，而師古指王為文王，必有所據。《玉海》引《逸周書》云：「文王召發於明堂。」而《淮南子》亦云：「文王周觀得失，遍覽是非，堯、舜所以昌，桀、紂所以亡者，皆著於明堂。」是則文王果嘗居明堂，益徵顏監之不妄也。禮有饗，有食，有燕。饗禮，烹太牢以飲賓，體薦而不食，爵盈而不飲，幾設而不倚，依尊卑為獻數，畢而止；食禮，無樂，有飯有殽，雖設酒而不飲，其禮以食為主；燕禮，牲用狗，一獻之禮既畢，皆坐而飲酒，其爵無筭也，其樂無筭也。此詩言「有肥牡」、「有肥羜」，是用太牢，則同於饗；言「陳饋八簋」、「籩豆有踐」，是有飯有殽，則同於食；言「有酒湑我」、「無酒酤我」，是無筭爵，言「坎坎鼓我」、「蹲蹲舞我」，是無筭樂，則同於燕。兼是三者而有之，蓋禮之盛也。《故月》令謂「之大合吹」，而鄭《注》謂之「大飲」。至其末章「曰民之失，德乾餱以愆」，則又命國人皆合三族之事也。三族有二義：其一謂父子及身，則《小記》「云以三為，五以五為九」是也；其一謂父族及母族、妻族也。是詩有「以速諸舅」之言，則當從後義。國君行此禮，則君子說；國人皆行此禮，則小人樂。故《序》以此詩為「燕朋友故舊也」，而復申之曰「自天子以庶人，未有不須友以成者。親親以睦，友賢不棄，不遺故舊，則民德歸厚矣」，蓋其意似亦有窺於此。○**伐木丁丁**，叶庚韻，中莖翻。**鳥鳴嚶嚶**。庚韻。**出自幽谷**，屋韻。**遷于喬木**。屋韻。**嚶其**庚韻。**鳴矣，求其友聲**。庚韻。**相**去聲。**彼鳥矣，猶求友聲**。同上。**矧伊人矣，不求友生**。庚韻。**神之聽之，終和且平**。庚韻。○興也。「伐」，斫也。「丁」之言「當」，蓋音近也，謂施斧與木相當也。重言「丁丁」者，見其非一伐也。「嚶」，《說文》云：「鳥鳴也。」重言「嚶嚶」者，鄭玄云：「兩鳥聲也。」「幽」，《說文》云：「隱也。」「谷」，兩山間流水之道也。「遷」，《說文》云：「登也。」《爾雅》云：「木上勾曰喬。」歐陽脩云：「考詩之義，是為鳥在木上，聞伐木之聲則驚鳴而飛，遷於他木。方其驚飛倉卒之際，猶不忘其類，相呼而去。其在人也，可不求其友乎？」張氏云：「詩人多相因之辭，如伐木而感鳥鳴，蓋因此以興焉者也。」愚按：此總即一時所見以起興。首章取鳥鳴，後二章取伐木，寓意則一。徐幹云：「小人尚明鑒，君子尚至言。至言也，非賢友則無取之，故君子必求賢友也。《詩》曰：『伐木丁丁，鳥鳴嚶嚶。出自幽谷，遷于喬木。』言朋友之義，務在切直以陞於善道者也。」《孟子》云：「吾聞『出自幽谷，遷于喬木』者，未聞下喬木而入於幽谷者。」「嚶其鳴矣」，專指求友之鳥而言。此嚶然而鳴者，乃是求其友之聲。若此鳥鳴而又有彼鳥以應之，則為嚶嚶也。「矧」，《說文》云：「況也。」字從矢從引，取詞之所之如矢也。「求友生」者，求友以生，迫切之辭也。羽族微類，猶必呼其群以擇所安，況人有知而可不取資於朋友以期生全乎？友之於人，德業相勸，過失相規，患難相救，皆胥匡以生之道也。「神」，謂鬼神。「聽」，猶鑒也。「終」者，久要之意。程子云：「和謂相好，平謂不變。」「神之聽之，終和且平」，乃誓神明心之語，承上文言。人不可不求友，故盟之於神，願終久相與和好而不變也。范祖禹云：「質諸鬼神而無疑，亦可以為不欺矣。」真德秀云：「玩其詩，只見為人之求友，而不為君之求臣，蓋先王樂道忘勢，但知有朋友相須之義，而不見有君臣相臨之分故也。」此章首提朋友之當篤，後第二章舉朋友中之尊者為言，第三章舉朋友中之卑者為言。○**伐木許許**，語韻。《說文》、豐氏本俱作「所所」。**釃酒有藇**。語韻。**既有肥羜**，語韻。**以速諸父**。叶語韻，讀如許，喜與翻。**宁適不來，微我弗顧**。叶語韻，讀如巨，臼許翻。**於**音烏。**粲灑埽**，叶有韻，蘇後翻。**陳饋八簋**。叶有韻，已有翻。《說文》云：「古作匭。」徐鍇云：「九聲也。」**既有肥牡**，有韻。**以速諸舅**。有韻。**寧適不來，微我有咎**。有韻。○興也。此下二章皆以伐木起興。程子云：「山中伐木，非一人能獨為，必與同志者共之。既同其事，則相親好，成朋友之義。伐木之人必有此義，況士君子乎！故賦伐木之人，敘其情，推其義，以勸朋友之道。」劉敞云：「伐木必求助於人，況任天下之事，事多重於伐木者乎！」「許許」，朱子云：「眾人共力之聲。」《淮南子》：「翟煎對梁王曰：『舉良木者，前呼邪許，後亦應之。此舉重勸力之歌也。』」按：「邪許」，《呂覽》又作「輿謣」，蓋其聲相近耳。《說文》作「所所」，云：「伐木聲也。」「釃」，《說文》云：「下酒也。」徐鍇云：「猶篩也。篩取之也。」章懷太子云：「猶濾也。」陸德明云：「謂以筐酒。」朱子云：「泲之而去其糟也。」毛《傳》云：「以筐曰釃，以藪曰湑。」孔穎達云：「筐，竹器也。藪，草也。釃酒者，或用筐，或用草。用草者，用茅也。《左傳》『爾貢苞茅不入，王祭不供，無以縮酒』是也。」《說文》無「藇」字，當通作「與」，黨與也。此句屬伐木之眾人言，蓋伐木必須力，故人皆釃酒以助力，各有黨與也。亦藉以興燕飲之意。蘇轍云：「伐木至小矣，而猶須友，故君子於其閑暇，而飲食以燕樂之，所以求其驩心也。」《爾雅》云:「未成羊曰羜。」《說文》云:「五月成羔也。」羅願云:「《說文》稱五月生,似謂仲夏所生。按:《齊民要術》:『五月、六月、七月生者,兩熱相仍,惡中之甚。』『以速諸父』,不應用此。當是生及五月者爾。」陸佃云:「字從宁,佇也。佇其美成而後足用。」「速」,《爾雅》云:「征也。」《易》「不速之客」,《儀禮》「乃速客」,皆謂相呼召也,亦欲其亟來之意。毛云:「天子謂同姓諸侯,諸侯謂同姓大夫,皆曰父。異姓則稱舅。」曰「寧」、曰「微」,皆意中猜忖之辭。「寧」,猶豈也。「寧適不來」,慮其適然有故而不來也。「微」之言「無」,亦音近也。「顧」,念也。「微我弗顧」,慮其無乃不我肯顧也。「於」,朱子云:「歎辭。」「粲」,通作「燦」,《說文》云:「燦爛明淨貌。」「灑」,滌。「埽」,棄也。俱見《說文》。謂以水濕地而拚除之也。「陳」,通作「敶」,《說文》云:「列也。」《周禮注》云:「進食於尊曰饋。」孔云:「粲然灑埽其室庭,陳飲食之饋。」「八簋」,朱子云:「器之盛也。」《明堂位》云:「有虞氏之兩敦,夏后氏之四璉,殷之六瑚,周之八簋。」又按:《祭統》云:「三牲之俎,八簋之實,美物備矣。」是則八簋乃國家祭禮。而今用以陳饋,蓋尊敬之至也。「牡」,《說文》云:「畜父也。」孔穎達以為「肥羜之牡者」。羅願則云:「諸父用羜,羜則小羊。諸舅用牡,牡乃大牛。禮隆殺不同者,羜乃食禮,義親而禮數;牡乃享禮,意重而禮厚。所以待諸父與諸舅各有所宜也。《禮記》曰:『羔豚而祭,百官皆足。太牢而祭,不必有餘。』禮之稱者皆如此。」陸佃云:「『既有肥羜』而後言『既有肥牡』,則其禮有加而無已。」愚按:釃酒、灑埽、陳饋、羜牡,皆一時事,互文以相通耳。先言「諸父」,後言「諸舅」,親疏之序也。「咎」,毛《傳》云:「過也。」鄧元錫云:「以速諸父舅而不來也,寧其適然他有故而不來乎?將無我弗顧,我有咎而不來也?自反深而望切矣。」舊說謂但欲盡其在我,若彼之來不來於我無與,則是假一速以塞責而已。詩中肫切之意,恐不若是。○**伐木于阪**,叶銑韻,孚欒翻。**釃酒有衍**。銑韻。亦叶先韻,夷然翻。**籩豆有踐**,銑韻。**兄弟無遠**。叶銑韻,讀如蝘,於殄翻。亦叶先韻,於圓翻。**民之失德,乾餱以愆**。先韻。亦叶銑韻,以淺翻。**有酒湑**叶麌韻,讀如數,爽主翻。《釋文》作「醑」。**我,無酒酤**叶麌韻,果五翻。**我**。**坎坎**《說文》作「竷」。**鼓**麌韻。《說文》作「舞」。**我,蹲蹲**《釋文》、《說文》俱作「墫」。**舞**麌韻。**我**。**迨我暇矣,飲此湑**見上。**矣**。○興也。《說文》云:「坡者曰阪。」析木已畢,而置之於從高臨卑之地,將有所移而用之也。「衍」,嚴粲云:「水溢也。」言釃酒之多也。工竣則相與飲酒以樂之，與次章之以酒助力者不同矣。迨暇飲湑，意亦如是。「籩豆有踐」，解見《伐柯》篇。「兄弟」，朱子云：「朋友之同儕者，兼同姓異姓言。」先「諸父」、「諸舅」而後言「兄弟」者，尊卑之序也。「無遠」，欲其無相遠也，即「不我遐棄」之謂。真德秀云：「尊其友曰父曰舅，親其友曰弟曰兄，此其為尊德樂道之至也夫！」「民之失德」二句是比方之詞，蓋即常情之小失以喚起上當篤友也。「失德」只就自處言。顏師古云：「言人無恩德，不相飲食。」「乾」、「餱」二物皆食之薄者也。《王制》：「乾豆。」《注》云：「乾謂臘之以為豆實。」《疏》云：「豆實非脯而云乾者，謂作醢及臡，先乾其肉。」徐鍇云：「今人謂飯乾為餱。《詩》『乃裹餱糧』是也。」「愆」，《說文》云：「過也。」即失德之愆。程子云：「民之失德，故不能修親睦之道，厚朋友故舊之禮，至乾餱不相及。」鄧云：「乾餱之愆也，非薄物細故之失已也。禮無不體，失禮是失德也。德何敢失也？」《漢書》：「宣帝詔曰：『夫酒食之會，所以行禮樂也。今郡國或擅為苛禁，禁民不得具酒食相賀召，繇是廢鄉黨之禮，令民亡所樂，非所以導民也。《詩》不云乎？民之失德，乾餱以愆。』」薛宣疏亦引此，云：「鄉黨闕於嘉賓之歡，九族忘其親親之恩，飲食周急之厚彌衰，送往勞來之禮不行，夫人道不通，則陰陽否鬲，和氣不興，未必不繇此也。」「有酒」以下六句，極言禮意之真切，友情之親厚如此。不出上三段設燕意，而寫情更為親切。「湑」，《說文》、毛《傳》皆云：「莤酒也。」莤音縮。陸云：「與《左傳》『縮酒』同義，謂以茅泲之而去其糟也。」「酤」，《說文》、毛《傳》皆云：「一宿酒也。」徐云：「謂造之一夜而熟，若今雞鳴酒是也。」言或儲之平日，或造之近時，毋使其或不足於供也。或通作「夃」。夃者，買也。亦通作「沽」。《論語》「沽酒市脯不食」，《尸子》云「沽者知酒之多少」是也。黃佐云：「《漢・食貨志》曰：『《詩》云：無酒酤我。而《論語》云：沽酒不食。二者似相反也。夫《詩》處承平之世，酒酤在官，和旨便人，可以相御也。《論語》，孔子當衰周之世，酒酤在民，薄惡不誠，是以疑而不食。』」愚詳《詩》之所云，特設言之，以見其相愛之情耳，非必無酒。縱使無酒，猶當為我酤買之。篤於朋友，不以有無為辭也。下文言飲此湑，知不待酤也。「坎」，通作「竷」，《說文》云：「舞也。」解見《宛丘》篇。重言「坎坎」者，舞之不已也。擊鼓以為舞節，故《陳風》曰「坎其擊鼓」，而此亦曰「坎坎鼓我」也。「蹲」，通作「墫」，偏旁從士，《說文》云：「士舞也。」重言「蹲蹲」者，見非一人之舞也。蘇云：「奏之以鼓，重之以舞，盡其有以樂之也。」陳暘云：「《易》曰：『鼓之舞之以盡神。』古者作樂，始於鼓，以作其聲；終於舞，以動其容。『坎坎鼓我』，則發諸聲音而以反為文也。『蹲蹲舞我』，則形諸動靜而蹈厲有節也。人道性術之變，盡於此矣。文王燕朋友故舊，而為樂至此，亦仁之至、義之盡也。」通章言我，皆主人自我。舊說謂湑我、酤我、鼓我、舞我為古人倒句文法，非也。讀者當於湑、酤、鼓、舞字略斷，言有酒而令人湑之者，我也；無酒而令人酤之者，我也；命人坎坎而鼓之者，我也；命人蹲蹲而舞之者，我也。孔云：「《禮記》：『天子食三老五更於大學，冕而總干，親在舞位。』知此非自舞者，食三老五更，重禮示敬，故王親舞之。此與故舊燕樂，不當親舞也。若言親舞，豈亦親擊鼓乎？以此知使人為之。」「迨」，本作「逮」，《說文》云：「及也。」有汲汲皇皇之意。「暇」，《說文》云：「閒也。」歲終而事閒也。飲此湑者，飲此所湑之酒也。鄧云：「《鹿鳴》之辭篤而敬，《伐木》之辭和而親。」

《伐木》三章。章十二句。毛、鄭本作「《伐木》六章。章六句」。劉氏云：「此詩每章首輒云『伐木』，凡三云『伐木』，故知當為三章。舊作六章，誤矣。」朱子從之。豐氏本亦同。○朱《傳》以為「燕朋友故舊」，《子貢傳》以為「燕賢」，《申培說》以為「天子燕友之歌」，皆不能知此詩所用之地。若蔡邕《正交論》云：「周德始衰，頌聲既寢，《伐木》有鳥鳴之刺。」蓋因詩中有「矧伊人矣，不求友生」之語，遂以為刺詩耳。細玩詩中無刺意也。而《太平御覽》、《初學記》、《古樂志》及《文選注》皆云：「饑者歌食，勞者歌事。詩人伐木，自苦其事，故以為文。」此本《韓詩》之說，然其義小矣。

詩經世本古義卷之七

閩儒何楷玄子氏學

殷帝乙之世詩五篇

何氏小引

《草蟲》，思南仲也。南仲以王命城朔方，遂伐西戎，其室家思念之而作此詩。亦名《南陔》。

《出車》，勞還帥〔註1〕也。文王之時，西有昆夷之患，北有玁狁之難，以殷王帝乙之命，命南仲城朔方，因伐西戎。於其還也，作此詩以勞之。

《四牡》，文王勞使臣之詩。

《杕杜》，勞還役也。

《皇皇者華》，文王遣使臣之詩。

草蟲

《草蟲》，思南仲也。南仲以王命城朔方，遂伐西戎，其室家思念之而作此詩。篇中「喓喓」六語與《出車》篇全同，以是知為南仲之室家思南仲也。愚又疑此詩謂即六笙詩中之《南陔》。〇按：《儀禮・燕禮》篇大夫皆就席後，「席工於西階上少東。小臣納工，工四人，二瑟。小臣坐，授瑟，

〔註1〕「帥」，詩正文作「率」。

乃降。工歌《鹿鳴》、《四牡》、《皇皇者華》。卒歌，主人洗，升獻工。笙入，立於縣中，奏《南陔》、《白華》、《華黍》。主人洗，升獻笙，乃間歌《魚麗》，笙《由庚》，歌《南有嘉魚》，笙《崇丘》，歌《南山有臺》，笙《由儀》，遂歌鄉樂，《周南》、《關雎》、《葛覃》、《卷耳》；《召南》：《鵲巢》、《采蘩》、《采蘋》。大師告樂正曰：『正歌備。』乃降復位。」《鄉飲酒禮》篇奠觶後，「設席於堂廉東上，工四人，二瑟，瑟先。相者二人，授瑟，乃降。工歌《鹿鳴》、《四牡》、《皇皇者華》。卒歌，主人獻工，笙入堂下，磬南，北面立，樂《南陔》、《白華》、《華黍》。主人獻工於西階上，乃間歌《魚麗》，笙《由庚》，歌《南有嘉魚》，笙《崇丘》，歌《南山有臺》，笙《由儀》，乃合樂《周南》；《關雎》、《葛覃》、《卷耳》；《召南》：《鵲巢》、《采蘩》、《采蘋》。工告於樂正曰：『正歌備。』樂正告於賓，乃降。」此二禮作樂樂賓之儀節大略也。其《南陔》、《白華》、《華黍》、《由庚》、《崇丘》、《由儀》六篇《序》皆以為「有其義而亡其辭」。所謂「有其義」者，《序》謂：「《南陔》，孝子相戒以養也；《白華》，孝子之潔白也；《華黍》，時和歲豐宜黍稷也；《由庚》，萬物得繇其道也；《崇丘》，萬物得極其高大也；《由儀》，萬物之生各得其儀也。」又云：「《南陔》廢則孝友缺矣，《白華》廢則廉恥缺矣，《華黍》廢則蓄積缺矣，《由庚》廢則陰陽失其道理矣，《崇丘》廢則萬物不遂矣，《由儀》廢則萬物失其道理矣。」所謂「亡其辭」，則諸儒說各不同。鄭玄謂「遭戰國及秦之世而亡之」，朱子謂「《南陔》以下，今無以考其名篇之義。然曰笙、曰樂、曰奏，而不言歌，則有聲而無辭明矣」。意古經篇題之下必有譜焉，如《投壺》魯鼓薛鼓之節而亡之耳。商份亦云：「所謂亡其辭，今《論語》『亡』字皆讀為『無』字。謂此六詩，於笙奏之，雖有其聲，舉無辭句，不若《魚麗》、《南有嘉魚》、《南山有臺》於歌奏之。歌，人聲也，故有辭耳。此歌與笙之異也。」董氏之說亦然。呂祖謙、嚴粲頗不然其說。呂之言云：「笙入有聲無詩，其說不為無理。然《國語》：『叔孫穆子聘晉，伶簫詠歌《鹿鳴》之三。』《鹿鳴》三篇既可與簫相和而歌，則《南陔》以下豈不可與笙相和而歌乎？」嚴之言云：「樂以人聲為主，人聲即所歌之詩也。若本無其辭，則無繇有其義矣。《序》本因其辭以知其義。後亡其辭，則惟有《序》所言之義存耳。」黃震兩辨之。其辨呂云：「《國語》言歌，則《鹿鳴》三篇有辭之可歌也。《儀禮》不言歌，則《南陔》六詩無辭之可歌也。此不足疑也。」其辨嚴云：「古之樂章，今之琴譜類也。琴譜有操辭具存者，《鹿鳴》之詩之歌也；有徒存其譜而無辭曲之可歌者，如長清短清與長側短側之類。雖無其辭，未嘗無其義也。此亦不足疑也。」又，王質云：「唐有上柱、鳳雛、平調、清調、瑟調、平折、命嘐七曲，亦有聲無辭。」其說皆與朱子合。而顧起元《說略》則又云：「笙詩有辭有聲。如其有聲無辭，宜曰笙調，不云笙詩。燕禮：升歌《鹿鳴》，下管《新宮》。《新宮》今亡。宋公享公孫昭子，賦《新宮》。將謂管亦有聲無辭耶？笙詩之亡，猶管詩之亡也。《書》曰：『琴瑟以詠，笙鏞以間。』《詩》曰：『我有嘉賓，鼓瑟吹笙。』皆有詩也。歌詠之，聲依之，律和之。自后夔以來，未之有改也。是故升歌三終，《鹿鳴》三詩也，笙入三終，《南陔》三詩也；間歌三終，《魚麗》、《由庚》六詩也；合樂終，則《二南》六詩。眾聲偕作矣。於是工告樂正曰：『正歌〔註2〕備。』皆謂之歌，而可謂之有聲無辭耶？凡樂四節，首節歌也，比歌以瑟也；二節笙也，輔笙以磬也；三節歌笙相禪也；四節鄉樂也。凡樂四節，為詩十八篇，皆有聲有辭，鼓瑟鼓琴，笙磬同音，以雅以南，此之謂也。」以上諸家持論翻駁，各有義理，惟是果無其辭，則《序》不應知其義？既云有其義，則又豈無一二傳其辭？此終是可疑。竊謂詩辭縱遂亡，《序》義未必真也。及晉時，束晳與同業疇人肄脩鄉飲之禮，於是依附《序》義，補著其文，以綴舊制。而鄭樵、劉辰翁輩皆非之，以為無謂云。間竊以愚意測之，《詩序》所次篇目，合六笙詩共三百一十一篇，後人相傳以為定本，而《史記》言：「古詩三千餘篇，及至孔子，去其重，取可施於禮義者三百五篇。」龔遂謂「昌邑王曰『大王誦詩，三百五篇』」，王式曰「臣以《三百五篇》諫」，及讖緯之書，如《樂緯》、《詩緯》、《尚書璇璣鈐》，其傳自漢世者，皆以三百五篇為夫子刪存定數，未嘗有三百一十一篇也。抑微獨《史記》諸書而已。當孔子未錄商頌之時，所刪周家之詩篇，始於《周南》，而以《魯頌》為殿，亦只有三百篇耳。故曰：「詩三百，一言以蔽之，曰：『思無邪。』」「詩三百」者，全詩之數。「思無邪」者，殿卷之語也。其後以己為殷人，復錄《商頌》五篇，綴於《魯頌》之後，合之始有三百五篇。然則三百五篇之為夫子刪存定數，審矣。烏自而虛懸有六笙詩之名，以為三百一十一篇乎？蓋緣漢儒見《儀禮》有此篇名，謂諸詩皆已見經，不應此六詩獨無，輒便攙入於《魚麗》、《南有嘉魚》、《南山有臺》之間，俾以類相從，而又復竄弁《序》語，俾與諸詩一例，大抵皆贋託，非初本也。若夫《儀禮》所取，斷不為夫子所刪，而經夫子刪後之詩，其存者惟有三百五篇而已，則六笙詩何得不在其內？故愚謂六詩具存，特因笙奏曲名與詩

〔註2〕「歌」，四庫本作「樂」。前引《儀禮·燕禮》、《鄉飲酒禮》俱作「歌」。

篇互異，遂致此誤，亦猶《斯干》之詩以管奏之則別名《新宮》,《時邁》、《雝》諸詩以鍾鼓奏之則別名《九夏》也。六詩伊何？《南陔》即《草蟲》也，二章三章皆有「陟彼南山」之語，故曰《南陔》。陔者，隴也，謂南山之隴也。《白華》即《采薇》也，其四章曰「彼爾維何？維常之華」。常者，常棣也。常棣者，白棣也。隱常棣之名而著其色曰白華也。《華黍》即《出車》也，其四章曰「昔我往矣，黍稷方華」，此則摘字為名，如《漢廣》之類，其尤昭晢者也。三詩皆言為君宣力之事，故於燕禮、鄉飲酒禮奏之，使凡在席之臣聞而知勸，亦與歌《四牡》、《皇皇者華》同意者也。《由庚》即《吉日》也，以「吉日庚午」取之。禮歌《魚麗》則笙《由庚》，謂燕饗之物無所不備，水產有魚，陸產有麀鹿，有豝兕，竭誠盡禮之至也。《崇丘》即《緜蠻》也，以丘阿、丘隅、丘側取之。禮歌《南有嘉魚》則笙《崇丘》，謂上之人志在得賢，必有後車之載，而後足慰翩雛之思，望諸侯貢士賓王也。《由儀》即《菁菁者莪》也，以「樂且有儀」取之。禮歌《南山有臺》則笙《由儀》，古者養老必於太學，凡視學必養老，一以崇憲乞，一以儲俊造，是教化之大者也。夫故燕禮、鄉飲酒禮均有取焉爾也。

喓喓草豐氏本作「艸」。**蟲**，東韻。《釋文》云：「或作蟲，非。」**趯趯阜**《爾雅注》作「皇」。豐本作「𠂤」。**螽**。東韻。**未見君子，憂心忡忡**。東韻。豐本作「㥫」。**亦既見止**，豐本作「只」。下同。**亦既覯**《爾雅》作「遘」。**止**。豐本作「只」。下同。《後漢書》改此二句作「既見君子」。**我心則降**。叶東韻，胡公翻。○興也。《說文》無「喓」字，當通作「要」。要，本身腰之腰，借為約束之義。徐鍇云「腰為中關，所以自臼持」是也。此草蟲言要者，蓋象其結束精悍之形。不然，則疑「嘌」字之誤。嘌之為言疾也，與趯同意。重言之者，非一之辭。「趯趯」仿此。「草蟲」，郭璞云：「常羊也。」陸璣云：「大小長短如蝗，奇音，青色，好在茅艸中作聲。」「趯」，《說文》云：「踴也。」「阜螽」，李巡云：「蝗子也。」陸璣云：「今人謂蝗子為螽子，兗州人謂之螣。」陸佃云：「今謂之蚱蜢，示跳示飛，飛不能遠。」許慎以為蝗螽，蔡邕以為螽蝗，明是一物。《方言》云：「宋、魏之間謂之蚮，南楚之外謂之蟅蟒，或謂之蟒，或謂之螣。」按：螽之族厥類實繁。《爾雅》云：「皇螽，蠜。草蟲，負蠜。蜇螽，蚣婿〔註3〕蟿螽，螇蚸。土螽，蠰溪。」陸佃云：「草蟲

〔註3〕「婿」，四庫本作「蝑」。按：《爾雅·釋蟲第十五》作「蝑」。

鳴，阜螽躍而從之，故阜螽曰蠜，草蟲謂之負蠜也。」艸蟲興南仲，阜螽以自況。婦人從夫，其象有如此者。「君子」，指南仲也。「忡」，《說文》云：「憂也。」按：「忡」字左從心，右施中，當謂憂在心中，不能脫離之意。毛《傳》訓忡忡為衝衝，義亦同此。「止」，通作「只」，《說文》云：「語已辭也。」「覯」，《說文》云：「遇見也。」見常而覯暫，今不敢必其能常見，但遇見之猶愈於已，故既言見，而又轉言覯也。「降」，《說文》云：「下也。」對「忡忡」言。憂向在心中，懸而不下，今忽解去，所謂降也。謝枋得云：「猶今人云放下心也。」時南仲方薄伐西戎，而其室家思之如此。又，《左・襄二十七年》：「鄭伯享趙孟，子展賦《草蟲》。趙孟曰：『善哉，民之主也！抑武也不足以當之。』卒享。趙孟告叔向曰：『子展其後亡者也，在上不忘降。』」此特借語為之辭耳，非詩本義。**〇陟彼南山，言采其蕨。**叶屑韻，紀劣翻。**未見君子，憂心惙惙。**屑韻。**亦既見止，亦既覯止，我心則說。**屑韻。音悅。〇賦也。「南山」，周終南山也。「蕨」，《爾雅》云：「虌也。」《通志》云：「莽芽也。」陸璣云：「山菜也。初生似蒜，莖紫黑色，可食，如葵。」陸佃云：「初生無葉，可食，狀如大雀拳足，又如其足之蹶也，故名蕨。周、秦曰蕨，齊、魯曰虌。俗云初生者亦類虌腳，故曰虌。」《廣雅》以為紫基，非也。羅願云：「蕨生如小兒拳，紫色而肥。今野人今歲焚山，則來歲蕨菜繁生。其舊生蕨之處，蕨葉老硬敷披，人誌之，謂之蕨基。」戴侗云：「其根掘而搗之，取粉可食，凶年以禦饑，謂之烏昧，亦謂烏㮆。」《格物論》云：「二三月采，山中人作茹食之。」「惙」，《說文》云：「憂也。」戴侗云：「憂結貌。」按：「惙」字右施叕。叕者，綴聯之義。戴說可信。「說」，許慎云：「釋也。」陸佃云：「降所以反忡忡，說所以反惙惙。忡忡言中而不下也，惙惙言綴而不解也。降，下也。說，解也。」又，《說苑》：「孔子對魯哀公曰：『惡惡道不能甚，則其好善道亦不能甚。好善道不能甚，則百姓之親之也亦不能甚。《詩》云：未見君子，憂心惙惙。亦既見止，亦既覯止，我心則說。』詩之好善道之甚也如此。」亦斷章取義。**〇陟彼南山，言采其薇。**叶支韻，靡為翻。**未見君子，我心傷悲。**支韻。**亦既見止，亦既覯止，我心則夷。**支韻。〇賦也。「薇」，陸璣云：「山菜也。莖葉皆似小豆，蔓生，其味亦如小豆藿，可作羹，亦可生食。今官園種之，以供宗廟祭祀。」項氏云：「薇，今之野豌豆苗也。蜀人謂之巢菜，東坡改名元脩菜是也。一名金櫻芽。」季本云：「薇似蕨而差大，如巨擘，剝而食之，甘美，莊子所謂迷陽是也。山間人謂之迷蕨。」陸佃云：「薇似藿菜之微者也，故《禮》『芼豕以薇』，《記》曰『鉶芼，牛藿，羊苦，豕薇』是也。」程大昌云：「山中極多，味苦，以芼火肉，最相諧宜。其苗春則盛發，至秋老硬，然不萎死，雖雪中亦可採也。」《詩注》：「又名苦瓫。」《三秦記》云：「夷、齊食之，三年顏色不變。武王戒之，不食而死。」按：《爾雅》：「薇，垂水。」《疏》謂「草生於水濱而枝葉垂於水者曰薇」。今《詩》言「山有蕨薇」，又言上山采薇，恐非此草也。據《本草》，薇有二種。生水旁，葉似萍者，薇也；生平原川谷，似柳葉者，白薇也。此當為白薇耳。「夷」，《說文》云「平也。」嚴粲云：「人喜悅則心平夷。」謝云：「惙惙，憂之深，不止於忡忡矣。傷則惻然而痛，悲則無聲而哀，不止於惙惙。此未見之憂一節緊一節也。降則心稍放下，悅則喜動於中，夷則心氣和平，此既見之喜一節深一節也」。愚按：張衡謂「大火流，草蟲鳴」，然則草蟲鳴，阜螽躍，深秋候也。四月之詩，以「山有蕨薇」並言，而此詩言采蕨，又言采薇，蕨、薇皆二三月所采，而言蕨者常在薇先，則蕨之生當稍先於薇，總之在初春時耳。南仲以深秋伐西戎，至「春日遲遲」而始奏凱以歸，其節序物候恰與此合，則其為室家思念南仲之詩無可疑者。繇南仲忠義天植，國爾忘家，其室家之人知之深，故思之切如此。

《草蟲》三章。章七句。《序》云：「《草蟲》，大夫妻能以禮自防也。」朱子謂「未見能以禮自防之意」直以為「大夫行役在外，其妻獨居，感時物之變，而思其君子」。按：朱於詩意固為得之，而不能知其人，則不過閨情之常耳，有何關係？若《子貢傳》謂「南國之大夫聘於京師，睹召公而歸心焉」，此第依附《召南》以立說，要無稽據。《申培說》則云：「南國大夫夏聘於周，次於終南，睹王室之多賢相，率以歸心焉。」其汎斯甚，觀篇中云「未見君子」，豈博及多賢之辭哉？

出車

《出車》，勞還率也。出《序》。**文王之時，西有昆夷之患，北有玁狁之難，以殷王帝乙之命，命南仲城朔方，因伐西戎。於其還也，作此詩以勞之。**《竹書》紀「帝乙三年，王命南仲西拒昆夷，城朔方」。即此詩事也。按：《史記》稱公季卒，子昌立，是為西伯。西伯曰文王。《汲冢周書序》云：「文王立，西距昆夷，北備玁狁，謀武以昭威懷。」則此詩之為文王詩明矣。文王作此詩以慰勞南仲，故篇中曰「自天子所」、曰「天子命我」，可知非帝乙勞之也。

我出我車，《荀子》作「輿」。**于彼牧**叶職韻，讀如墨，密北翻。**矣。自天子所，謂我來**叶職韻，六直翻。**矣。召彼僕夫，謂之載**叶職韻，節力翻。**矣。王事多難，**去聲。**維其棘**職韻。**矣。**賦也。此詩言我者不一。首二章言我者，文王之辭；中二章言我者，代為南仲之辭；其第五章言我者，則代為南仲室家之辭。分別觀之乃得。「我車」，我所統之戎車也。文王時為西伯，則西方諸侯之戎車皆其所統，非必盡周車也。「彼」，主殷都而言。《爾雅》：「郊外謂之牧。」《周語》：「國有郊牧。」注云：「放牧之地。」言我令人駕出我所統之戎車，已至於殷都郊外之牧地，蓋謂前軍之先行者也。李氏云：「《荀子》曰：『天子召諸侯，諸侯輦輿就馬，禮也。』遂舉此詩云：『我出我輿，于彼牧矣。』毛氏本《荀子》之說，以為出車就馬於牧地。然未必得詩人之意。」馬端臨云：「古人用兵，必以車戰，意在聲罪致討。其坐作進退，整暇有法，未嘗掩人之不備而以奇取勝也。故韓厥遇齊侯，則奉觴加璧；郤至遇楚子，則免胄趨風。可以死，則為於犨之請矢；可以無死，則為庾公之叩輪。所謂殺人之中又有禮焉。至塞外之侵中國，則云合鳥散，輕進易退，於是車之雍容不足當其徒之剽疾，遂至捨車而用徒。然彼長於徒，我長於車，捨我之長技而與角，是以兵予敵也。故必設伏以誘之，未陳而薄之，然後可以取勝。而車戰之法廢矣。秦、漢以後之用兵，其戰勝攻取者大槩皆如鄭之禦戎、晉之敗狄耳，何嘗有堂堂正正之舉乎？」「自」，從也。「天子」，指帝乙也。「謂」，命也。下同。「謂我來」者，命我來簡發此戎車也。「召」，《說文》云：「呼也。」「僕夫」，毛《傳》云：「御夫也。」「載」，《說文》云：「乘也。」文王既承王命，呼召己之御夫，命之載己而歸，將以料簡車徒，使之尅期上道也。「王事」，王室封疆之事也。時玁狁、昆夷並起為患，故曰「多難」。「棘」，通作「輙」，《說文》云：「急也。」或通作「亟」，《說文》云：「疾也。」戎狄秋高馬肥，易於南牧，速則邊防可固，緩則邊警可虞，故曰「維其棘矣」。觀後章城方之命，則此行專以築城為事，與《六月》出征不同。然必成師以出者，蓋不如是，則恐玁狁聞知必來撓我之築，而方不可得而城也。○**我出我車，于彼郊**叶豪韻，居勞翻。**矣。設此旐矣，建彼旄**豪韻。**矣。彼旟旐斯，胡不旆旆。**叶寘韻，蒲寐翻。**憂心悄悄，僕夫況**豐氏本作「怳」。**瘁。**寘韻。陸德明本作「萃」。○賦也。韋昭云：「國外曰郊。」徐鍇云：「按：《爾雅注》：百里之國，十里為郊。王畿千里，郊當百里。」《司馬法》云：「王國百里為郊，五十里為近郊，百里為遠郊。」《白虎通》云：「王及公侯必有郊者，上則郊接天神，下則郊接諸侯、郊接鄰國。」朱子云：「郊在牧內，蓋前軍已至牧而後軍猶在郊也。」「設」，陳也。毛《傳》云：「龜蛇曰旐。」《考工記》云：「龜蛇四斿，以象營室。」《疏》云：「龜有甲，象其捍難。蛇無甲，見人避之，象其避害也。營室，北方七宿也，其星象龜形。」又，《爾雅》云：「緇廣充幅長尋曰旐。」《注》謂：「以黑色之帛，廣全幅長八尺，屬於楨，名旐。」蓋其制如此。「建」，立也。「旄」，注旄於旗幹之首。解見《干旄》篇。鄭云：「設旐者，屬之於干旄，而建之戎車。」孔云：「此旐彼旄，一言彼，一言此，便文耳。」「于彼新田，於〔註4〕此菑畝」，皆此類也。毛云：「鳥隼曰旟。」謂畫朱雀及隼。《考工記》云：「鳥旟七斿，以象鶉火也。」《說文》云：「錯革畫鳥其上，所以進士眾。」孫炎云：「錯，置也。革，急也。畫急疾之鳥於縿也，有旐有旟。《禮》所謂『前朱雀而後玄武』也。」稱龜蛇為玄武者，朱子云：「位在北方，故曰玄。身有鱗甲，故曰武。」陸化熙云：「出車在郊，視前在牧之車為後軍，則所見止是設旐建旄。而設旟建旄已在彼牧，故亟接之曰『彼旟旐斯』，蓋因言表章而兼舉前後軍言之也。」「胡不」，猶言豈不也。「旆旆」，毛云：「旒垂貌。」董氏云：「《禮》曰：『德車結旌，武車綏旌。』綏，謂垂舒之也。昔晉治兵，建而不旆。壬申復旆，諸侯畏之。則知垂旌所以為戰也。」按：旆惟旐有之。《說文》云：「繼旐之旗，沛然而垂，名旆。」此云「旆旆」者，合旟旐飛揚之象而言，與「荏菽旆旆」同意。《傳》所謂旒，即四斿七斿之斿，乃旌旗之末垂者。嚴云：「繼旐曰旆。旐以全帛為之，續旐末為燕尾者，名之為旆，言旆之本體也。此『胡不旆旆』，乃飛揚之貌。」愚按：至此則文王出車之事已竣，可以還報天子矣。然兵，兇器；戰〔註5〕，危事；目擊醜虜憑陵，未知蕩平何日，所以思之而憂心至於悄悄也。「悄」，徐鍇云：「憂思低小也。」其思多端，故重言「悄悄」。「況」，《說文》云：「寒水也。」荒涼之意。《說文》無「瘁」字，當通作「悴」，謂形容憔悴也。「僕夫況瘁」，則亦文王憂國之誠有以感之而然耳。呂祖謙云：「古者出師，以喪禮處之。命下之日，士皆涕泣。皆此意也。」以上二章皆文王自為敘述也。○

〔註4〕按：此詩出《小雅・采芑》，「于」作「呈」。
〔註5〕「戰」，四庫本無。

王命南仲，往城于方。陽韻。**出車**《史記》作「輿」。**彭彭**，叶陽韻，逋旁翻。**旂旐央央**。陽韻。陸本作「英英」。**天子命我，城彼朔方**。同上。**赫赫南仲，玁**豐本作「獫」。**狁于襄**。陽韻。○賦也。首二章止言出車勤王耳，未明言其何所命也，此方以承命出車之故言之。「王」，天子也。蘇轍謂王當為文王。按：文王未受命，安得稱王乎？南仲此時承王命為將者，即《常武》詩所稱也。又，《春秋》：「隱九年，天王使南季來聘。」杜《注》謂「南氏，季字」，意即南仲後也。「城」，築城也。「方」，毛云：「朔方近玁狁之國也。」朱子云：「今靈夏等州之地。」曹氏云：「即《六月》所謂『侵鎬及方』。《郡縣志》：『夏州朔方縣什賁故城，在縣治北，即漢朔方縣之故城也。』《詩》所謂『王命南仲，城彼朔方』是也。漢武帝元朔二年，收河南地，置朔方、五原郡，使蘇建築朔方。什賁之號，蓋蕃語也。」鄭云：「往築城於朔方，為軍壘，以禦北狄之難。」按：朔方即今陝西寧夏衛，在固原西南五百餘里。有待於南仲之城者，必翟患未肆之前。常倚山河為固，不待設險，及玁狁內侵，則將有決藩之勢，其地始為華夷要區，故不得不為城以守耳。嚴云：「朔方之地為玁狁所侵軼，今王命南仲驅去玁狁，以城之而已，不事窮蹙之也。」「彭」，通作「騯」，《說文》云：「馬盛也。」毛云：「交龍為旂。」《爾雅注》云：「懸鈴於竿頭，畫龍於旂上。」劉熙云：「旂，倚也。畫作兩龍相依倚也。通以赤色為之。無文采。諸侯所建也。」〔註6〕鄭云：「兩龍一象其升朝，一象其下復也。」孔云：「旂蓋南仲所建，以下或載旐，或載旟。此經所陳，唯旂、旐、旟三物而已。」愚按：所以不再舉旟者，旟為前軍，已往前進發。南仲大將，當居中軍，王國大夫視外諸侯，分得建旂，此時統後軍繼進，故但言旂旐也。「央央」，通作「英英」，鮮明之貌。「天子命我」二句，述南仲稱王命以令眾也。呂云：「大將傳天子之命以令軍眾，於是彭彭然張其車乘，央央然旆其旂旐，威靈氣焰，赫然動人。兵事以哀敬為本，而所尚則威也。」「赫赫南仲」，乃文王讚歎之詞。後仿此。「赫」，《說文》云：「火赤貌。」以南仲之威焰如之，故曰「赫赫」。「襄」，與「懷山襄陵」之「襄」同。蔡沈云：「駕出其上也。」按：「襄」字訓「駕」，當是通作「驤」。《漢書》「雲起龍襄」，又「交龍襄首奮翼」，皆取「襄」、「驤」通用。季本云：「城朔方，所以斷戎狄往來之路。西戎道絕而不相犄角，則可以駕玁狁而出其上，故曰『於襄』。」程子云：

〔註 6〕劉熙《釋名》卷七《釋兵第二十三》：「旂，倚也。畫作兩龍相依倚。諸侯所建也。……通以赤色為之，無文采。」

「此章指元帥之名，以顯其功也。」〇**昔我往矣，黍稷方華**。麻韻。亦叶虞韻，芳蕪翻。**今我來思，雨**去聲。**雪載塗**。虞韻。亦叶麻韻，宅加翻。豐本作「涂」。**王事多難**，去聲。**不遑啟居**。魚韻。**豈不懷歸？畏此簡書**。魚韻。〇賦也。第三章「惟天子命我」二句述南仲之語，此章則全是南仲語矣。「昔我往矣」，南仲就道時也。「黍稷方華」，方生華也。鄭、孔皆以為六月中時。按：《考靈曜》云：「春，鳥星昏中，可以種稷；夏，火星昏中，可以種黍。」氾勝之云：「黍者，暑也，種者必待暑。」羅願云：「稷為首種，孟春正稷之時。」又賈思勰云：「凡黍穄，三月上旬種者為上時，四月上旬為中時，五月上旬為下時。夏種黍穄，與植穀同時。非夏者，率以椹赤為候。」大抵植種有早晚，則華實之早晚隨之，非必定在六月中時方生華也。孔氏但據《月令》有「孟秋，農乃登穀」之文，鄭解所登之穀為黍稷，故以為六月華。不知《月令》仲夏之月，農既登黍矣，豈盡俟孟秋乎？「今我來思」，歸而在道時也。「雪」，春雪也。陸佃云：「臘雪握之輒聚。立春以後，不復可摶，以微溫摶之故也。」「塗」，毛云：「凍釋也。」《夏小正》云：「春正月，寒日滌凍塗，農及雪澤。」孔云：「雪落而釋為塗泥，是春凍始釋也。」鄭云：「因伐西戎，至春凍始釋而來反也。」王事多難，與首章語意正同，而此更為伐西戎起語，所以至於雨雪載塗之時，而後來歸者以西戎助玁狁為虐，復承王命，徂征自北而西，歸計轉緩，故不遑啟居也。「畏」者，凜凜欽承之意，與畏罪不同。「簡書」，策命之詞也。孔云：「古者無紙，有事書之於簡，謂之簡書。」當時命南仲城方，因見西戎竊發，故並命之竣事後，移師往伐西戎耳。《左．閔元年》：「狄人伐邢。管敬仲言於齊侯曰：『戎狄豺狼，不可厭也。諸夏親暱，不可棄也。宴安鴆毒，不可懷也。《詩》云：豈不懷歸？畏此簡書。簡書，同惡相恤之謂也。』請救邢以從簡書。」「同惡相恤」，意簡書中舊有此語，乃諸侯所受之於天子者，故敬仲引及之。舊說不達，謂「鄰國有急，以簡書相告」，誤矣。自「王事多難」而下四語，其事在「黍稷方華」之後，「雨雪載塗」之前，城方已畢，似可歸而猶不得歸者，為將伐西戎故耳。詩之敘事，變幻錯綜若此。以後章臆之，其在徂秋涉冬之間乎？〇**喓喓草**豐本作「艸」。**蟲**，東韻。**趯趯阜**豐本作「𠂤」。**螽**。東韻。豐本作「螽」。**未見君子，憂心忡忡**。東韻。豐本作「𢥞」。**既見君子，我心則降**。叶東韻，胡公翻。**赫赫南仲，薄伐西戎**。東韻。〇興而賦也。「喓喓」而下六語，義俱同《草蟲》篇。以時序考之，張衡謂「大火流，草蟲鳴」，正深秋候耳。草蟲鳴則阜螽躍而從之，以興夫唱婦隨，其象亦如此也。孔云：「此明在冬前，晚秋之時，因有草蟲而為興。冬則蟲死，不得過於晚秋也。」「君子」，室家斥南仲之辭。「我」，則室家自我也。朱子云：「室家感時物之變而念之，以為未見而憂之如此，必既見而後心可降耳。」愚按：《草蟲》詩全同此六語，豈其詩早已聞〔註 7〕於上而文王採之以入詩乎？「薄」，發語辭。「西戎」，昆夷也。《逸周書》言「文王西距昆夷」是也。亦曰犬戎。「伐西戎」，所以剪獫狁之羽翼也。此時室家雖思南仲，而「赫赫南仲」方且「薄伐西戎」，若不知有其家者。婦義、臣忠，兩得之矣。曹氏云：「西北二虜相犄角為寇，故征玁狁則西戎作，伐西戎則玁狁平。」**〇春日遲遲**，支韻。**卉木萋萋**。叶支韻，此移翻。**倉庚喈喈**，叶支韻，堅夷翻。**采蘩祈祈**。支韻。**執訊獲醜，薄言還歸**。叶支韻，渠為翻。**赫赫南仲，玁狁于夷**。支韻。〇賦也。春日以《夏小正》及《七月》詩推之，知為二月也。「遲遲」，解見《七月》篇。「卉」，《說文》云：「草之總名也。」「萋」，《說文》云：「草盛也。」通木言之者，以葉盛而言。《詩》詠梧桐，亦曰「萋萋」。又，毛《傳》解「蒹葭萋萋」，云：「猶言蒼蒼也。」「倉庚」，解見《七月》篇。「喈喈」，解見《葛覃》篇。「祈」，通作「祁」，與《七月》篇「采蘩祁祁」解同。「執」，生擒也。「訊」，問也。程子云：「其魁首當訊問者。」「獲」，得也。「丑」，《說文》云：「可惡也。」謂其徒黨也。此訊醜皆西戎之訊醜，若玁狁則第城方以備之耳，未嘗有交戰之事。但既城朔方，則玁狁不能乘虛為害，而西戎可伐。西戎既伐，則有以剪玁狁之羽翼，而玁狁可平，事實相因也。鄭云：「稱美時物，以及其事，喜而詳之也。」歐陽修云：「述其歸時，春日暄妍，草木榮茂，而禽鳥和鳴。於此之時，『執訊獲醜』而歸，豈不樂哉？」「夷」，毛云：「平也。」陸云：「末二句全是歸功南仲。前言『於襄』，是在朔方時，不敢憑陵。此言『於夷』，則以去朔方後言，便有幾世平定意。」輔云：「曰『玁狁于夷』而已，則固不貴乎略地屠城輿尸蹀血之事也。」鄭云：「獨言平玁狁者，獫狁大，故以為始，以為終。」

《出車》六章。章八句。《子貢傳》亦云：「勞將率也。」而但以為宣王之詩。《申培說》謂「宣王再命南仲伐獫狁，遂平西戎，勞其還師，史籀美之」。班固《漢書．古今人表》，「南仲」作「南中」，亦繫之宣王時人。又云：「宣王興師命將，征伐獫狁，詩人美大其功，曰：『出車彭彭，城彼朔方。』」

〔註 7〕「聞」，四庫本作「間」。

總之，因《常武》篇有「王命卿士，南仲大祖」之語，遂致誤耳。或又疑《竹書》紀「宣王三年，命大夫仲伐西戎」，謂即此南仲。考《史記》，彼乃秦仲也，何得相混？

四牡

《四牡》，文王勞使臣之詩。出陳暘《樂書》。《序》云：「勞使臣之來也，有功而見知則說矣。」《左．襄四年》：「穆叔如晉，晉侯享之，工歌《鹿鳴》之三。三拜。韓獻子使行人子員問之，對曰：『《四牡》，君所以勞使臣也，敢不重拜？』」《魯語》則云：「叔孫穆子聘於晉，晉悼公享之，樂及《鹿鳴》之三，而後拜樂三。晉侯使行人問焉，對曰：『《四牡》，君之所以章使臣之勤也，敢不拜章？』」《子貢傳》襲其說，亦云：「章使臣之勤也。」《疏義》云：「歌於使來之時，則勞其來也，而極言在外之情如此，則章其勤也。」勞其來者，此詩之用。章其勤者，此詩之意。按：《采薇序》云：「文王之時，西有昆夷之患，北有玁狁之難。以天子之命，命將率遣戍役，以守衛中國。」意是詩之作，即在此時。篇中曰「王事靡盬，我心傷悲」，曰「豈不懷歸？不遑啟處」，曰「不遑將父，不遑將母」，與《出車》、《杕杜》二詩語意相為出入。然則此詩倘亦即為南仲而作，但彼全為敘述之辭，此則代為南仲之辭。以南仲此行城朔方，伐西戎，樹功既懋，經時頗久，故所以勞之者亦不一而足歟？又考舊史，惟王命南仲，西拒昆夷，城朔方，見於《竹書》，而此外寂寂無聞焉，故知是詩斷為南仲作也。

四《儀禮疏》作「駟」。**牡騑騑，周道倭**《文選注》作「威」。《釋文》作「委」。豐氏本作「逶」。**遲。**支韻。《韓詩》、《文選注》、豐本俱作「夷」。又，《〈漢書．地理志〉注》「倭遲」作「郁夷」，右扶風有郁夷縣，顏師古注云：「言使臣乘馬行於此道。」**豈不懷歸？**叶支韻，渠為翻。**王事靡盬，我心傷悲。**支韻。○賦也。「牡」，牡馬也。「騑」，《說文》云：「驂旁馬。」《禮記疏》云：「車有一轅四馬。中兩馬夾轅，名服馬。兩邊名騑馬，亦名驂馬。」今曰「騑騑」，則於四牡之中特指兩驂馬而言也。「周道」，自周適他處之道路，主周而言，故曰周道。「倭」，通作「逶」，《說文》云：「逶迤，衺去貌。」「遲」，《說文》云：「徐行也。」程子云：「倭遲，回遠也。」「王事靡盬」，義與《采薇》篇同。「傷」，創。「悲」，痛也。俱見《說文》。心有所思而不得遂，起居不寧，如身之遭創痛然也。言我豈不思歸，特以王事尚未堅固，不敢顧私圖而忘國恤，徒自心懷傷悲而已。孔穎達云：「『我心傷悲』，正謂念憶父母，下章云『將父母』是也。」毛《傳》云：「思歸者，私恩也。靡盬者，公義也。傷悲者，情思也。」鄭玄云：「無私恩非孝子也，無公義非忠臣也。君子不以私害公，不以家事辭王事。」范祖禹云：「臣之事上也，必先公而後私。君之勞臣也，必先恩而後義。」朱子云：「夫君之使臣，臣之事君，禮也。故為臣者奔走於王事，特以盡其職分之所當為而已，何敢自以為勞哉？然君之心則不敢以是而自安也，故燕饗之際，敘其情而憫其勞。臣勞於事而不自言，君探其情而代之言。上下之間，可謂各盡其道矣。」程子云：「上不知下之勞，則下不自盡其力，故《四牡》之義廢，則君臣缺矣。」〇**四牡騑騑，嘽嘽**《說文》作「痑痑」。《漢書注》作「驒驒」。**駱馬**。叶虁韻，滿補翻。**豈不懷歸？王事靡盬**，虁韻。**不遑啟處**。叶虁韻，此主翻。〇賦也。「嘽」，《說文》云：「喘息也。」毛云：「馬勞則喘息。」「駱」，馬名，詳見《駉》篇。陸佃云：「駱馬善奈勞苦。《詩》曰：『嘽嘽駱馬。』言駱性善勞，而今喘息不平如此，則以甚苦故也。」「不遑啟處」，解見《采薇》篇。上言「我心傷悲」，其故正在於此。「啟」者，謂長跪而進食於父母。「處」，則居處而已。輔廣云：「『我心傷悲』既述其私恩之不能忘，『不遑啟處』又述其公義之不可已，所謂天理人情之至也。」《左・襄二十九年》：「葬靈王，鄭上卿有事，子展使印段往。伯有曰：『弱不可。』子展曰：『與其莫往，弱不猶愈乎？《詩》云：王事靡盬，不遑啟處。東西南北，誰敢寧處？堅事晉、楚，以蕃王室也。王事無曠，何常之有？』遂使印段如周。」〇**翩翩者鵻**，《說文》、《釋文》俱作「隹」。**載飛載下**，叶虁韻，後五翻。**集于苞栩**。虁韻。**王事靡盬**，虁韻。**不遑將父**。虁韻。〇興也。「翩」，《說文》云：「疾飛也。」以非一飛，故曰「翩翩」。「鵻」，鳩類，詳見《鵲巢》篇。陸佃云：「鵻性慈孝愨謹，蓋孝所以致私恩，謹所以致公義，故《四牡》勞使臣之詩，而其託況如此。」羅願云：「隹鳩，孝鳥，故少皞氏以為司徒。一名祝鳩，似斑鳩而臆無繡彩，又頭有贅。鵻既孝鳥，故養老之杖仿之。漢仲秋之月，縣道皆案戶比民，年始七十者，授之以玉杖，餔之糜粥；八十、九十，禮有加賜玉杖，長尺，端以鳩鳥為飾。鳩者，不噎之鳥也。欲老人不噎。古之養老，祝哽在前，祝噎在後，以為養老之備。此所以取鳩，而又名鳩為祝鳩也。」嚴粲云：「鵻一鳥而十四名，鵻也、隹其也、鵓鳩也、祝鳩也、鳺鴀也、鵧鳩也、鸛鳩也、楚鳩也、鴿鳩也、荊鳩也、乳鳩也、鵴鳩也、𪇆鳩也、鶏鳩也。」「載」之言「則」，蓋音近也。「載飛載下」，言雖飛而尚下也。後放此。「集于苞栩」，解見《鴇羽》篇。「將」，奉也。戴岷隱云：「扶持奉侍之謂。」蘇轍云：「祝鳩，孝鳥，是以孝子不獲養而稱焉。鵻之飛也，則亦下而集於栩，不若使者之行久不返，不獲養父母也。」羅云：「《禽經》曰：『鵻上無尋，鷚上無常。』言二鳥之起，不過尋丈，不遠而復。而『王事靡盬』之臣，則征役不得暫息也。」范祖禹云：「忠臣孝子之行役，未嘗不念其親。君之使臣，豈待其勞苦而自傷哉？亦憂其憂，如己而已矣。此聖人所以感人心也。」又，《韓詩外傳》云：「齊宣王謂田過曰：『吾聞儒者親喪三年，君與父孰重？』過對曰：『殆不如父重。』王忿然曰：『曷為士去親而事君？』對曰：『非君之土地，無以處吾親；非君之祿，無以養吾親；非君之爵，無以尊顯吾親。受之於君，致之於親。凡事君以為親也。』宣王悒然，無以應之。《詩》曰：『王事靡盬，不遑將父。』」○**翩翩者鵻，載飛載止**，紙韻。**集于苞杞**。紙韻。**王事靡盬，不遑將母**。叶紙韻，母鄙翻。○興也。「杞」，《爾雅》、毛《傳》皆云：「枸檵。」《說文》云：「枸杞也。」陸璣云：「其樹如樗，一名苦杞，一名地骨。春生，作羹茹，微苦。其莖如莓子，秋熟，正赤。莖葉及子，服之輕身益氣。」《廣雅》：「名枸乳，又名地筋。」《本草》云：「一名枸根，一名枸忌，一名地輔，一名羊乳，一名仙人杖，一名西王母杖。」朱子云：「一名狗骨。」《抱朴子》云：「家菜，一名託盧。」〔註 8〕《清泠真君外訣》以「枸杞為三青蔓，其苗為換骨菜」。〔註 9〕《圖經》云：「枸杞春生苗，葉如石榴葉而軟薄，堪食，俗呼為甜菜。其莖幹高三五尺，作叢。六月、七月生小紅紫華，隨便結紅實，形微長，如棗核。其根名地骨。春夏采葉，秋採莖實，冬採根。」《廣韻》云：「春名天精子，夏名枸杞葉，秋名卻老枝，冬名地骨根。今人相傳，謂枸杞與枸棘二種相類，其實形長而枝無刺者真枸杞也，圓而有刺者枸棘也。」沈括云：「陝西極邊，生者高丈餘，大可作柱。

〔註 8〕按：《抱朴子內篇・仙藥卷十一》：「象柴，一名託盧是也，或云仙人杖，或云西王母杖，或名天精，或名卻老，或名地骨，或名苟杞也。」此處「家菜」，恐當作「象柴」，因形近而訛。

〔註 9〕按：陶穀《清異錄》卷上《天文・三青蔓》：「按：《清冷真君外訣》：『貝杞為三青蔓，其苗為換骨菜。』」陶宗儀《說郛》卷六十一：「《清冷真君外訣》：『枸杞號為三清蔓，其苗為換骨菜。』」顧起元《說略》卷二十四《諧志》與《說郛》同，然「冷」作「泠」。

葉長數寸，無刺，根皮似厚樸，其美異他處。大體出河東諸郡，其次江淮間。實如櫻桃，暴乾為餅，膏潤有味。」按：《詩》有三杞，詳見《將仲子》篇。上兩章為奉使初發之詞，此兩章以鵻起興，又為久役未返之詞。物猶得所止，而人子乃缺乎孝養，其感深矣。「集栩」興「將父」，「集杞」興「將母」。第取叶韻，未必有義。觀《鴇羽》篇亦詠集于苞栩，而統言「父母何怙」可見。○**駕彼四駱，載驟駸駸**。侵韻。亦叶寢韻，初朕韻〔註 10〕。**豈不懷歸？是用作歌，將母來諗**。寢韻。亦叶侵韻，式針翻。○賦也。按：第二章云「四牡騑騑，嘽嘽駱馬」，則知四牡皆駱，故名四駱。陸佃云：「古者天子之卿純駟，故《詩》曰『駕彼四駱』，又曰『乘其四駱』。若諸侯之卿，則不能具純駟矣。」「驟」，《說文》云：「馬疾步也。」嚴云：「走馬曰馳，不馳而步疾為驟。」「駸」，《說文》云：「馬行疾也。」以非一駸，故曰「駸駸」。「載驟駸駸」，則其尚在行役而未能遽歸可見矣。「是用作歌」者，朱子云：「非使臣作是歌也，設言其情而勞之耳。」「諗」，鄭云：「告也。」《左傳》「辛伯諗周桓公」是也。「將母來諗」者，言以己思欲將母之情來告於其母也。蓋父母愛子之情雖一，而父或猶知大義，母未必不牽於私情，故思所以慰其意者如此。陳際泰云：「先曰『將父』而後曰『將母』者，尊父也。既曰『將母』而又曰『將母』者，親母也。此孝子之志人情之實也。」〔註 11〕輔廣云：「詳於私情而略於公義，君之勞臣當然也。」

《四牡》五章。章五句。《申培說》以為「天子勞使臣之詩」。今繫此詩於文王，則非天子之詩矣。或問：何以知其非帝乙作也？曰：以「周道倭遲」之語知之。《儀禮》於燕禮、鄉飲酒禮皆歌此詩，蓋其初本為勞使臣作，後乃移以他用耳。大學始教，則肄此詩，義見《鹿鳴》篇《小引》下。又，《詩緯汎曆樞》推四始之說，以《四牡》在寅，為木始，未詳其義。齊、魯、韓三家又以此詩為康王時詩，似不足信。

杕杜

《杕杜》，勞還役也。出《序》。○愚按：此與《出車》同為一時之作，以

〔註 10〕「韻」，似當作「翻」。

〔註 11〕陳際泰《五經讀・詩經・讀四牡》。（《四庫全書存目叢書》經部第 151 冊，第 386 頁）

次章「卉木萋止」一語知之。鄭玄云：「異歌異日，殊尊卑也。《禮記》曰：『賜君子小人不同日。』此其義也。」范祖禹云：「《出車》勞師，故美其功。《杕杜》勞衆，故極其情。先王以己之心為人之心，故能曲盡其詞，使民忘其死以忠於上也。」王安石云：「上之人能知其下中心委曲之情，而形於歌詠則下悅之，《出車》、《杕杜》是也。上之人不能知而其下自陳其勞苦之狀、悲傷之情，則怨也，《揚之水》、《鴇羽》是也。」

有杕之杜，有睆其實。質韻。**王事靡盬，繼嗣我日**。質韻。**日月陽**韻。**止**，豐氏本作「只」。**女心傷**陽韻。**止**。**征夫遑**陽韻。**止**。興也。「有杕之杜」，解見《唐風・杕杜》篇。樹之特生者為杕。陸化熙云：「杕杜雖以識時序之變，而取義於杕，亦因征夫在外而傷其孤特無依也。」〔註12〕杜與棠相似，白者名棠，赤者名杜。又按：《說文》云：「牡曰棠，牝曰杜。」趙頤光云：「牡棠、牝杜，與楊、柳同義，又〔註13〕言陰陽也。此詩代為室家思夫之辭，故以杜寄興。」「睆」，明貌，《檀弓》「華而睆」之「睆」。樹果曰實。呂氏云：「杜之有實，秋冬之交也。」毛《傳》云：「杕杜猶得其時蕃滋，役夫勞苦，不得盡其天性。」孔穎達云：「特生之杜，猶睆然其實。我君子獨行役勞苦，不得安於室家，以盡天性而生子孫，乃杕杜之不如也。」「嗣」，續也。「我」，我君子也。「繼嗣我日」，追往役之始至此日而言，日以繼日，不得休息也。十月為陽，兼言日者，陽月之日也，此即杕杜有實之侯。「止」，通作「只」，語已辭也。後仿此。「遑」，《說文》云：「急也。」征夫隨南仲往城于方，事竣可以歸矣。至於十月而猶未歸，則以其時有伐西戎之事，故征夫方遑急於征役也。輔廣云：「述其室家之情，不直言其思之，而必曰『王事靡盬』焉，則雖其室家亦知義也。」○**有杕之杜，其葉萋萋**。叶支韻，此移翻。**王事靡盬，我心傷悲**。支韻。**卉木萋**同上。**止**，豐本作「只」。**女心悲**同上。**止**，**征夫歸**叶支韻，渠為翻。**止**。興也。「萋萋」，丘氏云：「新葉也。」承上章言。杕杜睆實是去年十月間物色，於今杜葉萋萋，則實落而又生葉，為今年之二月矣。以杕杜逢春而生意改觀如此，閨中思婦其何以堪。「我」，

〔註12〕（明）陸化熙《詩通》卷二《杕杜》。（《四庫全書存目叢書》經部第65冊，第377頁）

〔註13〕吳景旭《歷代詩話》卷三十戊集中之上《漢魏六朝・牝牡》：「按：《說文長箋》云：『……《說文》：牡曰棠，牝曰杜。杜棠、牝牡，與楊、柳同義，猶言陰陽也。』」按：《歷代詩話》所引，「又」作「猶」，於義為長。俟檢趙宧光（本名頤光）《說文長箋》。

女自我也。「卉木萋止」，復從杕杜而推廣之，見萋萋者不獨一杕杜，含悲更深。所以踰期未至者，因南仲伐西戎，故遷延至此。《出車》末章所謂「春日遲遲，卉木萋萋」，即是時也。然曰「執訊獲醜，薄言還歸」，則已歸在道，特尚未至家，故其室人不知而思念之耳。王者之體悉如此。輔云：「『王事靡盬』者，公義也。『我心傷悲』者，私情也。雖其室家，亦情義並行而不相悖也。」

○陟彼南山，言采其杞。紙韻。**王事靡盬，憂我父母。**叶紙韻，母鄙翻。**檀車幝幝，**銑韻。《韓詩》作「緂緂」。《石經》作「幝幝」。《釋文》作「張張」。**四牡痯痯，**叶銑韻，古轉翻。**征夫不遠。**叶銑韻。讀如蝘，於殄翻。○賦也。登山采杞，以望其君子。郝敬云：「『北山』，幽方，憂思之北〔註 14〕。」嚴云：「鄭、孔皆不明言杞為何物。以采言之，當是枸杞。杞之可食者，惟枸杞也。」解見《四牡》篇。按：《圖經》云：「枸杞春生苗，葉如石榴葉而軟薄，堪食，俗呼為甜菜。」陸璣云：「春生，作羹茹，微苦。」計此云採杞，當即在「卉木萋止」之時，特期而未至，故藉此以致其想望耳。以《出車》末章推之可見。說者泥朱注「春暮而杞可食」之語，遂謂采杞又過於木萋之時，恐未然也。又，枸杞，甜菜，味苦，亦夫婦同甘共苦之況。「父母」，謂夫之父母，即舅姑也。「憂我父母」，言詒我父母之憂。嚴云：「蓋謂父母思之，當早歸也。」徐光啟云：「及期而望，曰『女心傷悲』。過期而不至，則曰『憂我父母』。其憂有進焉者矣。可見古人立言之法。」蔣悌生云：「此四句見於《北山》詩，其詞同，其義同。《杕杜》之詩為正雅，《北山》為變雅，何也？《杕杜》之詩，在上之人敘戍役之勞以閔之也。《北山》之詩，役者自言其勞而有怨懟之心也。詞義雖同，而苦樂之意異矣。」「檀車」，毛云：「役車也。」孔云：「《伐檀》曰『坎坎伐檀』，又曰『伐輪』、『伐輻』，是檀可為車之輪輻。又，《大明》云：『檀車煌煌。』檀之所施於車廣矣。」「幝」，《說文》云：「車弊貌。」徐鍇云：「車弊則木連及韋革金鑄起，皆起若敗巾，故字從巾。」曰「幝幝」者，行役既久，凡車皆弊也。孔云：「役夫以從征之，故其甲士三人所乘之車而備四馬，故曰四牡，非庶人尋常得乘四馬也。」「痯」，《爾雅》云：「病也。」按：《說文》無「痯」字，當通作「蹇」，跛也。檀車耐用而亦敝，牡馬有力而亦跛，以見其久且勞也。愚按：車敝馬罷，非目所見，以行役之久料之。征夫不遠，又於車敝馬罷料之，皆意度之辭。見在邊之久當歸，非謂以幝痯之故不得不歸也。又，陳際泰云：「車之堅者敝，師

〔註 14〕按：「北」字無義，郝敬《毛詩原解》卷十七《小雅．杕杜》作「比」。

老矣。卒遇寇，不可用也。向者悲傷，私情也。至此多此憂焉，其曲而中也夫。」〔註15〕○**匪載匪來**，叶職韻，六直翻。**憂心孔疚**。叶職韻，訖力翻。**期逝不至**，叶質韻，職日翻。**而多為恤**。質韻。**卜筮偕**叶紙韻，苟起翻。**止，會言近**叶紙韻，巨椅翻。**止，征夫邇**紙韻。**止**。賦也。「匪」，通作「非」。「載」，鄭云：「裝載也。」「疚」，當作「宊」。《爾雅》云：「病也。」嚴云：「心甚病也。」「期」，歸期也。「逝」，往也，猶適也。「恤」，憂也。「期逝不至」，指「萋止」時言。「憂心孔疚」，「女心傷悲」也。「而多為恤」，「憂我父母」也。不獨我憂之，父母亦憂，所謂「多恤」也。一說：謂前已期征，夫不遠矣。既而「匪載匪來」，所以「憂心孔疚」。曰「而多為恤」者，饑渴與？疾病與？死傷與？皆憂中事也。於義亦通。但歸期太賒，語意轉緩，且於當日情事不合耳。李氏云：「觀此詩言『王事靡盬，憂我父母』，何以異於《鴇羽》『王事靡盬，不能蓺稷黍，父母何怙』？言『期逝不至』，何以異於《采綠》『五日為期，六日不詹』？然《鴇羽》、《采綠》，下之人自訴其勞苦，此則下之人勞苦而上知之也。」灼龜曰卜，揲蓍曰筮。「偕」，俱也。《禮》：「大事，先筮而後卜」，小事則「龜筮不相襲」。〔註16〕今相襲俱作，以心之惶惑不定，故至於無所不為也。「會」，聚也，合也。「會言」，毛謂「會聚卜人、筮人之言」，鄭謂「卜之筮之，合言於兆、卦之繇」，二義皆通。既訊之卜筮，而皆曰近矣，則征夫其亦邇而將至矣。輔云：「『征夫不遠』，想料之辭也。『征夫邇止』，決定之辭也。」「邇」字如即刻到家之說。嚴云：「此詩四章，皆不言戍役來歸之事，唯述其未歸之時，室家思望之切如此，則今日之歸，其喜樂為何如也，所以慰勞之也。」輔云：「勞帥勞役，體悉其情，無所不至，而略不及論功行賞之事者，何哉？蓋古者竭誠盡瘁以勤王之事者，人臣之義也。君臣各行其事而已。下不以賞而望乎上，上不以賞而誇乎下，此君臣相與之至情也，豈後世所能及哉？」

《杕杜》四章。章七句。《子貢傳》、《申培說》皆以為「勞還戍也」。但繫之宣王時耳，辨已在《出車》下。鄒忠胤云：「《詩傳》以此列於體君臣

〔註15〕陳際泰《五經讀・詩經・讀杕杜》。（《四庫全書存目叢書》經部第151冊，第387頁）

〔註16〕按：《周禮・春官・筮人》：「大事，先筮而後卜」。《禮記・表記》：「子言之：『昔三代明王皆事天地之神明，無非卜筮之用，不敢以其私，褻事上帝。是故不犯日月，不違卜筮。卜筮不相襲也。大事有時日；小事無時日，有筮。外事用剛日，內事用柔日。不違龜筮。』」

內，則戍乃戍臣也。」舊以《出車》為勞還率，《杕杜》為勞還役。《出車》明言「赫赫南仲」，詳見本篇。若《杕杜》之「檀車」、「四牡」，豈所槩於卒伍？其為先王勞戍臣可知已。愚按：「檀車」、「四牡」，唐孔氏之解自明。若以戍為戍臣，則何以別於將率，豈謂戍守與征戰異乎？果爾，則「檀車」何以「幝幝」，「四牡」何以「痯痯」也？且篇中所敘述者，不過室家私情，視《出車》篇迥異，正與《東山》勞歸士詩同一聲口耳，從敘何疑。

皇皇者華

《皇皇者華》，文王遣使臣之詩。出陳暘《樂書》。○《序》云：「君遣使臣也，送之以禮樂，言遠而有光華也。」曹氏云：「燕以遣之，所謂禮也。歌以樂之，所謂樂也。」歐陽修云：「稱美其能將君命，為國尤華於外耳。」《子貢傳》、朱《傳》皆云「遣使臣也」，而《春秋內外傳》則云「君教使臣」。愚謂遣者，其事也；教者，其意也。所以定此詩為文王詩者，《晉語》胥臣言：文王之即位也：「詢於八虞而諮於二虢，度於閎夭而謀於南宮，諏於蔡、原而訪於辛、尹」，是詩亦以「諮諏」、「諮謀」、「諮度」、「諮詢」為言，明是數事者皆將於使臣乎取之，則奉使者其即八虞、二虢之流乎？又按：《通志》云：「文王即位之八年，六月寢疾，五日而地震東西南北，不出郊圻。有司曰：『地震為人主也。』群臣皆恐，欲跡其城以移之。文王曰：『天之見妖，以罰有罪。我若有罪，若何逃罰？率德改行，其可免乎！』於是謹其禮秩，皮革以交諸侯；飭其辭令，幣帛以禮俊士。未幾，疾愈。」意《皇華》之遣，當在此時也。考《竹書》，周地震在帝乙三年夏六月，因繫此詩於帝乙之世。

皇皇豐氏本作「煌煌」。**者華，于彼原隰。**緝韻。**駪駪**《國語》、《說文》、《說苑》俱作「莘莘」。《楚辭章句》作「侁侁」。**征夫，每懷靡及。**緝韻。○興也。「皇」，通作「煌」。《說文》云：「煇也。」煇之為言明也。毛《傳》云：「皇皇猶煌煌也。」「華」，朱子云：「草木之華也。」《爾雅》云：「廣平曰原，下濕曰隰。」嚴粲云：「言皇皇然光明者，草木之華于彼原隰之間，猶使臣能將命為國光華於遠近也。」一說：毛云：「忠臣奉使，能光君命，無遠無近，如華不以高下易其色。」亦通。「駪」，《說文》云：「馬眾多貌。」「征夫」，毛云：「行人也。」時文王所遣，必非一使，則眾多並行，正謂同時出使之臣耳。觀後章或乘騏，或乘駱，或乘駰，可見。「懷」，思也。眾征夫皆同此懷，故曰「每懷」，言無一人而不然，即《春秋外傳》所謂「懷和為每懷」者也。「靡及」者，如恐不及事也。朱子云：「此詩若以戒夫使臣者，而託於其自道之詞以發之，詩之忠厚如此。」《晉語》：「齊姜謂公子重耳曰：『周詩曰：莘莘征夫，每懷靡及。夙夜征行，不遑啟處。猶懼無及，況其順身縱慾懷安，將何及矣？人不求及，其能及乎？日月不處，人誰獲安？』」〇**我馬【維駒**，虞韻。亦叶尤韻，居侯翻。《說文》、《釋文》俱作「驕」。**六轡如濡**。虞韻。亦叶尤韻，如繇翻。**載馳載驅**，虞韻。亦叶尤韻，袪尤翻。但四章同用此句，則此字非韻。**周爰諮**《釋文》、《忠經》俱作「諮」。**諏**。虞韻。亦叶尤韻，將侯翻。〇賦也。《說文》云：「馬二歲曰駒。」一云：六尺以上馬，五尺以上駒。陸佃云：「《傳》曰：『大夫乘駒，血氣未定則有蹄齧之虞，故大夫乘之。』《荀子》曰：『大路之馬，必倍至於教順，然後乘之，所以養安也。』倍，言年長以倍。今群牧選馬，十六歲以上乃以進御。《曲禮》曰：『齒路馬有誅。』路馬之齒高矣，故齒路馬有誅，所以廣敬也。《詩》曰：『我馬維駒。』而後言維騏、維駱、維駰，則騏也、駱也、駰也，蒙上之文，宜皆為駒。《說〔註17〕文》從句字，音拘，則以駒血氣未定，宜拘執之焉爾。《詩》曰：『縶之維之。』義蓋取此。」陳祥道云：「馬八尺以上為龍，七尺以上為騋，六尺以上為馬，六尺以下為駒。天子所駕，下止於馬。諸侯所畜，上止於騋。則大夫乘駒可知矣。」「六轡」，解見《駟鐵》篇。「濡」者，沾濕之義。「如濡」，言柔忍也。又，鄭玄云：「言鮮澤也。」「周」，依《左氏》作「忠信」解。《書・太甲》篇「自周有終」之「周」，解亦同此。又，歐陽修云：「周為周遍之周，雖有馳驅之勞，不忘國事，周詳訪問，因以博廣聞也。」愚按：為國事而周詳訪問，即忠信之意。苟非實心體國，則必闊略而不周矣。此一字著落在使臣身上說。「爰」，《說文》云：「引辭也。」《爾雅》以為「於也」。「諮」，訪問也。「諏」，《說文》云：「聚謀也。」此詩雖賦乘馬出使之事，而亦有比意寓其中。言「我馬維駒」，雖苦於血氣之未定，而賴有善執轡者，於此則可以使之進退合節，不至於泛駕而旁逸矣。今使臣既以「每懷靡及」為心，凡征途採訪所及，必極周詳，以待上之人將於焉訪問而與之聚謀，庶乎作用有可觀也。「諮」字虛，「諏」字實，諏正其所諮者，非泛泛訪問而已。後俱仿此。「諏」、「謀」、「度」、

〔註17〕「說」，四庫本無，據陸佃《埤雅》卷十二《釋馬・駒》補。按：《儒藏》本校記稱：「『維駒』至下文『懷和為每懷諮才為諏』之『懷諮』，原缺頁，據《四庫全書》本補」，然亦有「說」字。

「詢」俱就君諮使臣說。舊解未是。《左傳》:「魯穆叔如晉，晉侯享之，歌《鹿鳴》之三。三拜。韓獻子使行人子員問之，對曰:『《皇皇者華》，君教使臣曰:必諮於周。臣聞之，訪問於善為諮，諮親為詢，諮禮為度，諮事為諏，諮難為謀。臣獲五善，敢不重拜？』」而《外傳》則云:「《皇皇者華》，君教使臣曰:『每懷靡及，諏謀度詢，必諮於周。』敢不拜教？臣聞之曰:『懷和為每懷，諮】〔註 18〕才為諏，諮事為謀，諮義為度，諮親為詢。忠信為周，君貺使臣以大禮，重之以六德，敢不重拜？』」二傳微有異同，而諏之為義，具謀事、謀才二訓。愚按：才猶言作用，蓋相與互參其說，以訂此事之作用，當何如耳？馬融《忠經》云:「出於四方以觀風，聽不可以不聰，視不可以不明。聰則審於事，明則辨於理。《詩》云:『載馳載驅，周爰咨諏。』」**○我馬維騏，**支韻。**六轡如**《墨子》作「若」。**絲**。支韻。**載馳載驅，周爰諮**《淮南子》作「諮」。**謀**。叶支韻，謨悲翻。《淮南子》作「謨」。○賦也。「騏」，解見《小戎》篇。按：騏非上駟。陸佃云:「《詩》曰:『騏騮是中，騧驪是驂。』蓋騏騮中駟，騧驪上駟，故服以騏騮，驂以騧驪。」「如絲」，言條直也。「諮難為謀」，杜預云:「『問患難』也。又，「諮事為謀」，蓋問其事中之患難。**○我馬維駱，**藥韻。**六轡沃若**。藥韻。**載馳載驅，周爰咨度**。叶藥韻，達各翻。《墨子》作「及」。○賦也。「駱」，解見《四牡》篇。「沃」，《說文》云:「溉灌也。」「沃若」，言潤澤也。「諮義為度」，又，「諮禮為度」。毛《傳》總之，云:「諮禮義所宜為度。」《墨子》云:「助之視聽者眾，則其所聞見者遠矣。助之言談者眾，則其德音之所撫循者博矣。助之思慮者眾，則其談謀度速得矣。故古者聖人之所以濟事成功垂名於後世者無他故異物焉，曰惟能以尚同為政者也。《詩》曰:『我馬維駱，六轡沃若。載馳載驅，周爰諮及。』又曰:『我馬維騏，六轡若絲。載馳載驅，周爰咨謀。』即此語也。」**○我馬維駰，**真韻。**六轡既均**。真韻。**載馳載驅，周爰咨詢**。真韻。○賦也。「駰」，解見《駉》篇。陸佃云:「今之泥驄也。《詩》曰:『我馬維騏』、『我馬維駱』、『我馬維駰』，其先後與《駉》之序合，則駰不如駱，駱不如騏矣。然乃卒言駰者，以明馬雖彌劣，所以御之滋善。」「既均」，言和調也。「諮親為詢」。舊說謂親戚之謀為詢，非也。兩意相親，促膝籌畫，言無不盡，如舜之詢於四嶽，即此詢也。諏有參伍意，謀有瞻顧意，度有折衷意，詢有詳究意，

〔註 18〕按：【】內文字，底本缺頁。據四庫本補。

各以先後為序，非徒取叶韻而已。參伍則其志遜，故與「如濡」之柔忍相應；瞻顧則其慮審，故與「如絲」之條直相應；折衷則其機活，故與「沃若」之潤澤相應；詳究則其事妥，故與「既均」之和調相應。

《皇皇者華》五章。章四句。《子貢傳》、《申培說》、豐氏本篇名俱作「煌華」。《莊子》云：「大聲不入於裏耳，《折揚》、《皇荂》則嗑然而笑。」陸佃云：「《折楊》，逸詩。《皇荂》，即《詩》所謂《皇皇者華》是也。」〇《申培說》以為「天子遣使於四方，歌此餞之」。今按：此詩既繫之文王之世，則非天子之詩矣。然其後為遣使通用之詩，至燕禮、鄉飲酒禮亦皆用之，而大學始教亦以此先焉。又，齊、魯、韓三家皆以此詩為康王時詩，不足信。

詩經世本古義卷之八

閩儒何楷玄子氏學

殷帝辛之世詩二十篇

何氏小引

《采蘩》，美太姒親蠶也。

《兔罝》，美周才多也。

《樛木》，南國諸侯歸心文王也。

《南有嘉魚》，文王燕南國賓客也。

《羔羊》，南國化文王之政，在位皆節儉正直，故詩人美其衣服有常而從容自得如此。

《小星》，南國夫人承后妃之化，能不妬忌，以惠其下，故其眾妾美之如此。

《江有汜》，文王之時，江沱之間有嫡，不以其媵備數，媵遇勞而無怨，嫡亦自悔也。

《摽有梅》，及時擇壻也。

《漢廣》，文王化行南國，男女知禮，詩人美之。

《芣苢》，蔡人之妻傷夫也。

《野有死麕》，南國被文王之化，女子有貞潔自守，不為強暴所污者。詩人因所見而美之。

《麟之趾》，美文王子多賢也。周家世有聖母，故其子孫之盛且賢如此。

《殷其靁》，憂文王也。文王囚於羑里，其臣相與救之。室家明於大義，從而思之。

《騶虞》，美文王蒐田也。

《行露》，召伯聽訟也。衰亂之俗微，貞信之教興，彊暴之男不能侵陵〔註1〕貞女也。

《菁菁者莪》，樂育材也。其作於文王初立辟廱之日乎？亦名《由儀》。

《汝墳》，商人苦紂之虐，歸心文王，而作是詩。

《魚麗》，萬物盛多，能備禮也。文王暮年，三分有二。國家富極之時，無事而飲酒，則歌此詩。

《采蘋》，美邑姜也。古者婦人將嫁，教於宗廟。教成，有蘋藻之祭。武王元妃邑姜教成，能修此禮，詩人美之。

《鳧鷖》，武王為諸侯繹祭五廟。禮畢，因而享尸之樂。

采蘩

《采蘩》，美太姒親蠶也。朱子云：「古者后夫人有親蠶之禮，此詩亦猶《周南》之有《葛覃》也。」《子貢傳》亦以為「諸侯之夫人勤於親蠶，國人美之」。《申培說》同。愚謂夫人即太姒也。何以證之？以詩稱「公侯之事」，與《兔罝》詠「公侯干城」同，皆指文王。周自王季始受命為侯伯，至紂以文王為三公，故得稱公侯也。又，《射義》云：「士以《采蘩》為節，樂不失職也。」取末章「被之僮僮，夙夜在公」，為三宮夫人、世婦有事於蠶者皆不失其職，故士射以之為節云。

于以采蘩？《釋文》作「繁」。于沼于沚。紙韻。于以用之？公侯之事。叶紙韻，鉏里翻。〇賦也。「于」，《說文》云：「於也。象氣之舒。」「蘩」，草名。《本艸》云：「蓬蒿也，似青蒿而葉粗，上有白毛。從初生至枯，白於眾蒿，頗似細艾。三月採。《爾雅》所謂皤蒿也。一名兔奚，一名由胡，又名遊胡。」《夏小正傳》云：「蘩，遊胡。遊胡，旁勃也。」北海人謂之滂渤，《廣雅》謂之蒡葧。或云：蘩有二種。一曰白蒿，陸草也，可以生蠶；一曰蘿蒿，水艸也，可以為菹。此蘩當為白蒿耳。陸佃云：「蒿青而高，蘩白而繁。《七

〔註1〕「陵」，詩正文作「凌」。

月》之詩曰『春日遲遲，采蘩祁祁。』采蘩所以生蠶也。今覆蠶種尚用蒿云。」季本云：「蠶之未出者，采蘩以洗之，令其易出。」鄒忠胤云：「蘩之生，先於桑。或者狃於所見，不信蘩可生蠶。然《爾雅》有蟓、蚢、雔繇各種，而以桑繭、樗繭、蕭繭別之。〔註 2〕《疏》云：『此皆蠶類，因所食葉而異其名。』《爾雅》又云：『蘩，蕭莪之類。』則蕭繭或即蘩繭之類。況止云生蠶，未必即以啖蠶乎！」「沼」，《廣雅》云：「池也。圓曰池，曲曰沼。」《爾雅》云：「小洲曰渚，小渚曰沚。」《釋名》云：「沚，止也，可以止息其上。」蘩非水產，言「于沼于沚」者，沚即沼中之沚，猶云「采蘩於沼」之沚也。劉汝楨云：「池曲繞乎沚，故曰沼。蘩生沚上，四面有水，芻牧不到，此蘩最潔，故往沚取焉。」「于以用之」，言採此蘩將有所用之也。「事」，謂成君服之事。《禮記・祭義》云：「古者天子諸侯必有公桑蠶室，近川而為之，築宮仞，有三尺棘牆而外閉之。及大昕之朝，君皮弁素積，卜三宮之夫人、世婦之吉者，使入蠶於蠶室，奉種浴於川，桑於公桑，風戾以食之。歲既單矣，世婦卒蠶，奉繭以示於君，遂獻繭於夫人。夫人曰：『此所以為君服與？』遂副褘而受之，因少牢以禮之。古之獻繭者，其率用此與？及良日，夫人繅，三盆手，遂布於三宮夫人、世婦之吉者使繅，遂朱綠之，玄黃之，以為黼黻文章。服既成，君服以祀先王先公，敬之至也。」《月令》云：「季春之月，命野虞毋伐桑柘。鳴鳩拂其羽，戴勝降於桑，具曲、植、蘧、筐，后妃齋戒，親東鄉，躬桑，禁婦女毋觀，省婦使，以勸蠶事。蠶事既登，分繭稱絲效功，以供郊廟之服，毋有敢惰。」黃子道周云：「《周禮》：『內宰以仲春率命婦，躬桑浴種』，此言大昕。鄭氏疑再浴蠶，王后乃涖之也。」《國語》云：「王后親織玄紞，公侯之夫人加之以紘綖，卿之內子為大帶，命婦成祭服，列士之妻加之以朝服，自庶士以下皆衣其夫。社而賦事，烝而獻功。」所謂「公侯之事」，此可以見矣。《左・文三年》：「秦伯伐晉，遂霸西戎，用孟明也。君子是以知秦穆公之為君也。舉人之周也，與人之壹也。《詩》曰：『于以采蘩？于沼于沚。于以用之？公侯之事。』秦穆有焉。」喻不遺小善。又，昭元年：「趙孟入於鄭，乃宴。穆叔賦《采蘩》，曰：『小國為蘩，大國省穡而用之，其何實非命？』」杜預云：「穆叔言小國微薄猶蘩菜，大國能省愛用之而不棄，則何敢不從命？穡，愛也。」以上皆斷章取義。〇**于以采蘩？于澗之中**。東韻。**于以用**

〔註 2〕按：《爾雅・釋蟲第十五》：「蟓，桑繭。雔由，樗繭、棘繭、欒繭。蚢，蕭繭。」此處對應關係有誤。

之？公侯之宮。東韻。○賦也。《爾雅》云：「山夾水曰澗。」《釋名》云：「澗，間也，言在兩山之間也。」孔穎達云：「『于澗之中』，亦謂於曲內，非水中也。」陸佃云：「先言『于沼于沚』，後言『于澗之中』，言夫人於事有進而無退。」愚按：古者蠶室必近川，以便浴蠶，故有『于沼于澗』之采。「宮」，即《記》所謂「築宮」之「宮」，蠶室是也。上曰「于以用之？公侯之事」，第有其意。此曰「于以用之？公侯之宮」，則已親其事矣。鄒忠胤云：「不言采桑而言采蘩，何也？蓋蘩之生常先於桑。古者王親耕，三推而止；后親蠶，三灑而止。繅二十七日而老，三俯三起，事乃大已。在三宮夫人、世婦登其事，而後夫人特躬為之帥，賦事而不獻功，故於蠶未出時，第采蘩洗之，而事訖矣。」○**被之僮僮**，東韻。**夙夜在公**。東韻。**被之祁祁**，支韻。**薄言還歸**。叶支韻。讀如龜，居逵翻。○賦也。按：《周禮．天官》「內司服」：后六服，褘衣、揄翟、闕翟，謂之三翟，與鞠衣、展衣、褖衣為六也。首飾則有副、編、次三者。鄭玄謂三翟為祭祀之服。褘衣從君見太祖，揄翟從君祭群廟，闕翟從君祭群小祀。首皆服副。副之言覆，所以覆首為之飾。其遺像，若漢之步搖也。鞠衣，色如鞠塵，象桑葉始生之色，告桑之服。展衣，以禮見君及見賓客之服。首皆服編，編列髮為之。其遺像，若漢之假紒。假紒者，編列他髮為之，假作紒形，加於首上也。褖衣，以接御首。則服次。次，次第髮長短為之，鬄他髮與己髮相合為紒，所謂髲鬄也。知三翟之首服副者，王之祭服有六，首服皆冕，則后之祭服有三，首服皆副可知。知褖衣首服次者，《昏禮》云：「女次純衣。」純衣者，褖衣也。據士服爵弁，親迎，攝盛，則士之妻服褖衣亦攝盛。又明言女次，則褖衣首服次可知。三翟服副，褖衣服次，則其中有鞠衣、展衣，當是服編可知。凡諸侯夫人於其國，衣服與王后同，其燕居則並纚笄綃衣也。又，《少牢禮》云：「主婦被錫，主婦贊者一人亦被錫。」《注》云：「被錫讀為髲鬄。古者或鬄賤者刑者之髮，以被婦人之紒為飾，因名髲鬄焉。」孔云：「此言被，與『被錫』之文同，故知被是《少牢》之髲鬄，剔髮以被首也。鬄亦作髢。」今按：鄭說則夫人告桑宜服編，又據《祭義》文，則受繭宜服副，無服次之禮。此云「被之僮僮」者，蓋指三宮夫人、世婦之服耳。觀《少牢》，乃卿大夫祭祀之禮，而主婦從祭服髲鬄可見。「僮」，通作「曈」，《說文》云：「日曈曨欲明也。」即下文「夙」字意。「夙」，毛云：「早也。」「公」，公所，即所謂公桑也。當日欲明之時，夫人、世婦即起趨事，自夙至夜，競日之長，皆在公所也。重言「僮僮」者，見其無日不然也。「被之祁祁」，與「祁祁如雲」義同，言服被者之人多也。「還」，《說文》云：「復也。」夙而趨事，至夜則可以還歸矣。非君夫人之重蠶事而勤於倡率，安能恪共無怠如此？

《采蘩》三章。章四句。《序》云：「《采蘩》，夫人不失職也。夫人可以奉祭祀，則不失職也。」按：蘩，春始生，可鬻。秋香美，可生食，又可烝為菹。《左傳》謂「蘋、蘩、蘊、藻之菜，可薦鬼神，可羞王公」是也。鄭玄以意言「豆薦蘩菹」，蓋牽於毛《傳》「公侯夫人執蘩菜助祭」之說，於禮未有所據。又，《埤雅》云：「蘩有二種。一曰白蒿，陸草也，可以生蠶；一曰蘿蒿，水草也，可以為菹。」此詩所採，乃白蒿耳。朱子云：「從來說蘩可以生蠶，可以供蠶事，何必抵死說道只在奉祭祀，不為蠶事？」鄒忠胤云：「或疑『夙夜在公』即《特牲》所言『視饎爨』，於夙興而旋歸則鄭氏所云『釋祭服而去』者。然《特牲》之視濯，宗人職之；《少牢》之溉鼎、溉甑，饔人、廩人職之；以至王之正祭，視滌濯，逆齊，省鑊，則大小宗伯職之。俱於婦職無與。《楚茨》曰：『執爨踖踖，為俎孔碩。』而君婦則止於為豆而已。即如《特牲》所言『視饎爨』，亦安得謂之『在公』？況詩人若美夫人奉祭，不應捨其祭時之敬恪，而但述其祭前祭畢戴被之景。是以諸說雖極意揣摩，終齟齬而難合。」愚按：被非祭祀之服，只此一語便足以破之，又何必更論其餘乎？又，王符云：「背宗族而《采蘩》怨」，殆不知所謂。

兔罝

《兔罝》，美周才多也。《子貢傳》謂「文王得良臣於野，周人美之」。而《申培說》則直謂「文王聞太顛、閎夭、散宜生皆賢人而舉之，國史詠其事而美之」，蓋依附《墨子》之說。《墨子》云：「古者聖王列德而尚賢，雖在農旅工肆，有能則舉之。故堯舉舜於服澤之中，授之政，天下平；禹舉益於陰方之中，九州成；湯舉伊尹於庖廚之中，其謀得；文王舉閎夭、太顛於罝網之中，西土服。」金履祥云：「此事於《兔罝》之詩，辭意最為吻合。計此詩必為此事而作也。『肅肅』，敬也。『赳赳』，約也。夫罝兔而體貌有肅敬之容，武夫而步武有約束之度，此閎夭、太顛之所以為賢，而文王所以取之也。臼季之取冀缺，郭泰之取茅容，皆以是觀之。況文王之取人乎！閎夭、太顛為文王奔走疏附禦侮之友，後為武王將威劉敵之人，信哉，其公侯之干城、好仇、腹心者歟！」愚按：詩專以武夫為言，《墨子》之說似若可信。若胡毋輔之謂「閎夭樵於山，與獵者爭路，被執，纏以兔網，文王救而得解」，則鄙俚無稽甚矣。篇中詠公侯，當在為三公之後。《史記》曰：「紂以西伯、九侯、鄂侯為三公。」而《竹書》紀「殷帝辛元年，命九侯、周侯、邗侯」，則文王之為殷三公，在此時也。

肅肅兔陸德明本作「菟」。**罝，椓之丁丁**。叶庚韻，中莖翻。**赳赳**《後漢書注》作「糾糾」。**武夫，公侯干城**。庚韻。○賦也。「肅」，《說文》云：「持事振敬也。」「肅肅」，朱子云：「整飭貌。」「兔」，解見《巧言》篇。《爾雅》云：「兔罟謂之罝。」李巡云：「兔自作徑路，張罝捕之也。」歐陽修云：「捕兔之人布網罟於道路林木之下，肅然嚴整，使兔不能越逸。」「椓」，通作《豖》，《說文》云：「擊也。」「丁」之言「當」，蓋音近也。解見《伐木》篇。先擊橛於地中，然後張罝其上，其用物以擊之，適當其橛也。重言「丁丁」者，連椓也。劉向云：「『肅肅兔罝，椓之丁丁』，言不怠於道也。」《焦氏易林》云：「兔罝之容，不失其恭。」陸化熙云：「兔罝即是莘野之耕、渭濱之釣，豈是賤業？古人出為名世，處即守其常，大率類此。」《詩故》云：「文治於岐，四方無侮。武夫無所效其用，相與從事罝網，以銷磨其壯心焉耳。」「赳」，《說文》云：「輕勁有材力也。」重言「赳赳」者，見其非一人也。蘇轍云：「罝兔之人，則赳赳之武夫也。世未嘗患無武夫，獨患其不知敬而不可近。今武而知敬，故可以為『公侯干城』也。」鄧元錫云：「《兔罝》之武夫，肅肅其敬，親鄙事而無鄙心，於文王同心同德矣。」輔廣云：「文王之時，固多賢者。此特言武夫者，見其無所不備也。且文王於武事尚矣，三分天下有其二，雖是德化之盛而天下歸之，然遏密、侵阮、伐崇、戡黎之後，其於武事大約可觀矣。」朱子云：「此文王時周人之詩，極其尊稱，不過曰公侯而已，亦文王未嘗稱王之一驗也。凡雅、頌稱王者，皆追王后所作耳。」「干」，通作「戰」，《說文》云：「盾也。」孫炎云：「干盾，自蔽捍也。」「城」，《說文》云：「以盛民也。」一說：城，成也，一成而不可毀也。孔穎達云：「公侯以武夫自固，為捍蔽若盾，為防守如城然。」愚按：為干則一身賴以無虞，為城則一國賴以無恐，託重恃力，有餘賴矣。嚴粲謂「此言其勇而忠」是也。《呂氏春秋》云：「宣孟德一士，猶活其身，而況德萬人乎！故《詩》曰：『赳赳武夫，公侯干城。』」○**肅肅兔罝，施于中逵**。支韻。亦叶尤韻，渠尤翻。薛君《章句》作「馗」。**赳赳武夫，公侯好仇**。尤韻。亦叶支韻，渠之翻。○賦也。「施」者，旗逶迤之貌，故借為敷張之義。「逵」，徐鍇云：「高土也。」或通作「馗」，《說文》云：「九達道也。」《爾雅》云：「一達謂之道路，二達謂之岐旁，三達謂之劇旁，四達謂之衢，五達謂之康，六達謂之莊，七達謂之劇驂，八達謂之崇期，九達謂之逵。」郭璞云：「四道交出，復有旁通者。」「中逵」，謂九道適中之處。「好仇」，猶言善匹。《左傳》云：「嘉耦曰妃，怨耦曰仇。」反妃而言仇，猶以潔為污、以治為亂也。朱子云：「公侯善匹，猶曰聖人之耦，則非特干城而已，歎美之無已也。」嚴云：「此言其勇而良也。」

〇肅肅兔罝，施于中林。侵韻。**赳赳武夫，公侯腹心**。侵韻。〇賦也。「中林」，林中，猶中谷、中阿之類，皆顛倒成文也。陸佃云：「『椓之丁丁』，以有所聞。『施于中逵』，以有所見。『施于中林』，則無所聞，無所見。於是焉爾，則好德之至也。故詩以此為後。」羅泌云：「中逵之德顯，中林之德晦。」徐幹云：「人性之所簡也，存乎幽微。人情之所忽也，存乎孤獨。夫幽微者，顯之原也；孤獨者，見之端也。胡可簡也？胡可忽也？是故君子敬孤獨而慎幽微，雖在隱蔽，鬼神不得見其隙也。《詩》云：『肅肅兔罝，施于中林。』處獨之謂也。」稱「腹心」者，鄭玄云：「可用為策謀之臣，使之慮事。」嚴云：「謂機密之事，可與之謀慮，言其勇而智也。」按：《書》言武王「率惟謀從容德」，此腹心之武，夫其即文王之謀臣乎？《左傳》郤至答子反之言曰：「諸侯間於天子之事，則相朝也，於是乎有享、宴之禮。享以訓共儉，宴以示慈惠。共儉以行禮，而慈惠以布政。政以禮成，民是以息。百官承事，朝而不夕。此公侯所以干〔註3〕城其民也。故其詩曰：『赳赳武夫，公侯干城。』及其亂也，諸侯貪冒，侵欲不忌，爭尋常以盡其民，略其武夫，以為己腹心股肱爪牙。故《詩》曰：『赳赳武夫，公侯腹心。』天下有道，則公侯能為民干城而制其腹心。亂則反之。」古人之說詩如此。雖於詩旨不盡合，然亦可見「腹心」之云為運籌帷幄之事矣。西伯陰行善未容，遂無密謀也。葉氏云：「在野之凡夫，逐兔之細事，即可以知其才。正如日磾之馭馬、寧戚之飯牛、陳平之宰社，識者已知其可大用矣。」鍾惺云：「武夫為周之干城、好仇、腹心，固是周之多才，亦是古人看人才特達精細處。具此心眼，有才何患不知？知之何患不用？用之何患不盡？」

《兔罝》三章。章四句。《序》謂「《兔罝》，后妃之化也。《關雎》之化行，則莫不好德，賢人眾多也」。朱子謂「此《序》首句非是」，但為「化行俗美，賢才眾多」而已，豈知當時固有得賢於兔罝之事，而化行俗美又與武夫之詠殊不相肖乎？

〔註3〕「干」，《左傳·成公十二年》作「扞」。

樛木

《樛木》，南國諸侯歸心文王也。《詩》以「南有樛木」發端，與「南有喬木」、「南有嘉魚」一例，自是南國之人詠其所見。《子貢傳》、《申培說》皆以為「南國諸侯慕文王之德而歸心焉」，是也。《竹書》紀「帝辛二十一年春正月，諸侯朝周」。意此詩當於此時而作。鄭玄謂「紂命文王典治南國江、漢、汝旁之諸侯」，其事史無所載，當即以《漢廣》、《汝墳》、《江沱》諸詩臆之。然孔子嘗言「文王三分天下有其二，以服事殷」，而《逸周書・程典解》亦云「文王合六州之侯，奉勤於商」，則所謂諸侯歸心文王者，此自是確據。嚴粲以為「文王之國，東北近紂都，西北近犬戎，故化獨南行」〔註4〕，可謂得其理矣。

南有樛馬融、《韓詩》本俱作「朻」。**木，葛藟**陸德明本作「虆」。**虆**支韻。《楚辭章句》、陸本俱作「虆」。**之。樂**音絡。下同。**只君子，福履綏**支韻。**之。**興之比，又賦也。「南」，毛《傳》云：「南土也。」鄭玄云：「謂荊揚之域。」「樛木」，喻文王也。《說文》云：「下句曰樛。」《爾雅疏》云：「樹枝下垂而曲也。」孔穎達云：「此南與『南有喬木』同。南方之木美，或下垂，或上竦也。」「葛」，解見《葛覃》篇。「藟」，徐鍇云：「葛蔓也。」又，陸璣云：「藟一名巨瓜，似燕薁，亦延蔓生，葉艾白色，其子赤，亦可食，酢而不美。又作苣苽，亦名虆蕪。」《本草注》云：「蔓延木上，葉如葡萄而小，四月摘其根，汁白而甘。五月開花，七月結實，八月結青黑，微赤，冬惟凋葉，而根不死。即《詩》云藟也。」此藤大者盤薄，又名千歲虆。《韻會注》云：「千歲虆即今言萬歲藤，大者如盌，冬夏不凋，故從木。其形蔓，似草，故從草。在草木之間也。」愚按：《易》、《詩》、《左傳》皆以「葛藟」二字連言，未必兩物皆生一處，況藟、虆異字，葛蔓之藟從草，似薁之虆從木，烏可援彼虆以解此藟乎？嚴粲云：「南土木美，葛藟亦茂，故以南言之。」「纍」，《說文》云；「綴得理也。」陸元朗云：「纏繞也。」張綱云：「木上竦曰喬，下曲曰樛。喬則與物絕，故曰『南有喬木，不可休息』。樛則與物接，故曰『南有樛木，葛藟虆之』。」「葛藟」在下之物也。以木之樛，故得附麗以上。孔云：「『只』之言『是』，猶言樂是君子矣。」所謂君子，指文王也。嚴云：「動罔不吉，謂之福

〔註4〕按：張次仲《待軒詩記》卷一、錢澄之《田間詩學》卷首《二南論》亦引此語。然嚴粲《詩緝》未見此語。

履。」蓋履，即踐履之履。視履考祥，自然行與吉會，故不曰祿而曰履也。「綏」，安也，言福履安於其身也，《雅》曰「茀祿爾康矣」是也。此言文王之德遠及南方，如樛木之蔭下，而凡弱小之國有所依歸，如葛藟之得所繫也，於是以福履祝之。《書》曰：「文王誕膺天命，以撫方夏，大邦畏其力，小邦懷其德。」正謂此也。又，《旱麓》詩云：「莫莫葛藟，施于條枚。豈弟君子，求福不回。」屬辭相類，而取義有別。彼以葛藟興福，此則南國諸侯以葛藟自比，而又祝其獲福耳。○**南有樛木，葛藟荒**陽韻。**之。樂只君子，福履將**叶陽韻，資良翻。**之**。興之比，又賦也。「荒」，《說文》云：「蕪也。」蔓延廣遠之意。「將」，猶扶助也。《易》曰「天之所助者順」是也。○**南有樛木，葛藟縈**庚韻。《說文》作「藥」。陸本、豐氏本俱作「帶」。**之。樂只君子，福履成**庚韻。**之**。興之比，又賦也。「縈」，通作「藥」。《說文》云：「草旋貌。」「成」，《說文》云：「就也。」兼全與久二義。又，豐熙云：「願其早成王業。」亦通。三章一節深一節。「纍」，繫也。「荒」，則奄之也。縈旋，則奄之周也。「綏」者，安也。「將」者，助之不已也。「成」者，福於是大成也。層疊歌詠，藹然見無已之願。

《樛《韓詩》作「朻」。**木》三章。章四句**。《序》謂：「后妃逮下也。言能逮下而無嫉妒之心焉。」朱子從之。然后妃不可稱君子，其謬明矣。朱子又云：「夫人稱小君，大夫妻稱內子，妾謂嫡曰女君，則后妃有君子之德，固可以君子目之。」其牽強如此。

南有嘉魚

《南有嘉魚》，文王燕南國賓客也。朱子云：「此亦燕饗通用之樂歌。」愚按：此必文王時詩。文王承紂命，典治南國江、漢、汝旁之諸侯，諸侯咸歸心焉。《周南》所詠《南有樛木》、《南有喬木》，皆南國事也。此詩亦以「南有嘉魚」、「南有樛木」起興，其為燕南國賓客無疑，後世因此遂通用之燕饗耳。**南有嘉魚，烝然罩罩**。叶藥韻。王雪山云：「胡郭翻。」說文作「䈇䈇」。**君子有酒，嘉賓式燕以樂**。叶藥韻，歷各翻。○興也。以魚起興，與《魚麗》同意。「南」，朱子云：「謂江漢之間。」毛《傳》云：「江漢之間，魚所產也。」「嘉魚」，魚名。《蜀都賦》云：「嘉魚出於丙穴。」《益州記》云：「蜀山謂之拙魚。」《雜俎》云：「丙穴魚食乳水，食之甚溫。」陸佃云：「鯉質鱒鱗，肌肉甚美。先儒言丙穴在沔南縣，北有亂〔註5〕穴二。」《水經注》云：「丙水上承丙穴，穴出嘉魚，常以三月出，十月入穴。穴口廣五六尺，去平地七八尺。泉懸注，魚自穴下透入水穴，口向丙，故曰丙穴。」《方輿勝覽》云：「丙穴在巴郡井峽中，其穴凡十，其中產嘉魚。其出也，止於巴渠龍脊灘。首有黑點，謂照映星象相感而成。長身細鱗，肉白如玉，其味自鹹，蓋食鹽象也。」《本草》：「陳藏器云：『李善注《蜀都賦》：嘉魚丙日出穴。今則不然。丙者，向陽穴也。陽穴多生此魚，魚復何能擇丙日耶？』」陸云：「舊言魚尾象篆文丙字，故曰丙穴。蓋《爾雅》魚枕謂之丁，魚腸謂之乙，魚尾謂之丙，則魚尾象丙，豈特嘉魚而已？」又，王質云：「今辰州、鄂州皆有此魚。鄂州取以名縣，然不必泥其名，但取其美，恐或是因詩取號也。」黃震云：「周都西北，以南方之魚為美，故云『南有嘉魚』，未必獨指丙穴之魚也。丙穴之魚飲乳泉而美，亦未必原名嘉魚也。自《詩傳》引丙穴之魚以釋嘉魚之詩，世遂名其魚為嘉魚，好詩者遂又名其縣為嘉魚縣，皆以其有經目託之為美談耳。」嚴粲云：「下文樛木非木名，則嘉魚亦非魚名。要之，詩人以魚之嘉者、瓠之甘者喻賢耳。」亦通。「烝」，王肅云：「眾也。」解見《東山》篇。《爾雅》云：「籗謂之罩。」郭璞云：「捕魚籠也。」李巡云：「編細竹以為罩，無竹則以荊，謂之楚籗。」《詩詁》云：「魚罩有自上而下者，有自下而上者。今人謂自上罩下為罩，則罩之自上而下者，今提罟也。自下而上者謂撩罟，即罾類。」《淮南子》云：「罩者抑之，罾者舉之。為之雖異，得魚一也。」朱子云：「重言『罩罩』，非一之詞也。」呂祖謙云：「嘉魚群然入於網，罩之又罩，取之不竭。」愚按：此以興嘉賓非一之意。取物必以其具，燕賓必以其禮。「君子有酒」與《魚麗》篇同。「式燕」，解見《鹿鳴》篇。此燕禮即唐孔氏所謂燕聘問之賓之禮。式燕以樂，用是燕以樂此嘉賓也。○**南有嘉魚，烝然汕汕**。叶翰韻，讀如散，先旰翻。**君子有酒，嘉賓式燕以衎**。叶翰韻，苦旦翻。○興也。「汕」，《說文》云：「魚游水貌。」徐鍇云：「舒散貌。」又，《爾雅》云：「罺謂之汕。」郭璞云：「今之撩罟也。」陸佃云：「魚欲逸則罩之使入，魚欲伏則汕之使出。」愚按：汕乃虛字，似非器名，當從《說文》義為長。曰「汕汕」者，王雪山以為「群行自得之意」，是也。「衎」，《說文》云：「行喜貌。」又，《爾雅疏》云：「飲食之樂也。《易》云：『飲食衎衎。』」愚按：行喜曰衎，與「式燕以敖」同意，取興「汕汕」，正在於此樂者，情意之歡洽也。「衎」者，

〔註5〕「亂」，《埤雅》卷二《釋魚》作「乳」。

形神之舒暢也。○**南有樛木，甘瓠纍**〔註 6〕支韻。《釋文》作「藟」。**之。君子有酒，嘉賓式燕綏**支韻。**之。**興也。「樛木」，解見《周南》。羅願云：「瓠狀要類於首，尾類於要。微銳，緣蔓而生」；「長而瘦上曰瓠，短項大腹曰匏。《傳》曰：『匏謂之瓠』，誤矣。蓋匏苦瓠甘，復有長短之殊，定非一物也。」〔註 7〕「纍」，解亦見《周南・樛木》篇。樛木興君子，甘瓠興嘉賓。呂云：「樛木下垂而美實纍之，言相與固結而不可解也。」「綏」，安也。纏綿周至，以安嘉賓之心，亦猶樛木之下垂而使其繫心於我也。○**翩翩者鵻**，支韻。豐氏本作「隹」。**烝然來葉**支韻，陵之翻。**思。君子有酒，嘉賓式燕又**叶支韻，盈之翻。**思。**興也。「鵻」，壹宿之鳥。解見《四牡》篇。鄭玄云：「壹宿者，壹於其所宿之木也。」此興嘉賓有專壹之意於我。「烝然來思」者，見嘉賓不一，其人群然而來，如鵻之飛集也。又，鄭云：「復也。以其壹意，欲復與燕，加厚之。」孔云：「頻與之燕，言親之甚也。」又按：禮，上公三燕，侯伯再燕。是燕而又燕，固有之矣。兩「思」皆語辭。

《南有嘉魚》四章。章四句。《序》云：「樂與賢也。太平君子至誠，樂與賢者共之也。」蘇穎濱、嚴華谷皆祖其說而敷衍之。其詞甚美，今錄於此。蘇云：「魚之在水，至深遠矣。然人未嘗以深遠為辭而不求，雖不可得，猶久伺而多罩之，是以魚無有不得也。苟君子之求賢，心誠好之而不倦，如是人之於魚，則亦豈有不可得者哉？」又云：「魚非有求於人，而人則取之。以為賢者亦如是，而吾則強求之歟？非也。瓜蔓於地，是豈可強使從人哉？然其遇樛木也，未嘗不纍之而上。物之相從，物之性也，豈有賢者而不願從人者哉？獨患不之求耳。孔子曰：『未之思也，夫何遠之有？』」又云：「父子之相親，物無不然者，故擇木之鳥常懷其親，來而不去。君子之事君，如子之養父母，義有不可已者，故曰長幼之節不可廢也。君臣之義，如之何其廢之？孔子歷聘於諸侯，老而不厭，乃所謂『烝然來思』者。惟莫之用，是以終捨而去。古之君子於士之至也，則酒食以燕樂之，故士可得而留也。既燕矣，而又未厭，安之也。」嚴云：「成周太平持守之時，所用之人必先有德。《立政》之書，《卷阿》之詩，皆曰『用吉士』，此詩魚曰嘉，則味之美；瓠曰甘，則可以養人；鵻為孝鳥，皆喻吉士也。未至則勤求之，已至則燕飲之，是樂與賢也。」

〔註 6〕四庫本此處衍「之」字。

〔註 7〕按：以上所引分見陸佃《埤雅》卷十六《釋草・瓠》、《匏》，非羅願《爾雅翼》之說。

又云：「南方有樛然下曲之木，故瓠之甘而可食者，得上而纏綿〔註8〕之，興成王屈己下賢，則賢者得以上進，固結而不可解也。綏之，謂燕飲以安之。醴酒不設而穆生去，蓋禮貌衰則不能安賢者之心也。」又云：「人君之於賢，始則多方勤求之，繼則禮貌以招延之，其後則賢者聞風自至，如翩翩然飛者，是孝鳥鵻鳩群然而自來也。《卷阿》言『吉士』，以有孝有德稱之，故此詩以孝鳥喻賢也。又，思者，燕而又燕，見交際之款洽，所謂至誠樂與也。」朱子不從《序》說，謂「《序》得詩意而不明其用。其曰『太平之君子』者本無謂，而說者又以專指成王，皆失之矣」。《子貢傳》則謂「《魚麗》、《嘉魚》、《瓠葉》皆所以燕大臣」，既無明據。《申培說》不能知其所作之繇，但云「全篇皆賦也」而已。又，《詩緯含神霧》、《推度災》、《汎曆樞》等書及郎顗傳四始之說，推《嘉魚》在已為火始，更不可曉。

羔羊

《羔羊》，南國化文王之政，在位皆節儉正直，故詩人美其衣服有常而從容自得如此。出朱《傳》。○《孔叢子》載孔子曰：「於《羔羊》見善政之有應也。」徐光啟云：「《書·畢命》曰：『茲殷庶士，席寵惟舊。怙侈滅義，服美於人。驕淫矜誇，將繇惡終。』俗之不良乃爾。文王一先以卑服，道以懿恭，而過化存神，一至於此，自非上聖，其能若是。」又云：「讀《羔羊》而不遊心於無聲無臭者，不可與言《詩》也。至德之世，上下相忘，衣衣食食而已。」

羔羊之皮，叶歌韻，蒲波翻。**素絲五紽。**歌韻。《毛詩》作「它」。陸德明本作「佗」。**退食自公，委蛇委蛇。**叶歌韻，湯何翻。《毛詩》作「委蛇」。《韓詩》作「逶迤」。《外傳》作「禕禕」。石經作「過迤」。又，《後漢書》作「委陀」，李鉉《字辨》作「倭佹」。沈重讀作「委委蛇蛇」。○賦也。小曰羔，大曰羊。孔穎達云：「此說大夫之裘，宜直言羔而已。兼言羊者，以羔亦是羊，故連言以協句。」剝取獸革謂之皮。按：生曰皮，理之曰革。對文則皮革異，故掌皮云「秋斂皮，冬斂革」也。皮所以為裘。大夫為裘，用羔羊之皮。《周禮注》謂「取其群而不失其類」，《儀禮注》謂「取其群而不黨」，《公羊傳注》謂「取其執之不鳴，殺之不號，乳必跪而受之，死義生禮者，此羔羊之德也」。

〔註8〕「綿」，嚴粲《詩緝》卷十八《小雅·南有嘉魚》作「繞」。

毛《傳》云：「古者素絲以英裘。」薛君《章句》云：「素喻潔白，絲喻屈柔。」《說文》無「紽」字，當通作「絛」，《說文》云：「扁緒也。」孔云：「織素絲為組紃，以英飾裘之縫中。素絲為飾，維組紃耳。若為線，則所以縫裘，非飾也。故《干旄》曰『素絲組之』，紃亦組之類。」《雜記注》曰：「紃施諸縫，若今之絛，是有組紃而施於縫中之驗。」錢氏云：「兩皮之縫不易合，故織白絲為紃，施之縫中，連屬兩皮，因以為飾。」所以言「五紽」者，《補傳》云：「合五羊之皮為一裘也。百里奚衣五羊之皮，蓋仿古制。」又，姚旅云：「皮小則合縫多而用絲煩，五紽見其皮之大，只用五紽耳。皮大則賤，正言其儉也。」按：羔裘，大夫趨朝之服。嚴粲云：「緇衣、羔裘，諸侯日視朝之服。卿大夫朝服亦服之。其所異者，君則純色，臣則以他物飾其袖，所謂羔裘豹袖、羔裘豹袪是也。」又按：《論語》曰：「狐貉之厚以居。」《注》謂「在家所以接賓客」，則在家不服羔裘矣。朱子以為「大夫燕居之服」，非是。「退食」者，退朝而食於家也。「自」，從也，猶言往也。「公」，公所也。「退食自公」，言退食已畢，從而之於公所也。舊說謂自公退朝，食於私家。三章皆一意，未是。鄒忠胤云：「《玉藻》：『君日出視朝，退適路寢聽政，使人視大夫，大夫退，然後適小寢釋服。』蓋視朝之後，君適路寢，臣亦視其治事之館，館乃所直之廬，謂公館，非私家也。」此大夫蓋公爾忘私，日恪位箸，以勤其官，每宵衣而旰食，其自公所服此羔裘，故即所見稱之。又，顏師古以為「卿大夫履行清潔，減退膳食，率從公道」，殊無意義。「委蛇」，毛云：「委曲自得之貌。」孔云：「心志既定，舉無不中，神氣自若，事事皆然，故云委蛇。」陸佃云：「魚屬連行，蛇屬紆行。《詩》曰『委蛇』，蓋取諸此。」張敬夫云：「重言「委蛇」，舒泰而有餘裕也。」嚴云：「服飾有常，俯仰無愧，節儉正直之意，隱然可見矣。」《左・襄七年》：「衛孫文子來聘，公登亦登。叔孫穆子相趨進曰：『諸侯之會，寡君未嘗後衛君。今吾子不後寡君，寡君未知所過。吾子其少安！』孫子無辭，亦無悛容。穆叔曰：『孫子必亡。為臣而君，過而不悛，亡之本也。《詩》曰：退食自公，委蛇委蛇。謂從者也。衡而委蛇必折。』」〇

羔羊之革，叶職韻，訖力翻。**素絲五緎**。職韻。《說文》作「黬」。《齊詩》作「繶」。**委蛇委蛇，自公退食**。職韻。〇賦也。《說文》云：「革，獸皮治去其毛，革更之。」上章言皮以有毛，故稱皮，蓋將以為裘，則不得去其毛。此章言革，則毛已脫去，而裘將敝矣。「緎」，《說文》云：「羔裘之縫也。」孫炎云：「縫之界域。」孔云：「縫合羔羊皮為裘，縫即皮之界域，因名裘縫云

緎。」又，《西京雜記》云：「五絲為䋞，倍䋞為升，倍升為緎，倍緎為紀，倍紀為緵，倍緵為襚。」此以絲言，非羔裘之緎也。「自公退食」者，言自公之後，退而食於私家也。唐人詩曰：「侍臣緩步歸青瑣，退食從容出每遲。」可想是詩景況矣。〇**羔羊之縫**，叶東韻，讀如逢，蒲蒙翻。**素絲五總**。叶東韻，祖叢翻。**委蛇委蛇，退食自公**。東韻。〇賦也。「縫」，《說文》云：「以緘紩衣也。」次章言革毛去而革存也，此章言縫革敝而縫見也。如晏子一狐裘三十年，必希革而縫見可知。「總」，《說文》云：「聚束也。」胡一桂云：「竊意縫之突兀謂之紽，有界限謂之緎，合二為一謂之總。」又，陸佃云：「『羔羊之皮，素絲五紽』，紽所以英裘，其制然也。此言其節。『羔羊之革，素絲五緎』，革者言敝而因故以改造也。此言其儉。『羔羊之縫，素絲五總』，革而又敝則補緝以縫之。此言其儉之至。」《禮記．緇衣》篇曰：「苟有衣必見其敝。」而引《葛覃》「服之無斁」為言，亦此意也。「退食自公」，同首章之文。王氏云：「朝夕往來，出公門，入私門；出私門，入公門。而已終無私交之行也。」

《羔羊》三章。**章四句**。《序》云：「《羔羊》，《鵲巢》之功致也。召南之國化文王之政，在位皆節儉正直，德如羔羊也。」按：所謂「德如羔羊」，已無義理。至歸功於《鵲巢》所致，則迂甚矣。《申培說》但以為「美大夫之詩」，《子貢傳》則云「大夫貞而能儉忠乎公室，國史美之」，總之，隨文生義，無所發明。

【小星

《小星》，南國夫人承后妃之化，能不妒忌，以惠其下，故其眾妾美之如此。出朱《傳》。〇《序》云：「惠及下也。夫人無妒忌之行，惠及賤妾，進御於君，知其命有貴賤，能盡其心矣。」按：《禮．內則》云：「夫婦之禮，惟及七十，同藏無間。故妾雖老年，未滿五十，必與五日之御。將御者，齊，漱浣，慎衣服，櫛縰笄，總角，拂髦，衿纓綦屨。雖婢妾，衣服飲食必後長者。妻不在，妾御莫敢當夕。」舊說謂天子之御，妻八十一人，當九夕；世婦二十七人，當三夕；九嬪九人，當一夕；三夫人，當一夕；后，當一夕。凡十五日而遍。望前先卑，象月初生，漸進至盛，法陰道也。望後先尊，意可互觀。每月十五六，日月相對，故后獨當此二夕。羅氏頗不然其說，謂：「內寵無並后，豈有王后之尊，下與庶妾更進迭退，一月僅再見者？以禮言之，天子之後每夕皆進於王，所以正內治。五日一休，以休沐為義，則一嬪與其御進。又五日一休，則一嬪與其御進。凡四十五日而九嬪畢見。凡一時而再見，一歲而八見，此嬪御進見之大數也。」〔註9〕若《內則》所謂「五日之御」，則諸侯制也。諸侯一娶九女，夫人及二媵各有侄娣，此六人當三夕，次二媵當一夕，次夫人專一夕，凡五日而遍其御。亦望前先卑，望後先尊。雖女君不在，而其御日眾，妾莫敢當之，故曰「莫敢當夕」也。味此詩，有「實命不猶」之語，僅能迨承君惠而已，視《螽斯》之詠有間，故知為南國諸侯媵妾所作。

嘒豐氏本作「暳」。**彼小星，三五在東**。韻。**肅肅宵征，夙夜在公**。東韻。**寔**《韓詩》作「實」。**命不同**。東韻。○興也。「嘒」本小聲之義，故毛《傳》訓為微貌。《雲漢》之詩曰「有嘒其星」是也。孔子曰：「日者，天之明。月者，地之理。」陰契制，故月上屬於天。婦從夫，放月紀也。月為后、夫人之象，妾特借其餘光以自耀，故取興於星。下文「三五在東，維參與昴」，正其所指之小星也。毛《傳》云：「三心五噣。」《洪範五行傳》云：「心三星：大星天王、前星太子、後星庶子。」《爾雅》云：「咮，謂之柳。」咮即噣。《天文志》云：「柳謂鳥喙。南方宿有七，共為朱鳥形。柳，朱鳥口也，故名咮。」按：孔穎達謂「心在東方，三月時，噣在東方，正月時」。而陸佃謂：「三心以春見於東方，最先見者。五噣以冬見於東方，最後見者。」蓋心之見在正春，而噣之見在冬春之交，故二家之言云爾，然可知其不同時而見也。又，《天文志》、《星經》皆以柳為八星，則不得以五屬噣明甚。愚謂「三五在東」不兼言心，乃專指噣也。《步天歌》云：「柳，八星曲頭垂似柳，近上三星號為酒，享宴大酺五星守。」此詩之作蓋在冬春之時，故道其所見如此。至其所以取象於三五者，亦自有意。陸佃謂「諸侯一娶九女，侄娣與媵而八，故詩正以三五

〔註9〕羅願《羅鄂州小集》卷二《內官問》：「先儒以王后以下分為十五夕，其實不然。夫內寵無並后，以王后之尊，而下至與庶妾更進迭退，一月而再見，其為降也甚矣。古以貴賤為接見之疏數，故《小星》云：『肅肅宵征，夙夜在公』；又云：『肅肅宵征，抱衾與裯。』『夙夜在公』，貴者也，故其接也數。『抱衾與裯』，賤者也，故其去也亟。以禮言之，天子之後每夕皆進於王，所以正內治。故《詩序》云『賢妃貞女夙夜警戒』是也。取於休沐之義，以五日一休，一嬪與其御進。又五日一休，一嬪又與其御進。凡四十有五日，而九嬪畢見。凡一時而再見，凡一歲而八見，此嬪御進見之大數也。自諸侯大夫以下，其妾媵有多少，然皆用五日之制。《內則》曰『妾雖老年，未滿五十，必與五日之御』是也。」

況之」是也。「肅」，《說文》云：「持事振敬也。」通眾妾言之，故重曰「肅肅」。「宵」，夜。「征」，行。「夙」，早也。「公」，公所也。眾妾進御於君，初昏見星而往，將旦見星而還，往來總在暗中，雖夙亦是夜，故曰「宵征」。「古者，后夫人將侍君，前息燭，後舉燭，至於房中，釋朝服，襲燕服，然後入御於房。雞鳴，太師奏《雞鳴》於階下，然後夫人鳴佩玉於房中，告去。」〔註10〕是「夙夜往來」皆在暗中也，況眾妾乎！其所謂「在公」者，何所也？古者王立六宮，正寢一，燕寢五，皆王后之所治也。九嬪居於九室，掌婦學之法，以教九御，各帥其屬而以其時敘，御於王所。女御掌御敘於王之燕寢，然則正寢為王后所專，而燕寢雖嬪御皆得入矣。諸侯之宮，半於天子。故《禮》曰「卜三宮夫人、世婦之吉者」。其御敘於燕寢之制亦宜同也。「實」，《爾雅》云：「是也。」《說文》云：「止也。」徐鍇云：「寔如此，止如此也。」「命」，朱子云：「謂天所賦之分也。言其所以如此者，繇其所賦之分不同於貴者，是以得御於君，為夫人之惠，而不敢致怨於往來之勤也。」安命見諸妾感恩深處，非自諉咎於命。味一「寔」字，有貼然尊奉、毫無勉強之意。呂大臨云：「夫人無妒忌之行，而賤妾安於其命，所謂上好仁而下必好義者也。」○**嘒彼小星，維參與昴**。叶尤韻，力求翻。《史記·律書》云：「北至於留。留者，言陽氣之稽留也。」《索隱》云：「留即昴也。」《元命苞》云：「昴之為言留，言物成就繫留」是也。豐本作「酃」。**肅肅宵征，抱衾與裯**，叶尤韻，陳留翻。《爾雅》作「幬」。**寔命不猶**。尤韻。《爾雅注》作「猷」。○興也。劉熙云：「參謂之實沈，昴謂之旄頭。」《天】〔註11〕文志》云：「參為白虎。三星直者，是謂衡石。下有三星，兌，曰罰，為斬艾事。其外四星，左右肩股也。」〔註12〕「罰」，即伐。孔穎達云：「伐與參連體，參為列宿，統名之，若同一宿然。但伐亦為大星，與參互見，皆得相統，故《周禮》『熊斿六旒以象伐』，《注》謂『伐屬白虎宿，與參連體，而六星言六旒，以象伐』。明伐得統參也。是以《演孔圖》云『參以斬伐』，《公羊傳》曰『伐為大辰』，皆互舉相見之文也，故言『參，伐也』。」《爾雅》云：「大梁，昴也。西陸，昴也。」《正義》云：「昴為胡星，亦為獄事。」《晉·志》云：「昴七星，天之耳也。北六星曰捲舌，主察知佞讒也。曲，吉。直而動，天下有口舌之害。中一星曰

〔註10〕見《尚書大傳》。

〔註11〕【】內文字，底本缺頁，據四庫本補。

〔註12〕按：語出《史記·天官書》。

天讒，主巫醫。」其所以取象參昴者，陸佃謂「進御之法，侄娣兩兩當夕，故詩又以參昴況之。參昴二星也，而又皆西方之星，其在於冬則以夕並見」是也。愚按：《月令》：「孟春之月，昏參中。」《尚書》：「日短，星昴以正仲冬。」皆謂見於南方。作詩者所見，蓋在冬春之交，柳在冬，參昴在南，皆一時事也。「衾」，《說文》云：「大被也。」孔云：「今名曰被，古者曰衾。論語謂之寢衣也。」「裯」，《說文》云：「衣袂祗裯。」按：《方言》：「汗襦，自關而西謂之祗裯。」《後漢書・羊續傳》「唯有布衾敝祗裯」是也。曰「衣袂祗裯」者，言有衣袂之祗裯也。一說：鄭玄云：「床帳也。」漢世名帳為裯。「抱衾與裯」，即掌御敘於燕寢之事。「猶」，朱子云：「亦同也。」按：猶本獸名，性多疑慮，故借為恍惚相若之義。鄧元錫云：「詩之安命如此，誠味之，天下安有不盡分之人哉？知命則無怨尤，無怨尤則能安土，能安土則能樂天。抱衾裯而宵征，宵征而肅肅安也。」

《小星》二章。章五句。《子貢傳》云：「小臣奉使而勤勞於公，賦《小星》。」《申培說》亦云：「小臣奉使行役之詩。」然「抱衾與裯」正所謂「粲兮爛兮」者，豈使臣語哉？如泥「夙夜在公」之云為勤於王事，則《采蘩》之詩亦當屬之使臣矣。

【江有汜

《江有汜》，文王之時，江沱之間有嫡，不以其媵備數，媵遇勞而無怨，嫡亦自悔也。出《序》。《申培說》亦云：「諸侯之媵始不容於嫡，終而進之，故作是詩。」孔穎達云：「嫡謂妻也，媵謂妾也。謂之媵者，以其從嫡以送為名。」胡安國云：「諸侯有三歸：嫡夫人行則侄娣從，二國來媵亦以侄娣從，凡一娶九女。」《左傳》云：「凡諸侯嫁女，同姓媵之，異姓則否。」按：《白虎通》及《春秋釋例》、《公羊傳注》云：「備侄娣從者，謂其必不相嫉妒也。侄者何？兄之子也。娣者何？弟也？一人有子，三人共之，若己生之。不娶兩娣何？傳異氣也。娶三國女何？廣異類也。侄娣年雖少，猶從適人者，明人君無再娶之義也。二國來媵，誰為尊者？大國為尊。國等，以德。德同，以色。質家法天，尊左。文家法地，尊右。所以不聘妾何？人有子孫欲尊之義，義不可求人以為賤也。」又云：「古者女嫁，必侄娣從，謂之媵。獨言二國者，異國主為媵，故持名之，其實雖夫人娣侄亦為媵也。」又云：「諸侯之娶凡九女，參骨肉至親，所以息陰訟。陰訟息，所以廣繼嗣。」又云：「夫人無子，立右媵之子。右媵無子，立左媵之子。」參前數說，蓋所以廣胤嗣之道，養壽命之源，其義遠矣。此詩前二章為二國媵女之辭，後一章為嫡之辭，蓋嫡媵相睦後所作。《序所》謂「媵遇勞而無怨」者，謂前此遭苦虐而無怨耳，非真有勤勞之事也。

江有汜，紙韻，養里翻。《石經》、《說文》俱作「洍」。貴竹本作「氾」。**之子**凌氏《子貢傳》本作「子之」。後同。**歸。不我以。**紙韻。**不我以，其後也悔。**叶紙韻，虎洧翻。〇興之比也。此與下章皆媵辭也。時二國之媵皆不得備數偕行，故各述其一章。「江」，解見《漢廣》篇。「汜」，《說文》云：「水別復入水也。」《爾雅》云：「水決復入為汜。」《疏》云：「凡水決之岐流復還本水者為汜。」劉熙云：「汜，巳也，如出有所為，畢已而復入也。」朱子云：「今江陵、漢陽、安復之間蓋多有之。」又云：「夏水自江而別，以通於漢，復還入江，冬竭夏流，故謂之夏。而其】〔註 13〕入江處，今名夏口，即《詩》所謂『江有汜』也。」郝敬云：「以汜自比，以江比嫡，賢女恭順之辭。小星自託，以日月之光比夫人；江汜自況，以洪流之量比正嫡。知命守分，所以為賢女。」「之子」，是子也，謂嫡也。婦人謂嫁曰歸。「之子歸」者，追數昔日之辭。「我」，媵自我也。能左右之曰以。朱子云：「謂挾己而偕行也。」一說：以，用也。「不我以」者，言棄我不用之於君所也。皆通。「悔」，《說文》云：「恨也。」言自恨其前日之非而改過也。此非感被文王后妃不妒忌之化，何以至是？蔡汝楠云：「《風》之江沱、《雅》之賓筵，皆取於悔，繇變之趨於正也，故曰『震旡咎者存乎悔』。」〇**江有渚，**語韻。**之子歸，不我與。**語謂。**不我與，其後也處。**語韻。〇興之比也。右媵尊於左媵，上章當為右媵之辭，此當為左媵之辭。《爾雅》云：「小洲曰渚。」毛《傳》云：「水岐成渚。」劉熙云：「渚，遮也。體高能遮水，使從旁回也。」「與」，《說文》云：「黨與也。」「不我與」者，猶言不與之為儔侶也。「處」，《說文》云：「止也。」請得其所而安止也。「其後也悔」、「其後也處」，皆慶幸之辭。〇**江有沱，**歌韻。**之子歸，不我過。**歌韻。**不我過，其嘯**豐氏本作「歗」。**也歌。**韻。〇興之比也。此嫡辭也。《尚書》云：「岷山導江，東別為沱。」《爾雅》云：「水自河出為灉，漢為潛，江為沱。」孔穎達云：「皆大水分出，別為小水之名也。」張萱云：「江，貢也。以貢於海為義。別而為沱者，為有它焉。」

〔註 13〕【】內文字，底本缺頁，據四庫本補。

蔡沈云：「南郡枝江縣有沱水，然其流入江，而非出於江也。華容縣有夏水，首出於江，尾入於沔，亦謂之沱。」愚按：上二章為媵辭。曰「汜」、曰「渚」，皆取合流於江之義，喻己之歸依於嫡也。此章為嫡辭。曰「沱」，取江別為沱之義，喻媵分雖卑，不妨與己並進也。興意各異，達者詳之。「之子」，指媵也。「歸」，謂今日來歸也。媵向者不得備數，偕行至今日始歸也。亦與上二章「之子歸」不同。「過」，猶失也。按：過者，越度之義，如賢者過之之過。故謂過為失。「不我過」者，喜二媵之不念舊惡，不以我為過也。「嘯」，《說文》云：「吹聲也。」鄭玄云：「蹙口而出聲也。」「歌」，《說文》云：「詠也。」徐鍇云：「長引其聲以誦之也。」劉熙云：「人聲曰歌。歌，柯也。所歌之言，是其質也。以聲吟詠有上下，如草木之有柯葉也。故兗、冀言柯聲如歌也。」既嘯復歌，見二媵之恬然自得，絕無咎恨怨尤之意。蓋至是而嫡媵之所以自處，可謂各得其道矣。

《江有汜》三章。章五句。朱子以為「是時汜水之旁，媵有待年於國而嫡不與之偕行，其後嫡被后妃夫人之化，乃能自悔而迎之，故媵作此詩」。今按：待年不行，於禮有之。《公羊傳注》云：「諸侯之媵，八歲備數，十五從嫡，二十承事君子。未任承事，還待年父母之國。」《白虎通》亦云：「還待年父母之國，未任答君子也。」若此媵為待年之故而不與嫡偕行，豈得怨嫡乎？又，《子貢傳》云：「諸侯之夫人終容其媵也，賦《江有汜》」，則以此詩為專美嫡。《序》則云「美媵也，動而無怨，嫡能悔過也」云云，則似專美媵。今按：是詩兩述媵嫡之辭，蓋兼美之至。推本其所以然，則當歸之文王、太姒之化耳。

摽有梅

《摽有梅》，及時擇婿也。《序》云：「男女及時也。召南之國被文王之化，男女得以及時也。」戴岷隱云：「此擇婿之辭，父母之心也。」《申培說》亦云：「女父擇婿之詩。」

摽趙岐《孟子注》作「莩」。**有梅，**《韓詩》作「楳」。**其實七**質韻。**兮。求我庶士，迨其吉**質韻。**兮。**興而賦也。「摽」，擊也，落也。蓋擊而落之也。「梅」，木名，華白，實似杏而酢。陸佃云：「子赤者材堅，子白者材脆。華在果子華中尤香，俗云：『梅華優於香，桃華優於色。』故天下之美有不得而兼者多矣。若荔枝無好葉，牡丹無美實，亦其類也。梅先桃李而華，女失婚姻之時，則感己之不如，亦梅華雖先桃李，然其着實乃更在後，則婚姻之年或未慊也。」按：梅冬而華，春而實，實常多而易落。曰「七兮」者，孔穎達云：「十分之中，尚七未落，已三分落矣。」愚按：此及下章「其實三兮」、「頃筐墍之」，皆未然事，特藉以形容時晚耳，非真歷盡而始詠也。「求」，有選擇之意。「庶」者，未定之詞。「士」者，禮義之人也。曰「我庶士」，蓋女父言云爾。「迨」，及也，有皇皇惟恐其晚之意。「吉」，吉日也。及此吉日而定其人，非謂便于歸也。後放此。《孟子》曰：「丈夫生而願為之有室，女子生而願為之有家。父母之心，人皆有之。」女子盛年難久，譬梅實之易落，故為父母者惟恐得婿之過時，而不覺其詞之棘如此。按：孫卿曰：「霜降逆女，冰泮殺止。」霜降，九月也。冰泮，正月也。《家語》曰：「群生閉藏乎陰，而為化育之始，故聖人以合男女，窮天數也。霜降而婦功成，嫁娶者行焉。冰泮而農桑起，昏禮殺於此。」而《夏小正》二月則又云：「綏多士女。」據《周禮》，「媒氏以仲春之月，令會男女之無夫家者，於斯時也，相奔者不禁」。蓋嫁娶自季秋至於孟春，惟其所用不拘其月，此常禮也。及至仲春，而猶有男女之無夫家者。謂若男三十、女二十為期盡蕃育，則以媒氏會之，使各盡所欲，雖奔猶不禁。奔非淫奔也，以事迫而禮簡，不能如常昏焉，故曰奔也。鄭玄所謂「女年二十而無嫁，端則有勤望之憂」是也。黃佐云：「聖人之慮天下也，血氣既壯，難盡自簡，情竇既開，奚顧禮義。故昏欲及時者，所以全節，行於未破之日也。故男子十六而娶，不踰三十；女子十四而嫁，不踰二十。使不至有過時之悔。然則男女得以及時，其亦周之禮化與？」徐光啟云：「《摽有梅》，說者以為仲夏之時，非也。仲夏之時，則梅已將熟矣，安得而有摽落？又安得有頃筐之多也？梅花繁，初結實時常多而易落，故如此。嘗試驗之，亦稍後於桃夭時耳。」《左傳・襄八年》：「晉范宣子來聘，告將用師於鄭。公享之，宣子賦《摽有梅》。季武子曰：『誰敢哉？今譬於草木，寡君在君，君之臭味也。歡以承命，何時之有？』」杜預謂「宣子欲魯及時共討鄭，取其汲汲相赴」。

〇摽有梅，其實三葉侵韻，疏簪翻。**兮。求我庶士，迨其今**侵韻。**兮。**

興而賦也。「其實三兮」者，承上章言，過此以往，梅之墮落又將多，其在者餘三耳。「今」，急辭也，謂今日也。**〇摽有梅，頃筐**豐氏本作「匡」。**墍**叶未韻，於既翻。《呂氏讀詩記》作「暨」。**之。求我庶士，迨其謂**未韻。**之。**

興而賦也。「頃筐」，解見《卷耳》。「墍」，毛《傳》云：「取也。」按：「墍」

字從土。《說文》云：「仰塗也。」《書》所謂「塗塈茨」是也。原無取義。據鄭玄謂「頃筐取之於地」，嚴粲謂「取之於地，沾地濕也」，亦屬強解。以意推之，當是「槩量」之「槩」，傳寫訛也。槩，平斗斛木也。此又承上章言，過此以往，梅實當盡落，頃筐貯之。過盈，故以木槩之也。胡胤嘉云：「一時也，而七、而三、而頃筐，所盡即年華瞥爾，何言之太迅也。」歐陽永叔曰：「梅實有七，至於落盡，不出一月之間，故前世學者多云詩人不以梅實紀時早晚，獨鄭玄以為過春及夏晚，皆非詩人本義。《周禮》仲春奔者不禁，何待初夏方為過時？詩人詠此，以興物之盛時不可久，言召南之人顧其男女方盛之年，懼其過時，而至衰落，乃期於庶士以相婚姻也。」「謂」者，父母遣媒灼〔註14〕通言，姑先定約，徐俟禮行也。語云：「走兔在野，人競逐之。積兔在市，人不敢動。」在女父母，自為其子計，不得不切，然始終必以求為言，不肯苟且遷就，非文王之教而何？

《摽有梅》三章。章四句。按：鄭《箋》之解「求我庶士」云：「我，我當嫁者，謂求女之當嫁者之眾士。」孔氏《正義》云：「言此者，以女被文王之化，貞信之教興，必不自呼其夫，令及時之取己。鄭恐有女自我之嫌，故辨之，言我者，詩人我，此女之當嫁者，亦非女自我。」味其語意，殊費幹旋。朱《傳》徑以為「女子所作」，則豈有女思求男而為聖人之化者乎？《子貢傳》有闕文，今不錄。

漢廣

《漢廣》，文王化行南國，男女知禮，詩人美之。出《子貢傳》，《申培說》同。○《序》以為「德廣所及也。文王之道被於南國，美化行乎江、漢之域，無思犯禮，求而不可得也」。鄒忠胤云：「『南有喬木』題曰《漢廣》，亦猶《定之方中》之為『楚宮』，『有饛簋飧』之為《小東》也。」

南有喬陸德明本作「橋」**木，不可**豐氏本「不可」作「可以」。**休**尤韻。**息。**孔穎達云：「詩之大體，韻在辭上。疑休、求字為韻，二字俱作『思』。」《韓詩外傳》、豐氏本俱作「思」。**漢有游**孔穎達本作「遊」。**女，不可求思。漢之廣矣，不可泳**叶漾韻，丁放翻。**思。江之永**薛君《章句》作「漾」。《說文》作「羕」。今按：從此則廣、泳、羕、方四字皆成韻。廣，古

〔註14〕「灼」，四庫本作「妁」。

曠翻。**矣，不可方**叶漾韻，甫妄翻。**思**。興而比也。南方之木美，作詩者自詠其土之所有也。「喬」，《說文》云：「高而曲也。」《爾雅》云：「句如羽喬，下句曰朻，上句曰喬。」又云：「小枝上繚為喬。」《注》云：「樹枝曲卷，似鳥毛羽」；「細枝皆翹繚，上句者名為喬木。」木枝下蟠則陰廣，上繚則陰少。南有高竦之木，其陰不下及，故「不可休息」，興女之高潔而不可求也。經文「息」字，當依《韓詩》作「思」。思者，語辭。胡胤嘉云：「樛木下垂，則附之者易。喬木上竦，則依之者難。」此興之有義者也。「漢」，水名，出嶓冢山，至大別入江。此漢上有游女者，薛君《章句》云：「謂漢神也，言漢神時見，不可求而得之。」愚按：據此則二句乃是比體。蓋如雒神、宓妃之類耳，以比貞靜之女，可望而不可即也。「泳」，《說文》云：「潛行水中也。」「江」，水名，出岷山，東流與漢水合，東北入海。《釋名》云：「江，公也。小水流入其中，公共也。」「永」，《說文》云：「長也。」「方」，《說文》云：「併船也。」《爾雅》以為泭也。《方言》曰：「泭謂之𥴩，𥴩謂之筏。筏，秦、晉通語也。」郭璞云：「木曰𥴩，竹曰筏，小筏曰泭。」亦作「游」，又作「桴」，或作「柎」。「泳」以絕流橫度言，故屬廣；「方」以順流上下言，故屬永。嚴粲云：「江水尤深闊於漢，故漢止言『不可泳』，而江言『不可方』。」此四句轉言女自可求，但須媒灼〔註 15〕通言，六禮俱備，不可以非禮而求，猶江漢未嘗不可渡，然須假舟楫以濟，不可凌忽泳方之耳。季本云：「漢水合江則闊，故言泳。江則其流本長，故言方。本詠漢而並及於江者，地近人遠，咫尺千里，語其地則如漢之不可泳，語其遠則如江之不可方，蓋即女所近之水遠不可從者以為比。」○**翹翹錯薪**，豐本作「新」。下同。**言刈**豐本作「乂」。下同。**其楚**。叶麌韻，讀如取，此主翻。**之子于歸，言秣其馬**。叶麌韻，滿補翻。**漢之廣矣，不可泳**韻。見首章。**思。江之永矣，不可方**韻。見首章。**思**。興而比也。「翹」，《說文》云：「尾長毛也。」錯薪中之高者亦如之，故云「翹翹」。「錯」，毛《傳》云：「雜也。」「薪」，《說文》云：「蕘也。」《月令》：「收秩薪柴。」《注》云：「大者可析謂之薪，小者合束謂之柴。」《左傳》言「其父析薪，其子弗克負荷」，以此證薪是粗大可析之物也。豐道生云：「『新』，古文作『亲』，從木定意而以辛諧聲。小篆加斤，以斧斨木也。隸借為新舊字，而加艸為薪，謂或艸或木，皆可以析為薪也。然古新舊字本從見，而以親諧聲。窺戚字從

〔註 15〕「灼」，四庫本作「妁」。

家省，而從親會意，言一家之竉常見如新，無厭憎也。自借新為親舊字，不知有竉，為七斤切。新、親皆柴薪字，六義遂晦。」「楚」，木名，一名荊。《廣志》云：「牡荊，蔓荊也。」《圖經》云：「牡荊即作菙杖者，枝莖堅勁，作科，不為蔓生，故曰牡。實細而黃，如麻子大。蔓荊，莖高四尺，對節生枝。秋結實，斑黑，如梧子大而輕虛。」沈括云：「揚州宜楊、荊州宜荊，地名因此。荊或為楚，楚亦荊木之別名也。」荊在雜薪之中，尤為翹翹，故析薪者欲刈之，以喻此女在眾女中尤為高潔，人寧不思欲娶之乎？「之子」，此女子也。「秣」，食馬穀也。馬所以駕車。《士昏禮》：「婿親迎至婦家，婦升車，則婿授綏，御輪以行。」今曰秣馬，謂親迎也。然非必作詩者自欲娶此女。蓋謂其不可以非禮干，設言人若欲娶之者，必待秣馬以行親迎之禮而後可娶耳。鄒忠胤云：「翹薪四語似與章首四句遙對，蓋喬木不可休，錯薪則有可刈也；游女不可求，于歸則有可效也。末又重述『漢之廣矣』四句以詠歎之。」**〇翹翹錯薪，言刈其蔞**。虞韻。**之子于歸，言秣其駒**。虞韻。**漢之廣矣，不可泳**韻。見首章。**思**。**江之永矣，不可方**韻。見首章。**思**。興而比也。「蔞」，蔏蔞也，一名蘮，故《爾雅》曰：「蘮，蔏蔞。」郭璞云：「蔞蒿也。生下田，初生可啖，江東用羹魚也。」陸璣云：「其葉似艾，白色，長數寸，高丈餘，好生水邊及澤中。正月根牙生，旁莖正白，生食之，香而脆美，其葉又可蒸為茹。」羅願云：「今古以為珍菜。」按：蔞亦草中之翹翹者。許慎云：「馬二歲曰駒，三歲曰駣。」孔穎達云：「八尺以上為龍，七尺以上為騋，六尺以上為馬，五尺以上、六尺以下曰駒。」古者駕車，兩服兩驂。服必壯馬，驂可用其次者。前言秣馬，衡外夾轅之服也。此言秣駒，衡下襄駕之驂也。范景文云「王者不易民而治此類」是也。望見端莊靜一之女，而嗟歎之不足，其人亦賢者也。

《漢廣》三章。章八句。朱《傳》謂「文王之化，自近而遠，先及於江、漢之間，而有以變其淫亂之俗」。今按：此詩具見女慕貞潔，男知禮義，以此歸本於文王之化漸被致然可耳，未必江、漢之俗有淫亂之事。大約因舊說解「漢有游女」為游蕩之女，故致此誤。若《韓詩》以為悅人也，其意亦謂之子守禮之可悅耳。不善會之，鮮不以辭害義。

芣苢

《芣苢》，蔡人之妻傷夫也。韓嬰《詩序》以為傷夫也。劉向《列女傳》

云：「蔡人之妻者，宋人之女也。既嫁於蔡，而夫有惡疾，其母將改嫁之。女曰：『夫之不幸，乃妾之不幸也，奈何去之？適人之道，一與之醮，終身不改。不幸遇惡疾，不改其意。且夫采采芣苢之草，雖其臭惡，猶始於捋採之，終於懷襭之，浸以益親，況於夫婦之道乎！彼無大故，又不遣妾，何以得去？』終不聽其母，乃作《芣苢》之詩。君子曰：『宋女之意，甚貞而一也。』」愚按：此亦后妃之化也。冉伯牛有惡疾，故《文選》用其事，而曰：「冉耕歌其《芣苢》。」蓋相傳舊矣。或疑蔡、宋非古國名。按：《國語》云：「文王之即位也，諏於蔡原。」韋昭注謂：「蔡，蔡公也。」羅泌《路史・國名記》：「蔡，黃帝後，結姓國」〔註16〕；「蘄春汪〔註17〕中有蔡山。」又，《樂記》云：「武王下車而投殷之後於宋。」則蔡、宋非舊名而何？

采采芣苢，紙韻。《釋文》作「苡」。**薄言采**叶紙韻，此禮翻。亦叶有韻，此苟翻。**之。采采芣苢，**見上。**薄言有**韻。亦叶紙韻，羽軌翻。**之。**興而比也。「采」，捋取也。重言「采采」，非一採也。陸佃云：「他草所在或無，唯車前、蒼耳所在有之，故《芣苢》、《卷耳》之詩正言此二物。芣苢，一名馬舄，一名車前，一名當道，大葉長穗，好生道邊及牛馬跡中，故曰馬舄、車前、當道也。一名牛遺。」陸璣云：「幽州人謂之牛舌草，可鬻作茹，大滑，其子治婦人產難。」《本草》云：「生平澤丘陵阪道中，一名勝舄，亦或謂之陵舄。」《列子》云：「若鼃為鶉，得水為䲧，得水土之際則為蠅〔註18〕蠙之衣，生於陵屯則為陵舄。」屯，阜也，故或謂之蝦蟆衣。《韓詩外傳》云：「直曰車前，瞿曰芣苢，蓋生於兩旁謂之瞿。」《圖經》云：「春初生苗，布地如匙面，累年者長及尺餘，如鼠尾，花甚細，青色，微赤，結實如葶藶，赤黑色。今人五月採苗，七八月採實。」程子云：「『薄言』，發語辭。」嚴粲云：「『薄言震之』、『薄言追之』、『薄言采芑』，凡『薄言』二字皆辭也。」朱子云：「采，始求之也。有，既得之也。」薛君《章句》云：「芣苢，臭惡之菜。詩人傷其君子有惡，疾人道不通，求已不得，發憤而作，以事興，芣苢雖臭惡乎，我猶采取而不已者，以興君子雖有惡疾，我猶守而不離去也。」〇**采采芣苢，薄言掇**曷韻。**之。采采芣苢，薄言捋**曷韻。**之。**興而比也。「掇」，《說文》云：「拾取也。」「捋」，《說文》云：「取易也。」《詩詁》云：「以指歷取也。」

〔註16〕羅泌《路史》卷二十四《國名紀》未見。
〔註17〕「汪」，羅泌《路史》卷二十四《國名紀》作「江」。
〔註18〕「蠅」，《列子・天瑞第一》作「鼃」。

陸燧云：「舊說掇拾其穗也。芣苢無取穗者。子之在地者拾之，未落者捋之也。」孔穎達以為「此章言采時之狀」是也。○**采采芣苢，薄言袺**叶屑韻，吉屑翻。**之。采采芣苢，薄言襭**屑韻。陸德明本作「擷」。**之。**興而比也。《爾雅》、《說文》皆云：「執衽謂之袺。」孫炎云：「執衽者，持衣上衽。」徐鍇云：「舉衣衽之一角也。」《說文》云：「以衣衽扱物謂之襭。」李巡云：「扱衣上衽於帶。」衽者，裳之下也。置袺，謂手執之而不扱，襭則扱於帶中矣。陳祥道云：「鄭氏釋《喪服傳》曰：『婦人不殊裳，其服如深衣而無衽。』按：詩言婦人之采芣苢，或袺衽，或襭衽，是婦人之服未嘗無衽也。」輔廣云：「曰采、曰有，則始求而既得之辭。曰掇、曰捋，則正采而拾取其子之辭。曰袺、曰襭，則既采而攜以歸之辭。」

《芣苢》三章。章四句。《子貢傳》以為「文王之詩，萬民和樂，童兒歌謠，賦《芣苢》」。《申培說》亦謂「童兒鬥草嬉戲之詞」。然不識何以專采芣苢，豈以其多生道旁故耶？味亦短矣。《序》則謂「《芣苢》，后妃之美也。和平則婦人樂有子矣」。按：《神仙服食法》曰：「車前之實，雷之精也，善療孕婦難產。」蓋以其性大滑。毛萇、陸璣皆取之，以此為樂有子之證，尤屬鄙淺不經。或又引《本草》云：「強陰益精，令人有子。」今考《神農本經》之語，第云：「車前子味甘寒，無毒，主氣癃上痛，利水道小便，除濕痹，久服輕身耐老。」初無宜懷妊之說。至唐本餘等始增入此語，蓋因毛說而附會之也。滑伯仁云：「車前性寒利水，男子多服則精滑而易痿，婦人多服則破血而隳胎。」豈宜子乎？又，《周書・王會》篇，芣苢本作桴苡。及《山海經》雖云「芣苢食之宜子」，然謂其出於西戎，又指為木名。縱使果有之，亦別是一種，未可便指為此之芣苢也。馮時可云：「吾獨取《韓詩》之言，惡疾不相棄，則有得乎性情之正，且不失風人之旨。以意逆志者當自得之矣。」

野有死麕

《野有死麕》，南國被文王之化，女子有貞潔自守，不為強暴所污者。詩人因所見而美之。出朱《傳》。○《序》云：「惡無禮也。天下大亂，強暴相陵，遂成淫風。被文王之化，雖當亂世，猶惡無禮也。」郝敬云：「紂時淫昏成俗，而羞惡之心，人所自有。文王化行，皆知無禮之可惡，故詩不貴其貞潔而貴其知恥。知恥自不屑不潔，此導民之本，格心之化也。」

野凌氏《子貢傳》本作「埜」。**有死麕**，真韻。此章隔句用韻。陸德明本、豐氏本俱作「麇」。陸又云：「一作麏。」**白茅包**叶有韻，補苟翻。《路史》作「苞」。**之**。**有女懷春**，真韻。**吉士誘**有韻。豐本作「求」。**之**。比而賦也。《說文》、毛《傳》皆謂「郊外曰野」。「麕」，獐也。鹿屬，無角。《本草注》云：「獐類甚多，麕其總名也。」陸佃云：「麕性善聚善散，故從囷。囷，聚也，亦散也。齊人謂麇為獐。或謂獐性善驚，故從章。《吳越春秋》謂『章者，獐猩也』。蓋麕鹿皆健駭，而麕性膽尤怯，飲水見影，輒奔。《道書》謂『麞鹿無魂』，又謂『麞鹿白膽善怖』，為是故也。《爾雅》：『麇曰其跡躔，麕曰其跡解。』蓋麇性迷惑，故其跡躔而不解；麕性散驚，故其跡解而不躔。」郝云：「麕鹿，比奔也。死麕，死鹿，如惡惡臭，醜詆之辭。」「茅」，郭璞云：「菅屬。」《說文》訓菅為茅，訓茅為菅，非是。《通志》云：「茅類甚多，惟白茅擅名。」陸佃云：「茅體柔而理直，又潔白，故先王用之以藉，亦以縮酒。」「包」，毛云：「裹也。」通作「苞」。《禮注疏》解「苞苴」云：「苞者，以草包裹。苴者，以草藉器貯物。」羅泌云：「先王之治，先其禮而後其樂。樂者，溷闊之意。而禮者，人之城也。禮勝則愚，故樂以生之。樂勝則流，故禮以守之。禮也者，所以嚴分而防泆者也。苟嚴矣，何慢之足憂。苟防矣，何亂之足病。《詩》云：『野有死麕，白茅包之。』夫麕既已死矣，在所可棄矣。而猶苞以白茅，何耶？死惡其洿於地也。夫茅之為物薄而用可重也。《易》曰：『藉用白茅，无咎。苟厝諸地而可矣。藉之用茅，何咎之有？』此禮之所以不可以已，而流遁者之所以獲罪於聖人也。」愚按：詩之興意，謂野有死麕，人惡其臭，猶或以白茅包裹之。此強暴之男，何止如死麕之可惡，乃任其狂逸而莫之制，使其穢德彰聞，何邪？「有女」者，詩人美此女也。「懷春」者，鄭玄、孔穎達皆云：「仲春為昏時，故貞女思仲春之月，以禮與男會也。」「吉士」，美士也。「誘」，《儀禮》「誘射」、《論語》「善誘人」之「誘」。《爾雅》云：「進也。」毛《傳》云：「道也。」此女非不懷婚姻，然必待吉士以禮進而道之，如媒灼〔註19〕之言是也。詩詠此女，有三善焉。曰「懷春」，則必依其時；曰「吉士」，則必得其人；曰「誘之」，則必合其禮。非聖化所被而何？○**林有樸樕**，屋韻。**野有死鹿**。屋韻。**白茅純束**，沃韻。**有女如玉**。沃韻。上章麕、春、包、誘隔句兩韻。此變體，以上二句、下二句分為兩韻。○比而賦也。「樸樕」，《說文》云：「小木。」《詩詁》云：「孔《疏》引《爾雅》：『樕

〔註19〕「灼」，四庫本作「妁」。

樸，一名心，江河間以作柱。』案：小木通呼樸樕，即非木名。云可作柱，則大木也。孔《疏》引『樕樸』以為『樸樕』，誤矣。」「林有樸樕」，以野中之所見言。繼之曰「野有死鹿」，言有死鹿在野外之林中也。「鹿」，獸名，有角。「純」，通作「全」，亦音近也。全用白茅裹束此死鹿，亦惡其臭也。「如玉」，鄭玄云：「取其堅而潔白。」不以色言，此強暴之男譬如野外林中之死鹿，徒足啟人畏惡厭絕耳，其能浼如玉之女乎？〇**舒而脫脫**叶隊韻，徒對翻。**兮，無**豐本作「毋」。下同。**感我帨兮，無使尨**《說文》作「尨」。**也吠**。隊韻。〇賦也。「舒」，《說文》云：「緩也。」「脫」，通作「娧」，《說文》云：「好也。」「舒而脫脫」者，言此女舉止舒遲而容貌又姣好也，即上章美其如玉之意。「無」，通作「毋」。下同。戒彊〔註20〕暴之辭也。「感」，《爾雅》云：「動也。」「我」，我女子也。詩人敬愛之至，故以我稱之，若託於女子之自道然者。「帨」，拭物之巾，女子所佩也。《內則》云：「女子生，設帨於門右。」「感我帨」者，女子自動其帨，蓋見此強暴之男來，則女子必奔走失度而避之，至動其佩飾也。「尨」，通作「尨」，《說文》云：「犬之多毛者」，字「從犬從彡」。「吠」，《說文》云：「犬鳴也。」孔穎達云：「非禮相陵，主不迎客，則有狗吠。」郝敬云：「此章述女子羞惡之情，言尨吠則狗識惡之矣。」《左・昭元年》：「鄭伯享趙孟，子皮賦《野有死麕》之末章。」杜預《注》謂：「喻趙孟以義撫諸侯，無以非禮相加陵。」「趙孟賦《常棣》，且曰：『吾兄弟比以安，尨也可使無吠。』子皮興，拜，舉兕爵曰：『小國賴子，知免於戾矣。』」范景文曰：「通篇皆詩人美貞女，刺狂夫。若作女子拒之之辭，終乏風霜之氣。」

《野有死麕》三章。二章章四句，一章三句。豐本篇名作《野麇》。毛、鄭解「野有死麕，白茅包之」、「野有死鹿，白茅純束」，皆謂四荒則殺禮，貞女之情，慾令以白茅裹束野中田者所分麕肉鹿肉為禮而來。諸家及朱子皆因之。案：《昏禮》五禮用雁，唯納徵用幣，無麕鹿之肉。舊注殊屬不經。且思下一「死」字，豈佳語耶？《子貢傳》謂「野人求昏而不能其禮，女氏拒之」。然不能其禮，似不應醜詆如是之甚。《申培說》謂「婚姻惡無禮之詩」。玩此詩，實未嘗為昏姻也。若季本直目為淫詩，則冤甚矣。

〔註20〕「彊」，底本作「疆」，據四庫本改。

麟之趾

《麟之趾》，美文王子多賢也。周家世有聖母，故其子孫之盛且賢如此。所以知為贊聖母者，以言麟不兼麒知之，麟乃麒之牝者也。三章皆詠麟，而一則美公子，一則美公姓，一則美公族，固知非專指太姒。何者？武王、周公皆晚得子，安得此時遂詠公姓，至公族則愈遠矣。主太任以稱文王之子，則為公姓，故美公姓。知其為贊太任，主太姜以稱文王之子，則為公族，故美公族。知其為贊太姜詩。三詠麟，蓋分擬三母也。

麟《齊詩》作「麐」。**之趾**，紙韻。《釋文》、豐氏本俱作「止」。**振振公子**，紙韻。**于嗟麟兮**。三章俱用此一句結，不用韻。○比中有賦也。按：《說文》云：「麐，仁獸也」；「麐，牝麒也」；「麟，大牝鹿也」。則字當作「麐」。經傳中麟、麐通用。陸佃云：「不踐生草，不食生物，有愛吝之意，故麐從吝。」一說：麐不世出，世衰則麐死，故從吝。吝，惜也。《京房易傳》云：「麐，麇身，牛尾，狼額，馬蹄，有五采，腹下黃，高丈二。」何法盛云：「麒，仁獸也，牝曰麟。牡鳴曰遊聖，牝鳴曰歸和。春鳴曰扶幼，夏鳴曰養綏，秋鳴曰藏嘉，冬〔註21〕鳴曰思邊。」張揖云：「麟者，含仁懷義，行步中規，折旋中矩，遊必擇土，翔必復處，不群居，不旅行，不犯陷阱，不罹罘罳，文章彬彬。」《瑞應圖》云：「麟，王者嘉祥，食嘉禾之實，飲珠玉之英。」《大戴禮》云：「毛蟲三百六十，而麟為之長。」《禮運》云：「麟以為畜，則獸不狘。」孔子云：「刳胎伐夭，則麟不至。」羅泌云：「蔡邕以為『中央軒轅大角之信』，《詩含神霧》以為『木之精』，《鶡冠子》以為『北方玄枵之獸』。或云『陽氣所孕』，又云『純陰之精』，《保乾圖》以為『歲星之散』，《運斗樞》以為『機星，得則生』，陳欽以為『西方之毛蟲』，《廣雅》以為『壽一千』，《抱朴〔註22〕》以為『壽三千』。自漢而來，為祥說者咸謂『麟生於火而遊於土。王者視明禮脩，好生惡殺，動有儀容，賢者在位，不肖者退，則見郊野』。《禮斗威儀》謂『君垂金而王政太平，則在郊』。而《春秋考異郵》以為『王者功平則至』，《孝經緯》亦言『德至鳥獸則鳳凰翔，麒麟臻』。遂使庸君想致，學士妄談。」「按：羅願謂麟只如麏麇之屬。後世言麟者皆妄。果爾，則何以稱四靈？」〔註23〕陸璣謂「今并州界有麟，大小如鹿，乃司馬相如賦所言『射

〔註21〕「冬」，四庫本誤作「各」。

〔註22〕「朴」，底本作「璞」，據四庫本改。

〔註23〕出馮復京《六家詩名物疏》卷四《麟之趾篇・麟》。

麋腳麟』者，非瑞獸也」。然則羅氏所指，殆即此物歟？「趾」，本作「止」，《說文》云：「下基也。象艸木出有止，故以止為足。」「麟之趾」，贊太姒也。《孝經》曰：「親生之膝下。」因下文言「振振公子」，故以趾詠。麟之為趾，生草不踐，生蟲不履，是其仁之見於趾者也。舉一趾以見其仁。而舊說謂以趾比公子，非也。「振」，《說文》云：「奮也。」季本云：「振振者，振動之意。」文王之德，繇親親而達於仁民愛物，故其公子皆振動其良心，莫不興起於仁，可以任民物之責也。所以知此詩為美文王之子者，以「公子」二字知之。文王時，尚未王也。文王諸子除三叔不足道，若武王、周公皆聖人，其餘伯邑考、康叔封、郕叔武、曹叔振鐸、聃季載，皆出自太姒，以賢仁著稱。至於眾妾所生，則武王之異母弟又有毛郜、雍滕、畢原、豐郇之屬，所謂「則百斯男」者，非太姒有仁厚之德，何能孕祥鍾美如是？故詩人復歎息而稱之，曰：信哉，太姒之為麟也！以太姒之仁如麟也。「於」者，舒氣。「嗟」者，歎聲。○**麟之定**，徑韻。《字書》、豐本俱作「頞」。**振振公姓**，叶徑韻，蘇佞翻。**于嗟麟兮**。比中有賦也。「定」，《爾雅》作「頞」，云：「題也。」按：《說文》無「定」字，當通作「頂」。「頂」者，顛也，所謂額也。「麟之定」，贊太任也。太任者，王季之妃。朱子謂麟「有額而不以抵」〔註 24〕，是其仁之見於定者也。因下文言「公姓」，則太任為祖母，居上臨下，為定之象。「公姓」，朱子云：「公孫也。姓之為言生也。」按：《禮記・玉藻》云：「子姓之冠也。」《注》謂「孫是子之所生，故曰子姓」。一說：孫，傳姓者。亦通。「公姓」，主文王之子言之。「于嗟麟兮」，復歎息，言太任之仁亦如麟，故有此賢孫也。《大雅》云：「思齊太任。」又云：「摯仲氏任，來嫁于周。乃及王季，維德之行。」《列女傳》云：「太任之性，端一誠莊。」《皇王大紀》云：「太任有賢德，目不視窈色，耳不聽淫聲，口不出惡言。」○**麟之角**，叶屋韻，盧谷翻。**振振公族**，屋韻。**于嗟麟兮**。比中有賦也。按：麐，漢石刻全似鹿，但一角直卓如浮圖，其端有肉，圓如柿實。《孝經右契》、《春秋感精符》皆言「麒雌一角，明海內之共一也」。陸佃云：「麐，似麇，圓頂，一角。故西狩獲麐，曰『有麕而角』也。《傳》曰：『麒似麟而無角。』按：《爾雅》曰：『驪如馬，一角；不角者，騏。』然則麒從騏省，不角故也。」《漢・終軍傳》云：「麐角戴肉，設武備而不為害，所以為仁。」或曰：麟肉角，鳳肉咮，皆示有武而不用也。麟之仁見於角，所以贊太姜也。太姜者，太王之妃，於文王之子則為曾祖母，

〔註 24〕《詩集傳》卷一《麟之趾》：「或曰：『有額而不以抵也。』」

所處益高，故取象於角。孔穎達云：「先言趾，次定、次角者，麟是走獸，以足而至，故先言趾，因從下而上，次見其額，次見其角也。」陸佃云：「始於趾，終於角，每況愈上。」「族」，謂三族也。三族者，父子孫三輩之親，則三代矣。自太王而下為王季，為文王，為文王之子，是三輩之族皆自太姜傳之，故主太姜而呼文王之子為公族也。羅泌云：「《禮小記》曰：『親親者，以三為五，以五為九。』是所謂九族者，夫人生則有父，壯則有子，父子與己，此《小宗伯》三族之別也。父者，子之祖，因上推之以及於己之祖。子者，父之孫，因下推之以及於己之孫。此《禮》傳之『以三為五』也。己之祖，自己子視之，則為曾祖王父；自己孫視之，則為高祖王父。己之孫，自己父視之，則為曾孫；自己祖視之，則為玄孫。故又上推以及己之曾、高，下推以及己之曾、玄，是所謂『以五為九』也。而或者謂高非己之所逮事，玄非己之所及見，且出一族則其所睦為不廣，於是執為異姓之說，以為父母妻之族合則為三別，則為九父之族別而四，母之族別而三，妻之族別而二。是不然。在《爾雅》，內宗曰族，母妻之族曰黨。父可以為黨，而妻與母不得謂之族也。《白虎通》云：『族者，湊也，聚也。恩愛相流湊也。生相親愛，死相哀痛，有會聚之道，故謂之族。』」「于嗟麟兮」，歎息，言太姜之仁亦如麟，故能傳世衍族皆賢如此也。《列女傳》云：「太姜貞順率道，靡有過失，廣於德教，而謀事次之。」

《麟之趾》三章。章三句。陸元朗云：「《序》本或直云《麟趾》，無『之』字。」《子貢傳》、《申培說》俱作《麟止》。〇《序》云：「《關雎》之應也。《關雎》之化行，則天下無犯非禮。雖衰世之公子，皆信厚如麟趾之時也。」愚按：所謂「《關雎》之應」者，謂后妃有關雎之德，故有「振振公子」之應。此但以詮首章之義可耳。其謂「衰世公子皆信厚如麟趾之時」者，鄭玄謂當文王與紂之時乃是衰世，而「關雎化行」、「公子皆信厚」與禮合，古太平致麟之時不能過也。此則指麟為瑞應，而以公子當麟瑞，於義迂矣。朱《傳》謂「文王后妃德脩於身，而子孫宗族皆化於善，故詩人以麟性仁厚，其趾亦仁厚，興文王后妃仁厚，故其子亦仁厚」。曰「定」、曰「角」，放此。夫一麟耳，而興文王，又興后妃，殊乖體物之義。《子貢傳》但云：「周人美公子之多仁也。」《申培說》亦云：「文王之子多仁賢，美之。」則第贊公子為麟足矣，分之為趾、為定、為角何居？味詩人立言之意矣。

殷其靁

《殷其靁》，憂文王也。文王囚於羑里，其臣相與救之。室家明於大義，從而思之。何以知為「憂文王」也？以「殷其靁，在南山」二語知之。靁者，紂威也。南山者，周地也。是詩也，其閎夭、太顛輩室家之為之歟？按：《竹書》：「帝辛二十三年，囚西伯於羑里。」桓譚《新論》云：「文王修德，百姓親附。是時崇侯虎與文王列為諸侯，德不及文王，常嫉妒之，乃譖文王於紂，曰：『西伯昌，聖人也。長子發、中子旦，皆聖人也。三聖合謀，君其慮之。』乃囚文王於羑里。」《史記》云：「紂以西伯昌、九侯鄂侯、為三公。九侯有好女，入之紂。九侯女不憙淫，紂怒，殺之而醢九侯。鄂侯爭之彊，辨之疾，並脯鄂侯。西伯昌聞之竊笑。崇侯虎知之，以告紂。紂囚西伯羑里。」又云：「崇侯虎譖西伯於殷紂曰：『西伯積善累德，諸侯皆向之，將不利於帝。』帝紂乃囚西伯。」《帝王世紀》云：「紂囚文王。文王之長子曰伯邑考，質於殷，為紂御。紂烹為羹，賜文王，曰：『聖人當不食其子羹。』文王食之。紂曰：『誰謂西伯聖者？食其子羹，尚不知也。』」《皇王大紀》云：「周之臣子日夜憂懼，謀所以救其君父者，無所不至。竭國中珍寶、良馬，使閎夭、太顛來獻。遣使四出，謀於牧伯及合〔註25〕諸侯。諸侯憂懼憤惋，入見，請從昌囚，乃召昌釋之。」《史記》云：「紂囚西伯於羑里，閎夭之徒患之，乃求有莘氏美女，驪戎之文馬，有熊九駟，他奇怪物，因殷嬖臣費仲而獻之紂。紂大說，曰：『此一物足以釋西伯，況其多乎！』乃赦西伯，賜之弓矢斧鉞，使西伯得專征伐。曰：『譖西伯者，崇侯虎也。』」《太平御覽》云：「文王四臣散宜生等周流海內，經歷豐土，得美女二人、白馬、朱鼠，以獻於紂，陳於中庭。紂立出西伯。文王在羑里時，演《易》八卦為六十四，作鬱尼之辭：『困於石，據於蒺藜。』乃申憤以作歌曰：『殷道溷溷，浸濁煩兮。朱紫相合，不別分兮。迷亂聲色，信讒言兮。炎炎之虐，使我愆兮。幽閉牢阱，繇其言兮。遘我四人，憂勤勤兮。』」又，《古今樂錄》「炎炎之虐」二句作「閻閻之虎，使我褰兮」，蓋謂崇侯虎也。四人，舊注謂太顛、閎夭、散宜生、南宮适也。王世貞云：「內文明，外柔順，俟命正志，生死不易，文王之德也。委曲萬變，以出其主而任其過，顛、夭之德也。文王之德，臣德也，身謀之也。顛、夭之德，亦臣德也，為君謀之者也。《巽》之九二曰：『巽在床下，用史巫紛若，

〔註25〕「合」，胡宏《皇王大紀》卷十《三王紀・紂》作「各」。

吉。』夫子贊之曰：『巽以行權。』嗚呼，至哉！」陳氏云：「或曰：『為人臣者亡道以免其君之危，則苟而可歟？』曰：『人臣以忠為其道。夫能忠以免其君，而何苟歟？吾聞之也，人臣之事君也，猶子之事其父也。為人子者不幸而其父之有過，苟可以全吾父，何弗用也？為人臣者不幸而其君之有患，苟可以免吾君，則何弗用也？瞽瞍殺人，臯陶執之。夫臯陶之執之也，則既已離於天子之司敗矣。而舜且勿恤也，竊負而逃。竊負而逃，非天子所以事其父，而舜為之，以救敗也。閎夭、散宜生之間以行其賂，而免文王於梏也，是亦竊負而逃之譬也。』或曰：『文王乃幸以免難歟？』曰：『文王何知焉。閎夭、散宜生之為之，而紂之出之也。其為之不知所以為，而其出之不知所以出，幸而出之，而文王固且曰天王之聖明也，又何怨焉？且吾聞之也，人臣之事君也，猶子之事其父也。昔者舜之祇載瞽瞍也，起居飲食未嘗不在側也，索而殺之則不可得，故曰小杖則受，大杖則走，孝也。文王之幸免患於紂，而受成於二三子之計也，是亦大杖則走之譬也。』」

殷其靁，灰韻。首末句相應為韻。陸德明本作「雷」。**在南山之陽。**韻。**何斯違斯，莫敢或遑。**陽韻。**振振君子，歸哉歸哉！**灰韻。〇興之比，又賦也。「殷」者，作樂之盛稱，故有盛大之義。張子厚云：「天地之氣，陰因陽。陽在內者不得出，則奮擊而為雷。」郝敬云：「比殷商也。」「南山」，周終南山。山南曰陽。雷發聲不在他處，而獨於南山之前後左右施其搏擊之威，以喻紂之偏與周為難也。時文王有羑里之厄，而其臣若閎、夭輩相與奔走出力以救之，其為之室家者偶聞雷聲殷殷然，感風雨將作，而念其君子，故即其事以起興。張敬夫云：「如鸛鳴婦歎之義，將風雨則思念行者也。」「何」者，疑念之辭。「何斯」之「斯」，「斯」，此人謂君子也。「違」，《說文》云：「離也。」「違斯」之「斯」，「斯」，此所謂室家也。「莫」之言「無」，蓋音近也。「遑」，《說文》云：「急也。」我君子辭室家而遠出，將以脫主於難，莫敢或急求畢事也。「振」，《說文》云：「舉救也。」所救之方不一，故曰「振振」。張子厚云：「勸使勉也。」或用權，或用術，然後可以出文王而使之歸周，而我之君子亦可與之俱歸矣，故曰「歸哉歸哉」。凝望之辭也。上「歸哉」，謂文王也；下「歸哉」，謂君子也。嚴粲云：「冀其畢事來歸而不敢為決辭，知其未可以歸也。」〇**殷其靁，**見上。**在南山之側。**職韻。豐氏本作「仄」。**何斯違斯，莫敢遑息。**職韻。**振振君子，歸哉歸哉！**見上。興之比，又賦也。孔穎達云：「上『陽』直云山南，此云側，不復為山南，三方皆是。」

毛《傳》云：「在其陰與左右也。」郝云：「『在南山之側』，天威不測也。」「息」，本喘息之義。人一呼一吸為息，故謂息為止。「莫敢遑息」者，莫敢求止息也。**○殷其靁**，見上。**在南山之下**。叶虁韻。後五翻。**何斯違斯，莫敢遑處**。叶虁韻。讀如取，此主翻。**振振君子，歸哉歸哉！**見上。○興之比，又賦也。鄭玄云：「下謂山足。」陸佃云：「語曰：『雷高弗雨。』雷在南山之下，則雨矣。」愚按：此以比紂怒將解也。「處」，《說文》云：「止也。」謂至家而安止也。首章言「莫敢或遑」，謂當宛轉相機以圖之。次章言「莫敢遑息」，謂當竭蹶趨事以圖之。此章言「莫敢遑處」，則紂怒已可挽回，歸期行且不遠，特不敢急遽求歸耳。文王之時，不獨為之臣者能篤忠貞，而其婦人亦能明於大義若此。

《殷其靁》三章。章六句。《子貢傳》謂「召公宣布王命，諸侯服焉，賦《殷其靁》」。《申培說》謂「武王克商，諸侯受命於周廟，出就終南之館，故作此詩」。然「何斯違斯」二語終非踊躍受命氣象。《序》以為「召南之大夫遠行從政，不遑寧處，其室家能閔其勤勞，勸以義也」，其於經之大義固無所害，而所謂「召南之大夫遠行從政」者，則亦不過因此詩在召南中，遂從而附會之耳。郝敬則云：「西伯率南國大夫以服事殷，故婦人以天威比王命，託詠殷靁，亦猶《汝墳》之『王室如燬』也。」語意差近，並存之。

騶虞

《騶虞》，美文王蒐田也。何以知其為蒐也？禮：四時之田，春曰蒐，夏曰苗，秋曰獮，冬曰狩。「彼茁者葭」，則春之時也。《左傳》曰：「密須之鼓，與其大路，文所以大蒐也。」此詩所言者，春蒐之事，意其即為彼之蒐與？若《六韜》言「文王齋三日，乘田車駕馬，田於渭陽，見太公，載與俱歸」。《史記》亦言「周西伯將出獵，卜之，曰：『所獲非龍非螭，非虎非羆。所獲伯王之輔。』於是西伯獵，遇太公於渭之陽。」據《書・無逸》篇稱「文王不敢盤於遊田」，其見於傳記者，惟此二役而已。然此詩唯詠獲豝豵，不侈得賢，則必非渭陽之田也。又，《周禮》：「射人以射法治射儀。王以六耦射三侯，三獲三容，樂以《騶虞》，九節五正。」《禮記・射義》為闡其說曰：「天子以《騶虞》為節，樂備官也。」倘亦以騶御、虞人無不在列，以充任使，故謂之備官歟？然此詩若詠文王，則固諸侯也，而天子用之為射節何居？蓋文王既追王，則亦天子矣。不然，如文王之辟廱亦何以為天子之學乎？

彼茁者葭，麻韻。**壹**《詩緝》、豐氏本俱作「一」。下同。**發五豝**。麻韻。**於**賈誼《新書》作「籲」**嗟乎**，虞韻。三字句。**騶**豐氏、《石經》本作「鄒」。**虞**！韻。二字句。舊叶麻韻。云即東方朔所謂騶牙者也。次章又叶東韻。同一虞字而兩其讀，不通甚矣。劉芳《詩疏》作「吾」。○賦也。「彼」者，徐鍇云：「據此之稱，謂彼之也，指葭言。」「茁」，《說文》云：「草初生出地貌。」葭，蘆，葦，又名華，一物四名。鄭玄云：「記蘆始生者，著春田之早晚。」《說文》亦以葭為「葦之未秀者」。「發」，發矢。《爾雅》云：「豕牝為豝。」一曰：豕二歲能相把拏也。見《周禮注》。《小爾雅》云：「大者謂之豝。」按：《廣雅》：「凡獸二歲，通名為豝。」據杜預解「春獵為蒐」，謂「蒐索擇取不孕者」。若云豕牝，則有孕道，當從二歲名也。《禮》曰：「無事而不田曰不敬。」《白虎通》云：「王者諸侯所以田獵，上以共宗廟，下以簡集士眾也。」《公羊傳》則以「春獵為苗」。舊說謂擇取不孕任者，若治苗去不秀實者。所以專取豝豵，以豝豵獨害稼。《郊特牲》迎虎為其食田豕，所以除春農之害也。「一發五豝」者，毛《傳》云：「虞人翼五豝以待公之發。」鄭玄云：「君射一發而翼五豝者，戰禽獸之命。必戰之者，仁心之至。」孔穎達云：「田獵有使人驅禽之義。《周禮》田僕『設驅逆之車』，驅之逆之，皆為殺也。不盡殺之，猶如戰然，故云『戰禽獸之命』也。」按：《易》「王用三驅」，褚氏、諸儒皆以為三面著人驅禽。必知三面者，禽惟有背己向己趣己，故左右及於後皆有驅之，即毛《傳》之所謂「翼」也。蘇轍云：「於君之射也，一發而虞人翼五豝以待之，此蕃之至也。然猶不敢盡取之，一發而已。」王應麟云：「『言私其豵，獻豜于公』，致禽之禮也。『悉率左右，以燕天子』，奉上之誠也。『彼茁者葭，一發五豝』，愛物之仁也。」嚴粲云：「止於一發仁心之至，不忍盡殺故也。」「騶」，《說文》云：「廄御也。」按：《月令》：「季秋，天子乃教於田獵，命僕及七騶咸駕。」鄭氏云：「七騶為趣馬，主為諸官駕說者也。」《左・成十八年》：「晉悼公使程鄭為乘馬御，六騶屬焉，使訓群騶知禮」，是騶為騶御也。「虞」者，掌山澤之官。《周禮》有山虞、澤虞。《左傳》：「周辛甲之為太史也，命百官官箴王闕」，有《虞人之箴》，即此虞也。君田獵則騶御及虞人咸在，故作詩者呼騶虞之官而歎美之。馮時可云：「美公之仁而及於掌鳥獸之官，猶詠王德而及於武夫，言非但其主仁，即其下亦能體上意而仁及於物，故吁嗟以歎之耳。」朱善云：「先儒所謂『舉一世而言，固無一人之不仁；舉一人而言，又無一事之不仁』者，惟此詩為然。」又，《周禮疏》引韓、魯說：「騶虞，天子掌鳥獸官。」賈誼《新書》云：「禮者，臣下所以承其上也。故《詩》云：『一發五豝，吁嗟乎，騶虞！』騶者，天子之囿也。虞者，囿之司獸者也。天子佐輿十乘，以明貴也；二牲而食，以優飽也。虞人翼五豝以待一發，所以復中也。人臣於是所尊敬，不敢以節待，敬之至也。甚尊其主，敬慎其所掌職，而志厚盡矣。作此詩者，以其事深見良臣順下之志也者，可以義矣，故其歎之也長。曰『吁嗟乎』，雖古之善為人臣者，亦若此而已。」愚按：騶為「天子之囿」，別無明文。據皇氏謂「天子馬有六種，種別有騶，又有總主之人，並六騶為七，故云七騶」，即趣馬之類是也。所以詠及於騶者，為其御馬以田。《車攻》之詩言「四黃既駕，兩驂不倚，不失其馳」，皆騶之能事，故及之耳。又，此詩詠愛物之仁，而賈說專言事上之敬，其指頗異。○**彼茁者蓬**，東韻。**壹發五豵**。東韻。**于嗟乎**，虞韻。**騶虞！**韻。○賦也。「蓬」，陸佃云：「蒿屬，草之不理者也。其葉散生如蓬，末大於本，故遇風輒拔而旋。雖轉徙無常，其相遇往往而有，故字從逢。」《說苑》云：「秋蓬惡於根本而美於枝葉，秋風一起，根且拔矣，是以君子務本也。」「豵」，《說文》云：「生六月豚。一曰一歲豵，尚叢聚也。」見《周禮・夏官》注。《小爾雅》云：「豕之大者謂之豣，小者謂之豵。」孔穎達云：「《七月》云：『言私其豵，獻豣于公。』《周禮・大司馬》職謂『大獸公之，小禽私之』。豵言私，明其小也。」又按：《爾雅》：「豕生三，豵；二，師；一，特。」郭璞云：「豬生子常多，故別其小者。」《鄭志》：「張逸問：『豕生三曰豵，不知母豕也？豚也？』答曰：『豚也。過三以往，猶謂之豵。以自三以上，更無名也，故知過三亦為豵。』」然則豵蓋豕之小而多者也。季本云：「豝大故藏於葭，豵小故藏於蓬。」陸佃云：「葭，澤草。蓬，陸草。」「豝，把豝。豵，叢聚。皆蕃之意也。葭茁於下，蓬茁於上。豝獲於前，豵獲於後。以言上下草木鳥獸繁殖。」〔註26〕呂祖謙云：「彼茁者葭，彼茁者蓬。記蒐田之時，蓋曹子桓所謂『句芒司節，和風扇物，草淺獸肥』之時也。『壹發五豝』、『壹發五豵』，獸之多而取之鮮也。反三隅而觀之，則天壤之間和氣充塞，庶類繁殖，交於萬物有道，而恩足以及禽獸者，皆可見矣。」馮時可云：「獸五惟一發者，不忍盡殺，仁心如是。而宋儒以為中必疊雙，是後世之巧射窮兵黷武者所為，非三代之禮射矣。」至以謂四矢為一發，偶一矢疊雙乃得五，尤附會可笑。

〔註26〕分見《埤雅》卷十五《釋草・蓬》、卷五《釋獸・豝》。

《騶虞》二章。章四句。舊皆作章三句。○《序》以為「《鵲巢》之應也。《鵲巢》之化行，人倫既正，朝廷既治天下，能被文王之化，則庶類蕃殖，蒐田以時，仁如騶虞則王道成也。」先儒泥「仁如騶虞」之說，遂鑿空指一獸名之騶虞，以為國君如之。又泥於《麟趾》為《關雎》之應、《騶虞》為《鵲巢》之應，則曰「意者文王之時，二物應感而至，故詩人以發興」，益無稽甚矣。按：騶虞為獸名，見於《周書・王會》。毛氏以騶虞為「義獸，白虎黑文，不食生物」，後世皆祖其說。如司馬相如《封禪文》云：「囿騶虞於珍群」；其頌曰：「般般之獸，樂我君囿。白質黑章，其儀可喜。旼旼穆穆，君子之態。」吳薛綜《頌》曰：「婉婉白虎，憂仁是崇。饑不侵暴，困不改容。斂威揚德，君子之風。」陸機云：「騶虞尾長於軀，不食生物，不履生草，應信而至。」陸佃云：「騶虞，西方之獸，其色見於白，其文見於黑，又名之曰虎，則宜正以殺為事。今反不履生草，食至死之肉，蓋仁之至也。」諸家考較形似，別白聲象，若真見其物然者。愚獨有以斷其不然。蓋《爾雅》乃《詩》詁，其《釋獸》中無騶虞也。又，漢武帝時，建章宮後有異物出焉，其狀如麋。東方朔云：「此騶牙也。」或以為即騶虞。既屬附會。而《淮南子》言「散宜生得騶虞、雞斯之乘，獻紂。」《尚書大傳》云：「散宜生等之於陵取怪獸，尾倍其身，名曰虞。」蓋騶虞也。《山海經》云：「林氏有珍獸，大若虎，五采畢具，尾長於身，其名騶吾，乘之日行千里。」《六韜》云：「紂囚文王，閎、夭之徒詣林氏國，求得此獸獻之，紂大悅，乃釋之。」張華亦云：「騶虞具五采，乘之日行千里。」詳上數說，則騶虞乃馬類，是皆不足信。《墨子》謂成王之樂，命曰《騶吾》。或疑為即此詩《騶虞》，然別無所見。《琴操》則云：「《騶虞》，邵國之女所作也。古者役不踰時，不失嘉會。邵國之大夫久於行役，故作是詩也。」陳暘《樂書》亦載古琴曲，謂《騶虞》，召國女怨失嘉會而作。審爾不過閨門怨詩耳，有何關係？

行露

《行露》，召伯聽訟也。衰亂之俗微，貞信之教興，彊暴之男不能侵凌貞女也。出《序》。○劉向《列女傳》云：「召南申女者，申人之女也。既許嫁於酆，夫家禮不備而欲迎之，女與其人言，以為夫婦者，人倫之始也，不可不正。《傳》曰：『正其本則萬物理，失之毫釐，差之千里。是以本立而道生，源潔而流清。』故嫁娶者，所以傳重承業，繼續先祖為宗廟主也。夫家輕禮違制，不可以行，遂不肯往。夫家訟之於理，致之於獄，女終以一物不具，一禮不備，守節持義，必死不往。而作詩曰：『雖速我獄，室家不足。』言夫家之禮不備足也。君子以為得婦道之儀，故舉而揚之，傳而法之，以絕無禮之求，防淫慾之行焉。又曰：『雖速我訟，亦不女從。』此之謂也。」《韓詩外傳》同。按：文王既滅崇後，始作邑於酆。酆本崇地，此女為酆人所訟。意者在文王初作邑之時，而文王使召伯聽之乎？黃氏云：「周家貞信之教興，而商人衰亂之俗未殄，此如一陽來復之時，而五陰猶未遜陽而卻退也。」《申培說》亦以為「強委禽而不受，至於興訟，大夫以禮斷之，而國史美之」。

厭浥陸德明本作「挹」。**行露，**遇韻。《易林》作「路」。**豈不夙夜？謂**豐氏本作「畏」。**行多露。**露、露相應為韻。○比也。「厭浥」，毛《傳》云：「濕意也。」愚按：《說文》：「厭，笮也。」笮者，壓也。浥，濕也。言壓此濕於道上。「行露」者，道上之露也。「夙」，早也。謂行多露，畏其沾濡也。蘇轍云：「二南當文王與紂之世，淫風之被天下，如露之濡物。召南之女被文王之化，能以禮自保，故其稱曰：行者未嘗不欲夙夜也。謂道之多露，是以不敢。女子未嘗不欲從人也，謂世之多強暴，是以不可。女子之所以自保如此。」《左・僖二十年》：「楚鬬谷於菟帥師伐隨，取成而還。君子曰：『隨之見伐，不量力也。量力而動，其過鮮矣。善敗繇己，而出人乎哉？《詩》曰：豈不夙夜？謂行多露。自守之謂也。』」襄七年，「晉韓獻子告老，公族穆子有廢疾，將立之。辭曰：『《詩》曰：豈不夙夜？謂行多露。』」杜預《注》云：「言豈不欲早暮而行，懼多露之濡己，以喻違禮，而行必有污辱。」○**誰謂雀無角，**覺韻。亦叶屋韻，盧谷翻。**何以穿我屋？**韻。亦叶覺韻，乙角翻。**誰謂女**音汝。下同。**無家，何以速我獄？**沃韻。**雖速我獄，室家不足。**沃韻。○比而賦也。「謂」，猶言也。「雀」，小鳥。陸佃云：「雀，物之淫者。鼠，物之貪竊者。故《詩》言雀角、鼠牙，以譬強暴。師曠《禽經》云：『雀交不一，雉交不再。』」「穿」，《說文》云：「通也」，其字「從牙在穴中」。「屋」，《說文》云：「居也。」「家」，即「室家」之「家」。夫婦合則成家。「速」，《爾雅》云：「征也。」「獄」，毛《傳》、《說文》皆云「确也」，字「從㹜從言。二犬，所以守也」。孔穎達云：「囚證於角核之處。《周禮》謂之圜土。然則獄者，核實道理之名。皋陶造獄謂此也。」此女言誰敢謂雀但有味而無角，果爾，何故能穿我之屋也？見雀之穿屋，則信為有角矣。誰敢謂汝與我無室家之道，果爾，何故而致我於獄也？見汝之致我於獄，則信為家，汝所應有矣。下章放此。然雖，致我於獄而室家之禮實有未備者，不可掩也。《韓詩外傳》謂「行露之女許嫁矣，然見一物不具，一禮不備，則不肯往，以著其守貞之至」。觀「室家不足」之言，可見非謂全無媒聘也。或云：角乃嘴之銳而鉤者，凡鷙鳥皆有之。未詳所出。「室家不足」，即亦不女從之意，言欲求與我為室家，恐未能也。亦通。○**誰謂鼠無牙，**麻韻。**何以穿我墉？**冬韻。**誰謂女無家，**麻韻。按：前章上二句自為韻，此則取牙與家、墉與訟隔句為韻。朱《傳》以前章家字叶音谷，此章家字叶各空反，一字兩讀，恐無此理。**何以速我訟？**叶冬韻，祥容翻。**雖速我訟，亦不女從。**冬韻。○比而賦也。「鼠」，穴蟲也。「牙」，《說文》云：「牡齒也。」徐鍇云：「比於齒為牡也。」按：鼠有齒而無牙。《爾雅》云：「牆謂之墉。」「訟」，《說文》云：「爭也。」字從言從公，言之於公也。按：《周禮》司寇職「兩造禁民訟」、「兩劑禁民獄」對文，《注》謂「訟，以財貨相告者。獄，相告以罪名。」此詩無財罪之異，重章變其文，先獄後訟者，謂先繫之於獄而後實對也。陸佃云：「雀角、鼠牙，皆言以無為有，似是而非也。」「從」，《說文》云：「相聽也。」蘇轍云：「知其室家之道不足而終不之從者，召公明於聽訟也。」劉公瑾云：「此詩貞女，乃《訟》之初六；強暴之男，則《訟》之九四也。初六陰柔，不終於訟，而九四以剛不中正應之，貞女自守，非所以召訟，而男子以強暴凌之。然曰『室家不足』，則初六之辨明矣。曰『亦不女從』，則九四不克訟矣。所以能然者，以有召伯為九五之大人也。」

《行露》三章。一章三句，二章章六句。王雪山謂：「暴男侵貞女，女固可尚，男為何人，豈王化獨及女而不及男耶？」意此必衰世之詩，錄其女之不苟隨耳。按：王之疑亦是。顧不知酆乃崇侯虎之地，蓋染於崇侯之惡而然也。若朱《傳》但謂「南國之人遵召伯之教，服文王之化，有以革其前日淫亂之俗」，則此女性本守貞而非淫亂者，乃謂因文王、召伯之教化而始變其舊習，冤矣。《子貢傳》有闕文，今不錄。

菁菁者莪

《菁菁者莪》，樂育材也。出《序》。**其作於文王初立辟廱之日乎？**《竹書》紀「帝辛三十七年，周作辟廱」。按：周自文王都豐之後，始建辟雍，其後武王仿之，故鎬京亦有辟廱焉。詩之作，必美其所自始，故知《菁菁者莪》為文王詠也。《序》以為「樂育材」者，得之。而更衍之曰「君子能長育人材，則天下喜樂之矣」，愚謂「天下」二字似汎。此詩蓋作於入學鼓篋者，非作於圜橋觀聽者耳。又，鄒忠胤因詩中「樂且有儀」之句，疑笙詩《由儀》即此。

菁菁《文選注》作「蓁蓁」。《集韻》作「蓱蓱」。豐氏本作「青青」。下同。**者莪，**歌韻。**在彼中阿。**歌韻。**既見君子，樂**音絡。**且有儀。**叶歌韻，牛何翻。○興也。陸佃云：「艸之初生，其色玄，盛則乃青，霜死而後黃落，故菁之文從青。《詩》曰『何草不玄』，以言其生；『何草不黃』，以言其死也。」重言「菁菁」者，不一菁也。「莪」，草名。《爾雅》云：「蘿也。」《說文》云：「蘿，莪也。蒿屬。」郭璞云：「今莪蒿也，亦曰藁蒿。」藁之為言高也。舍人云：「一名蘿蒿，一名角蒿。」陸璣云：「生澤田漸洳之處，葉似邪蒿而細，科生。三月中，莖可生食，亦可蒸，香美，味頗似蔞蒿。」《本草注》云：「莖葉如菁蒿，開淡紅紫花，結角子，長二寸許，微彎。」陳藏器云：「生高岡，宿根先於百草。」馮振宗云：「陸以為生澤田，陳藏器以為生高岡，今以詩文證之，陵阿則高地也，沚則水中也。然則澤田、高岡俱有莪矣。」郝敬云：「蒿易長，俄然而成，故名莪。小曰莪，大曰蒿。《諺》云：『三月茵陳四月蒿。』言易長也，故比育材。」嚴粲云：「莪雖微物美而可食，故以喻人材。」「中阿」，毛云：「阿中也。」「中沚」、「中陵」放此。「阿」有二義，《說文》云：「大陵也。一曰曲阜也。」按：阿既陵之大者，不應至第三章始言「在彼中陵」，似非立言之序，宜依後說為正。大陸曰阜，其曲處名曰阿。及至大阜，始曰陵耳。《詩．綿蠻》篇以「丘阿」與「丘隅」、「丘側」並稱，解者亦謂是「丘之曲中也」，可知曲乃阿之本義。羅願云：「莪，水中所生，陵阿亦通有之。此雖可食之菜，然彼中阿、沚、陵有在者焉而未採，蓋育之而使成也。亦地之良者善養物，君之仁者善養士，故以為能長育人材焉。」鄧元錫云：「天之生材也實難，群之，師儒教之學，育之，俾自得其性成之也。中阿長莪，菁菁然似之，故以起興。」愚按：中阿為人所不見之地，興士之藏脩於國學，無慕人知也。「既見」，幸辭也。豐熙云：「始未見而今見之也。」「君子」，指文王也。後放此。鄧云：「學不樂不安，儀不度不成。遜業樂群，親師而安友，樂學也。容貌比禮，動作卒度，有儀也。其中心和樂，外貌莊敬而嚴威者與？其成也懌矣，然非良師儒不任。施悖求拂，將苦其難，不知其益，隱其學，且疾其師，豈有育哉？」按：《詩．小序》云：「《菁菁者莪》廢，則無禮儀矣。」

呂氏云：「長育人材之道，固多術矣，而莫先於禮儀。禮儀者，內外兼養，非心過行，無所從入，此人材所以成也。」徐幹云：「先王之欲人之為君子也，故立保氏掌教六藝：一曰五禮，二曰六樂，三曰五射，四曰五御，五曰六書，六曰九數。教六儀：一曰祭祀之容，二曰賓客之容，三曰朝廷之容，四曰喪紀之容，五曰軍旅之容，六曰車馬之容。大胥掌學士之版，春入學，舍菜，學萬舞；秋班學，合聲，諷誦講習，不解於時。故《詩》曰：『菁菁者莪，在彼中阿。既見君子，樂且有儀。』既修其質，且加其文。文質著然後體全，體全然後可登乎清廟而可羞乎王公君子者，表裏稱而本末度者也，故言貌稱乎心志，藝行度乎德行，美在其中，而暢於四支，純粹內實，光輝內〔註 27〕著。故賓玉之山，土木必潤；盛德之士，文藝必眾。」又，《左・文三年》：「公如晉，及晉侯盟。晉侯饗公，賦《菁菁者莪》。莊叔以公降，拜曰：『小國受命於大國，敢不慎儀？君貺之以大禮，何樂如之！抑小國之樂，大國之惠也。』」昭十七年，「小邾穆公來朝，公與之燕，季平子賦《采菽》，穆公賦《菁菁者莪》。」皆斷章取義，無與詩旨。〇**菁菁者莪，在彼中沚**。紙韻。**既見君子，我心則喜**。紙韻。〇興也。「沚」，解見《采蘩》篇。羅願云：「莪即古之蘩。《釋草》曰：『蘩之醜，秋為蒿。』以醜言之，則其類多矣。春時雖各有種名，至秋老成，皆通呼為蒿。今莪謂之莪蒿，又謂之蘿蒿，又謂之藁蒿，然則可謂蘩之醜矣。又，莪在中沚，即與「于沼于沚」、「澗溪沼沚之毛」所在符合。《釋草》曰：『莪蘿。』《釋蟲》又曰：『蛾羅。』字異而音皆同，謂蠶蛾也。莪豈有用於蠶，故同其兩名耶？古蘩、皤蒿以為可以生蠶，莪亦當爾，故曰莪即蘩也。」孔穎達云：「養莪者，以沚則有水之潤，得於中而長遂也。」郝云：「菁菁者莪，在彼小渚之沚。多士灑濯，亦猶此也。」愚按：辟廱之制，以水環之，其形似沚，故以中沚為興。「喜」，《說文》云：「樂也。」徐鍇云：「口壴為喜。」壴者，陳樂立而上見。人心之悅，則其面目料然而變，知其喜也。「我心則喜」者，因育材之有地，喜己材之得成也。〇**菁菁者莪，在彼中陵**。蒸韻。**既見君子，錫我百朋**。蒸韻。〇興也。大阜曰陵。莪在中陵，則人皆得見之矣。士之材已成就，而為人所共瞻仰者，其象如之，故以為興。「錫」，通作「賜」，《說文》云：「予也。」「朋」，即朋友之朋。《周禮注》云：「同師曰朋，同志曰友。」按：《說文》「朋」本古「鳳」字，象形。鳳飛，群鳥隨以萬數，故以為朋黨字。「錫我百朋」者，辟廱之中，人材所聚，新至

〔註 27〕「內」，儒藏本據《中論》卷上改為「外」。按：原出《中論・藝紀第七》。

者得於斯取友焉，喜其受益之多，故本其所自而以為君子之錫我也。「百」者，舉成數之大名，言其多耳。《王制》云：「樂正崇四術，立四教，順先王《詩》、《書》、《禮》、《樂》以造士。春秋教以《禮》、《樂》，冬夏教以《詩》、《書》。王大子、王子、群后之大子、卿、大夫、元士之適子、國之俊士皆造焉。凡入學以齒。」所謂「百朋」也。又按：《詩》之「朋尊」，以兩尊為朋；《易》之「十朋」，以兩貝為朋。皆取兩兩相偶之義。舊說解百朋，但放十朋之說，而鄭《箋》且以「五貝為朋」。今按：《漢書·食貨志》有五種之貝，大貝四寸八分，二枚為一朋，直二百一十六；壯貝三寸六分以上，二枚為一朋，直五十；麼貝二寸四分，二枚為一朋，直三十；小貝寸二分以上，二枚為一朋，直十；不成貝，不盈寸二分，漏度，不得為朋，率枚值錢三。是為貝貨五品。貝雖五品，惟大貝、壯貝、麼貝、小貝四品，各以二枚相與為朋。其不成貝者，但數枚而用。鄭混謂「五貝為朋」，非也。然五貝乃王莽所制。據《鹽鐵論》謂用貝起於夏后氏，又周亦有泉貝，未知其法何如。貝中肉如科斗，而有首尾，以其背用，故謂之貝。今如依舊說，則「錫我百朋」者直謂群賢麗澤，所益實多，如獲貝朋之眾耳。亦通。**○汎汎楊舟，**尤韻。**載沉載浮。**尤韻。**既見君子，我心則休。**尤韻。○興而比也。「汎」，《說文》云：「浮貌。」以下文觀之，浮而沉，沉而復浮，故曰「汎汎」。「楊舟」，以楊木為舟也。楊性堅勁，故可為舟。「載」之言「則」，蓋音近也。黃震云：「『載沉載浮』者，言舟泛泛水中，或上或下，不定之貌。」吳師道云：「沉者，持揚之勢，非沒溺也。」「楊舟」，以比賢士。《書》曰：「若濟巨川，用汝作舟楫。」虛舟汎汎，則沉則浮，將以待問渡者，即賢士待用之況也。「休」，從人依木。朱子云：「言安定也。」「既見君子」，則將論定而官，任官而爵，不患成材而不見用，我心於是乎安定也。按：《文王世子》篇云：「凡語於郊者，必取賢斂材焉。或以德進，或以事舉，或以言揚。」當時文王作人之法如此。先儒謂辟雍尚仍殷制在郊，於此論課學士材能，故曰語於郊云。

《菁菁者莪》四章。章四句。朱《傳》以為「燕飲賓客之詩」。《子貢傳》則云：「所以燕賢也。」《申培說》謂「天子燕賓興之士，則歌此詩」。陳氏疑為「天子行禮於學校〔註28〕，燕飲而歌此詩」。今按：詩中殊無言及燕飲之事，但以有「歸美君子」之辭，則雖燕饗通用，無不可者，非為燕飲作也。

〔註28〕「校」，底本作「較」，據四庫本改。

汝墳

《汝墳》，商人苦紂之虐，歸心文王，而作是詩。出《申培說》。○《子貢傳》亦云：「受辛無道，商人慕文王而歸之，賦《汝墳》。」按：汝旁去紂都朝歌不遠，至是皆歸心於文王，則不止三分有二而已。王弼《易注》曰：「周室陶復，而有《汝墳》」，足為此詩明據。鄒忠胤云：「《竹書》紀『帝辛三十九年，大夫辛甲出奔周。』《汲冢周書》曰：『殷內史摯見紂之愈亂迷惑也，於是載其圖法歸之周。』此與夏癸之世，太史令終古出奔商、費伯昌出奔商者如同一轍。」即是推之，奔周奚止一辛甲、一內史摯哉？

遵彼汝墳，《漢書注》、《爾雅注》、豐氏本俱作「濆」。按：《爾雅》：「江有沱，河有灉，汝有濆。」濆者，汝別也。《水經注》云：「汝水又東南徑奇雒城西北，今南潁川郡治也，濆水出焉，世亦謂之大㶏水。其下夾水之邑，猶流汝陽之名，是或濆、㶏之聲相近矣。」孔穎達云：「彼濆從水，此墳從土。伐薪宜於厓岸大防之上，不宜在濆汝之間。」**伐其條枚。**叶支韻，謨悲翻。**未見君子，惄**《韓詩》作「愵」。陸德明本作「惄」。**如調**《說文》、豐氏本俱作「輖」。《韓詩》作「朝」。**飢。**支韻。《說文》作「饑」。○興而賦也。「遵」，《說文》云：「循也。」「汝」，水名。《說文》云：「在弘農盧氏。」《水經》以為「出河南梁縣勉鄉西天息山，至原鹿縣，南入於淮」。《地理志》以為「出高陵山」。酈道元云：「即猛山也。亦言出南陽魯陽縣之大盂山，又言出盧氏縣還歸山。《博物志》云：『汝出燕泉山。』並異名也。余以方志參差，遂令尋其源流。今汝水出大盂山黃柏谷，岩嶂深高，山岫邃密，石徑崎嶇，人跡裁交，西即盧氏界也。」朱子云：「汝出天息，徑蔡穎州入淮。」《爾雅》云：「墳，大防。」李巡云：「謂崖岸狀如墳墓，名大防也。」《周禮注》云：「水厓曰墳。」故《楚辭》云：「登大墳以遠望。」則此《汝墳》謂汝水厓之高土，或謂即陶丘鄉是也。《一統志》云：「汝墳城在河南南陽府葉縣境內。」「條」，小枝也。「枚」，幹也。俱見《說文》。戴侗云：「條，枝之脩達者也。枚，條之摶直者也。」徐鍇云：「條自枝而出，枚自條而出。」愚按：條枚謂條之枚，條以況諸侯，枚以況諸侯之臣。如都大夫、邑宰之屬。時商紂暴虐，臣下化之，亦相與為暴虐，汝旁之民不勝其長吏之苦，故欲遵汝墳以伐去其條枚，蓋寓言也。《商頌》言「苞有三蘖」，曰苞曰蘖，亦與言條枚同意。「君子」，指文王〔註29〕也。

〔註29〕「王」，四庫本作「玉」。

「惄」，據《爾雅》、《說文》，兼飢餓、憂思二義。孔穎達云：「惄之為訓，本為思耳。但飢之思食，意又惄然，故又以為飢。惄是飢之意，非飢之狀。」故舍人云：「恚而不得之思也。」「調」，《說文》云：「和也。」人飢餓最難忍，思之之切，如急欲和解其饑，有不能須臾待者。蓋歸心文王之甚如此。〇**遵彼汝墳，伐其條肄**。寘韻。**既見君子，不我遐棄**。寘韻。〇興而賦也。「肄」，毛《傳》云：「餘也。斬而復生曰肄。」《詩詁》云：「蘖也。」孔云：「《左傳》：『晉國不恤宗周之闕，而夏肄是屏。』又曰：『杞，夏餘也。』是肄為復生之餘也。」「伐其條肄」，謂伐去其條枚之已斬而復生者，以時長吏不恤其民。前人雖去，後人復然，故以「條肄」擬之。「既」者，已事之辭。「遐」，《說文》云：「遠也。」「棄」，《說文》云：「捐也。」言文王不以我所居遠於周地而有棄我不恤之意也。時蓋文王以修職貢之故，往來於商，汝墳之人得見而喜之如此。〇**魴魚赬**《說文》作「䞓」。**尾，王室如燬**。叶紙韻，虎委翻。《字書》、薛君《章句》俱作「焜」。《列女傳》作「毀」。下同。**雖則如燬，父母孔邇**。紙韻。〇興之比，又賦也。「魴」，魚名。解見《魚麗》篇。「赬」，本作「䞓」，《說文》云：「赤色也。」《爾雅》云：「再染謂之赬。」郭璞以為淺赤〔註30〕也。《養生經》云：「魚勞則尾赤，人勞則髮白。」張子云：「謂水淺，魚搖尾多，則血流注尾，故尾赤也。」孔穎達云：「魴魚之尾不赤，故知勞則尾赤。《左傳》：『如魚赬尾，衡流而方羊裔焉。』鄭氏謂『魚肥則尾赤，以喻蒯聵淫縱。』不同者，此自魴魚尾本不赤，赤故為勞也。」羅願云：「二說雖不同，然魚肥則不耐勞，不耐勞則尾易赤。以魴言之，其體博大而肥，不能運其尾，加之以衡流，則其勞甚矣，宜其尾之赬也。蓋《詩》之赬尾，以喻周臣下之勞；《左氏》之赬尾，則有志大心勞之象。」《說文》以魴為「赤尾魚」，非是。「王室」，指紂。「燬」，《爾雅》、《說文》皆云：「火也」。以物入火中即毀壞，故言燬也。又按：齊人謂火曰燬，楚人名曰燥，吳人曰焜。此方語各不同。「如燬」，言紂政酷烈，如火焚物也。潘岳賦有云「環四海以為鼎，跨九垠以為壚。爨以毒燎，煽以虐焰」，「如燬」之謂也。「父母」，亦指文王。「孔」，甚也。按：孔本訓「通」。相傳訓「甚」者，以大通之極，則有甚之意也。「邇」，《說文》云：「近也。」汝旁去周殊遠，而云「孔邇」者，人遠而澤近也。石介云：「言王室雖酷烈，民不堪其苦，文王之化行乎汝墳之國，被文王之德厚，戴之如父母也。《詩》曰：『愷悌君子，民之父母。』《春秋傳》曰：『愛之如父

〔註30〕按：《爾雅・釋器第六》：「再染謂之赬。」郭璞《注》：「淺赤。」

母。』」蘇轍云:「文王三分天下有其二,以事紂,周德雖廣,而紂之虐如將焚焉。民之被其害者,如魚之勞於水也。然而有文王以為之父母,可以無久病矣。」張氏云:「勞苦之極,從而寬之,曰王室雖如燬,而文王在邇,有以恤我也。玩此詩,則民心雖怨乎紂,而尚以周之故,未至於泮散也。是文王以盛德為商之方伯,與商室繫民心而維宗社者也,其德可不謂至乎?」

《汝墳》三章。章四句。《序》謂「道化行也。文王之化行乎汝墳之國,婦人能閔其君子,猶勉之以正也」。朱《傳》從之。《韓詩》則以為「辭家也」,而劉向《列女傳》則云:「周南之妻,周南大夫之妻也。大夫受命,平治水土,過時不來,妻恐其懈於王事,蓋與其鄰人陳素所與大夫言:『國家多難,惟勉強之,無有譴怒,遺父母憂。昔舜耕於歷山,漁於雷澤,陶於河濱,非舜之事而舜為之者,為養父母也。家貧親老,不擇官而事;親操井臼,不擇妻而娶。故父母在,當與時小同,無虧大義,不罹患害而已。夫鳳凰不罹於蔚羅,麒麟不入於陷穽,蛟龍不及於枯澤,鳥獸之智猶知避害,而況於人乎!生於亂世,不得道理,而迫於暴虐,不得行義。然而仕者,為父母在故也。』乃作詩曰:『魴魚赬尾,王室如毀。雖則如毀,父母孔邇。』蓋不得已也。君子於是知周南之妻而能匡夫也。」薛君《章句》亦云:「魴魚勞則尾赤,君子之勞苦則顏色變。以王室政教如烈火矣,猶觸冒而仕者,以父母甚迫近飢寒之憂,為此祿仕。」後漢周磐誦《詩》,至《汝墳》之卒章,慨然而歎,乃解韋帶,就孝廉之舉。諸說雖不同,總之皆以為婦人詩耳。細玩詩詞,終覺蒙繞不像。且於「父母孔邇」一句,尤自難通。今但以君子、父母皆屬文王,則前後文義暢然明白,不勞辭費。況是詩本載《周南》中,其為文王而作,復何疑乎?

魚麗

《魚麗》,萬物盛多,能備禮也。出《序》。**文王暮年,三分有二。國家富極之時,無事而飲酒,則歌此詩**。出方回《續古今考》。○飲賓客而賦多魚,當是據沼上所見。《竹書》紀「文王四十年,作靈臺」,而囿沼亦同時並作,故其詩曰「王在靈沼,於牣魚躍」。《孟子》曰:「文王以民力為臺為沼,而民歡樂之,樂其有麋鹿魚鱉。」而《楚語》:「伍舉曰:『先王之為臺榭也,官僚之暇,於是乎臨之。』」意《魚麗》之詩,其即作於此時與?又按:《頌·潛》之詩曰:「猗歟漆沮,潛有多魚。有鱣有鮪,鰷鱨鰋鯉。」此詩言鱨鰋鯉與彼同,而不及鱣鮪者,鱣鮪大魚,惟漆沮大水有之,非寡婦之笱所能容，可知此詩為靈沼詠，不為漆沮詠也。《儀禮・鄉飲酒》及《燕禮》於笙入奏《南陔》、《白華》、《華黍》之後，間歌此詩，而笙《由庚》。間者，代也，言一歌一吹也。朱子本此，故以為「燕饗通用之樂歌」。

魚麗于罶，有韻。朱子云：「罶、酒，鯊、多，隔句協韻。」後仿此。**鱨鯊**。叶歌韻，桑何翻。**君子有酒**，有韻。**旨且多**。歌韻。○興也。魚以興賓客。「麗」，毛《傳》云：「歷也。」按：《易》云：「離，麗也。」此麗當即是離義，如《小過》卦「飛鳥離之」之「離」。「罶」，《說文》云：「曲梁寡婦之笱。魚所留也。從網、留，留亦聲。」《爾雅》云：「凡曲者為罶。」又云：「嫠婦之笱謂之罶。」按：曲，蠶薄也。通作「簿」，所以養蠶器。郭璞云：「凡以薄取魚者名為罶。」孔穎達云：「以簿為魚笱，其功易，故號之寡婦笱耳，非寡婦所作也。」一說：《詩詁》云：「罶乃曲梁之笱，非曲梁也。古者獺祭魚，然後虞人入澤梁。川澤之利，不使人得專之。惟寡婦家，上所矜閔，使得織曲薄，絕水為梁，以笱承之，以時得魚，若遺秉滯穗之意。」黃震云：「王雪山謂後世有魚麗之陣，陣凡五，每陣又各有五，敵入其中者無有不著。然則罶者，曲薄也，雖不盡與陣法相似，而曲薄周匝，魚之入其中者亦無得而脫也。為魚麗之陣，其殆取《魚麗》之詩之義乎？」馮時可云：「此以興主人禮意綢繆，曲折不疏薄也。」鱨、鯊、魴、鱧、鰋、鯉，皆魚名。孫鑛云：「兩字承四字，句法同《九罭》。」「鱨」，魚之大者。《說文》、毛《傳》皆以為揚也。孔云：「徐州人謂之揚。」陸佃云：「今黃鱨魚是也。性浮而善飛躍，故曰揚。一名黃揚。舊說其膽，春夏近下，秋冬近上。」陸璣云：「似燕頭魚，身形厚而長大，頰骨正黃，魚之大而有力解飛者。今江東呼為鱨魚，一名黃頰魚。尾微黃。大者長尺七八寸。」按：《家語》：「宓子賤仕魯，為單父宰，孔子使巫馬期往觀政焉。見斂得魚輒捨之。期問焉。斂者曰：『魚之大者名為鱒鱨，吾大夫愛之。其小者名鱦，吾大夫欲長之。是以得二者輒捨之。』」以此證鱨為大魚之名也。「鯊」，魚之小者。《爾雅》以為鮀。陸璣云：「吹沙也。似鯽魚，狹而小，體圓而有黑點，常張口吹沙。」陸佃云：「鯊性善沈，大如指，狹圓而長，常沙中行，亦於〔註31〕沙中乳子。故張衡云『懸淵沈之鯊鰡』也。鰡，亦鯊屬，俗言鯊性沙抱。《異物志》曰：『吹沙長三寸許，背上有刺，螫人。』」羅願云：「鯊非特吹沙，亦止食細沙。其味甚美。大者不過二斤，然不若小者

〔註31〕「於」，四庫本作「與」。陸璣《詩疏》作「於」。

之佳。今人呼為重脣，〔註32〕厚特甚，有若蛙黽，故以為名。今江南小溪中，每春，鯊至甚多，土人珍之。夏則隨水下。自是以後，時亦有之，然亦罕矣。春來復來，大抵正月輒至，魚之最先至者。」戴侗云：「鯊生淡水中者，附沙而游，噞喁輒吹沙，小魚也。海中所產，以其皮加〔註33〕沙而得名，哆口，無鱗，胎生，其類尤多。大者伐之盈舟。」按：鯊不一種。有虎頭鯊，能化虎；有蛟鯊，似蛟而鼻長，皮可飾劍；有湖鯊，背上有沙，炮去謩鬣外皮，有絲可作膾，瑩若銀絲。皆所謂海鯊，非此鯊也。準《爾雅》之文，知此鯊乃小魚耳。燕饗之禮，卿大夫士皆得與，位有大小，故以鱨鯊起興。「君子」，指主人。「旨」，美也。酒味既旨而又多，可以遍及與燕之人矣。劉公瑾云：「樂工極道主人所薦之物如此，以見優賓之意。」朱子云：「道主人意以答賓，如今宴飲致語之類。」舊說不達興意，直以魚為燕饗所薦之羞，且云「古人以魚為重」〔註34〕，又云「北方牛羊多而魚少，故舉其貴者言之」，其迂鄙可笑有如此者。〇**魚麗于罶，魴鱧**。叶紙韻，讀如履，兩幾翻。**君子有酒，多且旨**。紙韻。〇興也。魴、鱧，皆魚之美者。陸佃云：「魴，一名魾，比今之青鯿也。《郊居賦》曰：『赤鯉青魴，細鱗縮項。』闊腹，蓋弱魚也。其廣方，其厚褊，故一曰魴魚，二曰鯿魚。魴方鯿扁也。」陸璣云：「今伊雒濟穎魴魚也，廣而薄，肥恬而少力。」羅願云：「縮頭，空脊，博腹，色青白而味美。」按：《說苑》云：「魴博而味厚。」《大雅》美韓國曰：「魴鱮甫甫。」《陳風》曰：「豈其食魚？必河之魴。」俚語曰：「雒鯉伊魴，貴於牛羊」；又曰：「居就糧，梁水魴。」《埤雅》亦曰：「魴出漢水中者尤美，常以槎斷水，用禁人捕，謂之槎頭鯿。」是所在之魴，皆以美著也。「鱧」，《本草》作「蠡」，毛《傳》、郭璞皆云鮦也。《本草》云：「鮦味甘無毒。」邢昺云：「今鮦魚也。」鮦與䲧音義同。戴侗云：「魚之摯者，鱗墨，駮首，左右各有竅，如七星，雌雄相隨，將子啖食眾魚。」羅云：「魚圓長而斑點，有七點，作北斗之象。夜則仰首向北而拱焉，有自然之禮，故從禮。膽獨甘也，故從醴。鱧者，古人所重。今道家忌之，以其首戴斗也。又指為厭，故有『天厭雁，地厭犬，水厭鱧』之說，皆禁不食。」陸佃云：「今玄鱧是也。諸魚中，惟此魚膽甘可食。有舌，鱗細，

〔註32〕羅願《爾雅翼》卷二十八《釋魚・鯊》此處有「唇」字。

〔註33〕「加」，戴侗《六書故》卷二十《動物四・鯊》作「如」。

〔註34〕《朱子語類》卷八十《詩一》：「古人以魚為重，故《魚麗》、《南有嘉魚》皆特舉以歌之。」

有花文，一名文魚。與蛇通氣，舊云鱧是公蠣蛇所化，至難死，猶有蛇性，故或謂之鱓也。按〔註35〕：《爾雅》云：『鱧，大鮦，小者鮵。』」大者名鮦，即鱧也。小者名鮵，一說即鰻也。許慎以為鱯，舍人以為鯇，皆非是。陸璣所云「似鯉，頰狹而厚」者乃鯇也。鱧既味甘無毒，至其膽亦甘可食，則其美可知。以美魚興嘉賓，故有取於魴鱧也。「多且旨」者，言不徒以其多而已。惟其多而皆旨，乃為可貴。以所享皆賢，故以旨言之，非旨亦不足以享此嘉賓也。**〇魚麗于罶，鰋**豐氏本作「鰻」。**鯉**。紙韻。**君子有酒，旨且有**。叶紙韻，羽已翻。〇興也。「鰋」，郭璞云：「今偃額白魚也。」《潛確類書》云：「鰋身圓性偃。」《說文》以為鮀，毛萇、孫炎以為鯰，皆非是。「鯉」，郭璞云：「今赤鯉魚也。」陸佃云：「鱨魚黃，魴魚青，鱧魚玄，鰋魚白，鯉魚赤，則五色之魚具備。」羅願云：「今人但謂赤鯉，然按之古，種類至多。崔豹言兗州人謂赤鯉為赤驥，青鯉為青馬，黑鯉為黑駒，白鯉為白騏，黃鯉為黃雉，皆取馬之名，以其靈仙所乘，能飛越江湖故也。其種易繁，陶朱公養魚所以養鯉者，鯉不相食，易長，故《魚麗》美萬物盛多，終之以鯉盛之極也。」陸佃云：「一章曰鱨鯊，長魚也；二章曰魴鱧，鱧魚圓，魴魚方，言其魚一方一圓；三章曰鰋鯉，鰋魚偃，鯉魚俯，言其魚一偃一俯。」愚按：此章所以取鰋鯉者，正是取一偃一俯為義。以酒酣之後，賓既醉止，有若偃若俯之象，故寄興於鰋鯉也。又，陸佃云：「鱨鯊之美，不若魴鱧；魴鱧之美，不若鰋鯉。故其序如此。今魚品，齊、魯之間，魴為下色，鰋為中色，鯉為上色。《衡門》之詩，先魴後鯉，亦以此故也。」此與前五色之說皆非確義，並存之以資多識耳。「有」，曹氏云：「言用之而愈有也。餘歡未殫，爵斝更陳，見主人愛客之無已也，故以『旨且有』終焉。」黃佐云：「或曰樽酒簋貳可以用饗魚麗之燕，毋乃過於侈乎？噫！是未知道者也。夫養賢所以養天下也，故聖王重之。燕饗所以致其交也，故賢士觀之。儉豈其所先哉？燕之於寢，則稱之曰賓；燕之於廟，則躬為獻酬。禮以食之，樂以樂之，實以將之，猶汲汲然若有所不及也。然則損也者，其聖人不得已之世乎！不然，《北門》、『夏屋』又何以為衰世之風乎？」**〇物其多**歌韻。**矣，維其嘉**叶歌韻，居何翻。**矣**。賦也。前三章所言者，禮文也；後三章所言者，禮意也。「物」，指殽言。「多」，即承首章「多」字。不特酒多，而諸殽之物亦多也。「嘉」，美也，「嘉賓」之「嘉」。

〔註35〕「按」，陸佃《埤雅》卷一《釋魚・鱧》無。

維其嘉美此賓客，故備物之多如此。〇**物其旨**紙韻。《荀子》作「指」。**矣，維**《荀子》作「唯」。**其偕**叶紙韻，苟起翻。**矣**。賦也。「旨」，即承次章「旨」字。不特酒美，而諸殽之物亦美也。「偕」，俱也，言有恭敬之意與之俱，非徒物之旨而已。《荀子》云：「王者先仁而後禮，天施然也。《聘禮志》曰：『幣厚則傷德，財侈則殄禮。』禮云禮云，玉帛云乎哉？《詩》曰：『物其指矣，唯其偕矣。』不時宜，不敬交，不驩欣，雖指非禮也。」「指」，通作「旨」。〇**物其有**叶紙韻。**矣，維其時**叶紙韻，上紙翻。**矣**。賦也。「有」，即承上章「有」字。不特酒有而不竭，殽亦有而不竭也。「時」，謂可以燕饗之時。《荀子注》云：「雖有物，亦須得其時。」蘇轍云：「古之仁人，交萬物有道，取之有時，用之有節，則草木鳥獸蕃殖，無有求而不得。君子於是及其閒暇，而為酒醴以燕樂之。」呂祖謙云：「所謂時者，不專為用之之時也。苟非國家閒暇，內外無故，則物雖盛，不能全其樂矣。」又，劉向《說苑》云：「天子南面，視四星之中，知民之緩急，急則不賦藉，不舉力役。《書》曰：『敬授民時。』《詩》曰：『物其有矣，維其時矣。』物之所以有而不絕，以其動之時也。」此與本《序》「美萬物盛多，能備禮也」意合。亦通。《左傳》：「季武子賦《魚麗》之卒章。」杜預《注》以為「喻聘宋得其時」。

《魚麗》六章。三章章四句，三章章二句。《序》》云：「文、武以《天保》以上治內，《采薇》以下治外，始於憂勤，終於逸樂，故美萬物盛多，可以告於神明矣。」說者遂謂物之生育最多者莫如魚，如牧人之夢，亦以「眾維魚矣」為豐年之兆。似此說詩，皆所謂以辭害意者也。按：《毛詩》，《魚麗》篇次在《杕杜》後，以終《鹿鳴之什》，故晁景迂《序論》云：「《序》：『《騶虞》，王道成也。』風其為雅歟？《序》：『《魚麗》，可以告神明。』雅其為頌歟？」《解頤新語》亦云：「文王之風，終於《騶虞》，《序》以為『王道成』，則近於雅矣。文、武之雅，終於《魚麗》，《序》以為『可告神明』，則近於頌矣。」皆沿毛《傳》次第立論，以曲合《序》文，非事實也。而終於逸樂之說，程子及嚴氏亦皆不取，謂「開人主怠政之漸」。鄒忠胤亦云：「治內治外及可告神明等語，何關詩旨？真衍說也。」《子貢傳》謂「《魚麗》所以燕大臣」，亦未有以見其然。《申培說》謂「此詩全篇皆賦」，則以鱨鯊等魚即為燕饗所進之羞，亦所謂以辭害意，固之乎言詩者也！

采蘋

《采蘋》，美邑姜也。古者婦人將嫁，教於宗廟。教成，有蘋藻之祭。武王元妃邑姜教成，能修此禮，詩人美之。《禮記．昏義》云：「古者婦人先嫁三月，祖廟未毀，教於公宮。祖廟既毀，教於宗室。教以婦德、婦言、婦容、婦功。教成，祭之，牲用魚，芼之以蘋藻，所以成婦順也。」《注》云：「『祖廟未毀』，言此女猶於此祖有服，於君為親，故使女師教之於公宮。公宮，祖廟也。『既毀』，謂無服也，則於君為疏，故教之於宗子之家。」《白虎通》云：「國君取大夫之妾、士之妻老無子者，而明於婦道，又祿之，使教宗室五屬之女。大夫、士皆有宗族，自於宗子之室學事人也。」孔穎達云：「必先嫁三月，教之三月，一時天氣變，女德大成也。祖廟，女所出之祖也。祭無牲牢，告事耳，非正祭也。法度莫大於四教，四德既就，祭以成之，故詩人舉以言焉。」胡胤嘉云：「教成之祭，考之於禮，與詩甚合。芼用蘋藻，此一合也。禮正祭在奧西南隅，而此在牖下，孔氏以為外成之義。據《昏禮》，納采以至請期，主人皆筵於戶西，西上，右幾，是其禮皆戶外設，此二合也。不言婦而言女，女又言季，孔氏謂將嫁，故以少言之，以女尸祭，鄭氏所謂成其婦禮也，此三合也。」愚所以知為美邑姜詩者，以「有齊季女」之語知之。羅泌云：「齊，伯陵之故國，以天齊淵名。《伯益書》：『炎帝生器，器生伯陵。』《周語》謂『天黿之分，我之皇妣，大姜之侄，伯陵之後，逢公之所憑』。神伯陵，太姜之祖，逢公伯陵之後，為商侯伯，封於齊地，而太公其繼焉者也。」《左傳》：「晏子云：『昔爽鳩氏始居此地，季萴因之，有逢伯陵因之，蒲姑氏因之，而後太公因之。』」按：太公本齊後，仍封於齊。當武王為西伯時，以女邑姜妻武王。計其時，太公年已老，則邑姜之為季女，夫復何疑？又，《左．襄二十八年》：「公過鄭，鄭伯不在。伯有迋勞於黃崖，不敬。穆叔曰：『伯有無戾於鄭，鄭必有大咎。敬，民之主也。而棄之，何以承守？鄭人不討，必受其辜。濟澤之阿，行潦之蘋藻，寘諸宗室，季蘭尸之，敬也。敬可棄乎？』」所謂季蘭，意即邑姜之名不可知。而其言「濟擇〔註 36〕之阿」，則尤齊地之證。據舊說相傳，皆讀「齊」為「齋」，誤矣。時武王未為天子，太公尚為周大夫，雖未封齊，而以其系出伯陵之後，故得仍以故國稱。不然，《二南》之詩其累累為太姒詠者，不一而足，至如太姜、太任亦再見於《大雅》之讚誦，以邑姜

〔註 36〕「擇」，四庫本作「澤」。此出前引《左傳．襄二十八年》，當作「澤」。

開國聖配，獨無一詩及之乎？《皇王大紀》云：「西伯納呂尚之女，曰邑姜，為妃。邑姜賢，立未嘗倚，坐未嘗倨，怒未嘗厲。是年，生子誦。」金履祥云：「自《史記．世家》稱呂尚窮困年老，後世遂有太公八十歸周之說。觀其以邑姜妻武王，則八十之說殆或不然。」又，《射義》云：「卿大夫以《采蘋》為節，樂循法也。」取義之意，以季女乃卿大夫之女，既教之以四德，而後使之尸祭。總之，欲其能事人，是之謂循法耳。

于以采蘋？真韻。**南澗之濱。**真韻。**于以采藻？**皓韻。《說文》、《爾雅疏》俱作「薻」。**于彼行潦。**皓韻。○賦也。《爾雅》云：「苹，蓱，其大者蘋。」嚴粲云：「今考《本草》，水萍有三種：其大者曰蘋，葉圓，闊寸許，季春始生，可糝蒸以為茹；其中者曰荇菜；其小者曰水上浮萍，江東謂之薸。毛氏以蘋為大萍，是也。郭璞以蘋為今水上浮萍，即江東謂之薸，是以小萍為大萍，誤矣。蘋可茹，而薸不可茹，豈有不可茹之薸而乃用之以祭祀乎？今薸止可養魚。」項氏云：「柳惲所謂『江洲採白蘋』者，水生而似萍者也。宋玉所謂『起於青蘋之末』者，陸生而似莎者也。」《月令通考》云：「蘋葉下有一點，如水沫，一名芣菜。」陸佃云：「《呂覽》曰：『菜之美者，昆崙之蘋。』高誘謂：『蘋，大蘋，水藻也。』據此，蘋即所謂藻。水深絜處乃有，故曰『于以采蘋？南澗之濱』也。」「南」，郝敬云：「南山也。」「澗」，《說文》云：「山夾水也。」「濱」，本作「瀕」，《說文》云：「水厓也。」「藻」，毛《傳》云：「聚藻也。」按：《爾雅》云：「莙，牛藻。」《疏》引《詩》「于以采藻」，《左傳》「蘋蘩蘊藻之菜」，以此草好聚生，故言蘊藻。蘊訓聚也。江東亦呼馬藻。陸璣云：「藻，水艸也，生水底。有二種：其一種葉如雞蘇，莖大如箸，長四五戶〔註 37〕；其一種莖大如釵股，葉如蓬蒿，謂之聚藻。又，扶風人謂之藻聚，為發聲也。此二藻皆可食，煮熟挼去腥氣，采〔註 38〕面糝蒸為茹，嘉美。揚州饑荒，可以當穀食也。」陸佃云〔註 39〕：「藻，水艸之有文者，生乎水下，而不能出水之上。其字從澡，言自絜如藻也。《書》曰：『藻、火、粉、米。』藻取其清，火取其明也。」又云：「《韓詩》曰：『沈者曰蘋，浮者曰藻。』蓋藻，萍類也，似槐葉而連生，生道旁淺水中，與萍雜，至秋則紫，今俗謂之馬薸，亦呼紫薸。故曰『于以采藻？于彼行潦』。《淮南子》：『容華生蘻，蘻生萍

〔註 37〕「戶」，四庫本作「尺」，是。陸璣《毛詩草木鳥獸蟲魚疏》作「尺」。
〔註 38〕「采」，陸璣《毛詩草木鳥獸蟲魚疏》作「米」。
〔註 39〕分見《埤雅》卷十五《釋草．藻》、《蘋》。

藻，萍藻生浮草。』謂是歟？蓋非蒲藻之藻。萍藻之藻浮，蒲藻之藻沉。郭璞注：『《三蒼》亦云蘊藻之類』，則明非蘊藻也。藻出乎水之上，蘋出乎水之下，故大夫妻採之。」愚按：《韓詩》雖言蘋沉藻浮，然萍藻之藻恐不可食，當依《爾雅》、毛《傳》為蘊藻也。「行」，流也。「潦」，《說文》云：「雨水也。」羅願云：「藻於流水之中隨波衍漾，莖葉條暢，尤為可喜，故採藻於行潦。」又，郝云：「行，路也。潦，積水也。古者井田，路在井上，其傍溝洫積水。古人五祀，祭井亦謂之祭行也。」孔穎達云：「南澗言濱，行潦言彼，互言也。」又云：「蘋之言賓，賓服也，欲使婦人柔順服從。藻之言澡，澡浴也，欲使婦人自潔清。故取名以為戒。《左傳》：『女贄不過榛、栗、棗修，以告虔。』言取早起，戰慄，修治法度，虔敬之義也。則此亦取名為戒，明矣。又，《昏義注》云：『魚、蘋、藻皆水物，陰類』者，義得兩通。」陸佃云：「魚亦柔巽隱伏，故此三者昏禮以成婦順。」〇**于以盛**音成。**之？維筐**豐氏本作「匡」。**及筥**。叶虆韻，讀如矩，果羽翻。**于以湘**《韓詩》作「鬺」。**之？維錡及釜**。虆韻。〇賦也。受物曰盛。「盛之」、「湘之」、「奠之」，皆謂蘋藻也。筐、筥，皆竹器筐。《說文》本作「匡」。徐鍇云：「受物之器，象形，正三方也。」「筥」，《說文》云：「箱也。」陳祥道云：「宋、魏之間謂箸筩為筲，則其制圓而長矣。」或作「篆」。《方言》云：「江、沔之間謂之籅，南楚謂之篓，自關而西，秦、晉之間謂之篿。」亦作「籧」。《月令》「具曲植籧筐」是也。「湘」之訓「烹」，似無其義。《韓詩》作「鬺」。《說文》本作「鬺」。《漢志》：「鬺享上帝。」《史記・武紀》：「禹鑄九鼎，皆嘗鬺烹。」顏師古云：「鬺、烹一也。」古人音同者，字得通用。許慎云：「江、淮之間謂釜曰錡。」陸德明云：「三足釜也。」毛《傳》云：「無足曰釜。」古作「鬴」。鄭玄云：「烹蘋藻者於魚湇之中，是鉶羹之芼。」又云：「魚為俎實，蘋藻為羹菜。」按：湇，汁也。鉶，盛和羹器。凡肉味之有菜和者，則以〔註 40〕鉶盛之，故謂之鉶羹。芼者，用菜雜肉為羹之名。先將蘋藻烹於魚汁之中，始盛之鉶器，所謂「芼以蘋藻」者也。〇**于以奠之？宗室牖下**。叶虆韻，後五翻。**誰其尸之？有齊**如字。**季女**。叶虆韻，讀如弩，暖五翻。〇賦也。「奠」，《說文》云：「致祭也。」採而盛，盛而湘，湘而奠，先後之序也。蔡汝楠云：「既采之，又盛之；既湘之，又奠之。即事不倦也。」胡云：「自采而盛，而湘，而奠，地以紀之，器以別之，敘以次之，物曲盡，人事飭，亦似教女以婦道，循循可守也。」「宗

〔註 40〕「以」，四庫本作「為」。

室」，大宗之廟也。按：大宗，大夫之始祖，蓋諸侯自嫡子以外皆為別子，別子始為大夫，繼別子之嫡子世為大夫，則立廟以祀之，是為宗室。若諸侯則祭於都官。大夫之別子則但為繼禰之小宗，不得祀於宗室矣。孔穎達云：「知非宗子之女自祭家廟者。若宗子之女自祭家廟，何須言於宗室乎？」「牖下」，鄭玄云：「戶牖間之前。」按：古人廟堂南向，室在其北，東戶西牖皆南面。孔云：「以其正祭，在奧西南隅，不宜繼牖言之。今此云『牖下』，故為戶牖間之前。戶西牖東，去牖近，故云『牖下』。所以不於室中者，凡昏事皆為於女行禮，設几筵於戶外，取外成之義。《昏禮》：『納采，主人筵於戶西，西上，右幾。』問名、納吉、納徵、請期，皆如初。是其禮皆戶外設几筵也。」今教成之祭，於戶外設奠，此外成之義。「尸」，《說文》云：「陳也。」「齊」，國名，太公之先所封國也。解見《小引》下。「季」，少也。鄭玄云：「祭事主婦設羹，教成之祭，更使季女者，成其婦禮也。季女不主魚，魚俎實男子設之。」孔云：「以三月以來，教之以法度，故為此祭，所以教成其婦禮，故使季女自設其羹也。云魚俎，實男子設之者，以《特牲》、《少牢》俎皆男子主之故也。」陸埰云：「諸家以季女為士大夫之妻，然已嫁曰婦，安得復稱女也？」

《采蘋》三章。章四句。《序》以為「大夫妻能循法度也。能循法度，則可以承先祖，共祭祀矣」。按：此《序》於經無所發明。所謂「循法」，大抵掇拾《射義》語耳。王肅謂「此篇所陳，皆是大夫妻助夫氏之祭，采蘋藻以為菹，設之於奧，奧即牖下」。孔穎達云：「按：宗室大祭〔註 41〕之廟，若非教成之祭，則大夫之妻自祭夫氏，何故云大宗之廟？又，經典未有以奧為牖下者。孫毓以王為長，誤矣。」朱《傳》謂「南國被文王之化，大夫妻能奉祭祀其家人，敘其事以美之」，蓋祖述《序》說。《子貢傳》謂「內子勤於祭祀，國史美之」，《申培說》謂「內子敬祀，詩人賦之」。鄒忠胤闡之云：「詩不言婦而言季女，愚意此內子必初嫁者。《禮記・曾子問》云：『三月而廟見，稱季〔註 42〕婦也。擇日而祭於禰，成婦之義也。』當其未廟見，則猶稱女。女而尸祭，其為廟見之初祭可知。按：《儀禮・士昏禮》云：『若舅姑既沒，則婦入三月，乃奠菜席於廟奧，東面，右幾。席於北方，南面。祝盥，婦盥於門外。婦執笲菜，祝帥婦以入。祝告稱婦之姓，曰：某氏來婦，敢奠嘉菜

〔註 41〕「祭」，《毛詩注疏》卷二作「宗」。
〔註 42〕「季」，《禮記・曾子問》作「來」。

於皇舅某子。婦拜扱插〔註 43〕地，坐，奠菜於幾東席上，還，又拜如初。婦降堂，取笲菜入。祝曰：某氏來婦，敢告於皇姑某氏。奠菜於席，如初禮。婦出，祝闔牖戶。老醴婦於房中，南面，如舅姑醴婦之禮。』按：此即所謂『于以奠之？宗室牖下』也。昏禮下達，自天子至庶人皆然，不專為士設耳。」其說亦近似，然終不如昏禮「芼用蘋藻」之說較為有據。又，晁氏謂「齊、魯、韓三義皆以此詩為康王時詩」。今據《儀禮・鄉飲酒》、《鄉射》、《燕禮》「合樂三終，《周南》:《關雎》、《葛覃》、《卷耳》;《召南》:《鵲巢》、《采蘩》、《采蘋》。工告於樂正曰：『正歌備』」;《周禮・樂師》「凡射，王以《騶虞》為節，諸侯以《狸首》為節，大夫以《采蘋》為節，士以《采蘩》為節」;《周禮》、《儀禮》皆周公所作，已有此詩，則其非康王之詩甚明。

鳧鷖

《鳧鷖》，武王為諸侯繹祭五廟。禮畢，因而享尸之樂。《公羊傳》云：「繹者何？祭之明日也。」孔穎達云：「燕尸之禮，大夫謂之賓尸，即用其祭之日，今《有司徹》是其事也。天子諸侯則謂之繹，以祭之明日。《春秋》宣八年書『辛巳，有事於大廟。壬午，猶繹』，是謂在明日也。」《爾雅》云：「繹，又祭也。周曰繹，商曰肜，夏曰復胙。」何休云：「禮繼昨日事，但不灌地降神爾。天子諸侯曰繹，大夫曰賓尸，士曰宴尸，去事之殺也。必繹者，尸屬昨日配先祖食，不忍輒忘，故因以復祭。」邢昺云：「繹祭之禮，主為賓事此尸。但天子諸侯禮大，異日為之，別為立名，謂之為繹，言其尋繹昨日。卿大夫禮小，同日為之，不別立名，直指其事，謂之賓尸耳。」又，祭之名，三代各異，詳見《烈祖》篇《小引》下。《家語》云：「衛莊公改舊制，變宗廟。高子睪問於孔子曰：『周禮，繹祭於祊，祊在廟門之西。今衛君更之，如之何？』孔子曰：『繹之於庫門內，祊之於東方，失之矣。』」陳祥道云：「祊，其位也。繹，其祭也。賓尸，其事也。」鄭氏以卿大夫賓尸在堂，故謂祊於門外之西室，繹又於其堂。孔穎達申之云：「求神在室，接尸在堂。」於義或然，別見《楚茨》篇。所以知為「祭五廟」者，以此詩言「公尸」凡五知之。如謂辭煩而不殺，何必至五？且何以竟止於五乎？《王制》云：「諸侯五廟，二昭二穆與太祖之廟而五。」《祭法》云：「諸侯五廟：曰考廟、曰王考廟、曰皇考廟，皆月

〔註 43〕《儀禮・士昏禮》無「插」字。

祭之；顯考廟、祖考廟，享嘗乃止。」《疏》云：「曰考廟者，父廟。考，成也，謂父有成德之美也。曰王考者，祖廟。王，君也。祖尊於父，故加君名。曰皇考廟者，曾祖也。皇，大也，君也。曾祖轉尊，又加大君之稱也。曰顯考廟者，高祖也。顯明高祖，居四廟最上，故以高祖目之。曰祖考廟者，太祖也。祖，始也，此廟為王家之始，故云祖考也。天子月祭五，諸侯卑，故惟得月祭三也。太祖為不遷，而與高祖並不得月祭，止預四時也。」今按：此詩言「鳧鷖在涇」，涇為水名，而其後沙、渚、潀、亹皆非水名，乃蒙乎涇之辭。涇水居中，有太祖之象。沙、渚皆在水旁，有高、曾一昭一穆之象。潀、亹居涇水下流，又為祖、考，在高、曾下一昭一穆之象。其為諸侯之五廟明矣。尸稱公尸，亦周家未為天子時之稱。然愚初猶意其為文王之詩，以《祭義》引《詩》云「明發不寐，有懷二人」，文王之詩也。祭之明日，明發不寐，饗而致之，又從而思之，正言繹祭之事。後又思詩人凡言景物，必據所見，文王居岐周而祭宗廟，當言岐水。或已遷於豐，而祭宗廟當言豐水。是皆非涇經流之地，安得遠及涇水乎？及觀華谷嚴氏粲之說，而意始豁然，直斷其為武王未有天下時之詩焉。嚴云：「渭水東流，先會豐而後會涇。豐水自南而入渭，涇水自西北而入渭。文王居豐，在豐水之西，則越豐而後至涇。武王居鎬，在豐水之東，則去涇近矣。張衡《西京賦》云：『飲灃吐鎬，據渭踞涇。』見涇水近鎬也。」

鳧鷖在涇，青韻。**公尸來燕來寧。**青韻。豐氏本作「寍」。**爾酒既清，**叶青韻，讀如青，倉經翻。**爾殽**豐本作「䈕」。後同。**既馨。**青韻。**公尸燕飲，福祿來成。**本庚韻，當叶青韻，翻未詳。按：《說文》：「成，從戊丁聲。」丁屬青韻，則成當有青叶。○興而賦也。「鳧」，鸍也，解見《女曰雞鳴》篇。《易林》云：「鳧舞鼓翼，嘉樂克德。」陸佃云：「《楚辭》曰：『氾氾若水中之鳧。』蓋沉浮善沒，而又容與，與波上下。」羅願云：「今江東有小鳧，其多無數，俗謂之冠鳧，善飛。王充《論衡》曰：『日月一日一夜行二萬六千里，與鳧飛相類。』故王喬以上方所賜舃假形於鳧，自葉朝京師焉。」《方言》曰：「野鳧甚小而好沒水中者。南楚之外謂之鷿鷉。」「鷖」，毛云：「鳧屬。」《蒼頡解詁》云：「鷗也。」陸佃云：「鷖，一名漚。《列子》曰：『漚鳥之至者百，住而不止。』今字從鳥，後人加之也。」孔云：「一名水鴞。」《格物論》云：「鷖，鷖鴨也。以名自呼。大如水雞，生於荷葉之上。」《海物異名記》云：「鷗之別類，群鳴啫啫，隨潮往來，謂之信鳧。」《南越記》云：「水鴞色白，數百為群，多在漲海中，隨潮上下，常以三月風至，乃還洲嶼，頗知風雲。若群飛至岸，必風，渡海者以此為候。」郝敬云：「鳧善沒，鷖善浮。有變化出沒之象，以比鬼神。」愚按：郝說是矣。《禮》謂：「索祭於祊，不知神之所在，於彼乎？於此乎？」意亦近是。然詩之興義必有所取，舊說皆謂興公尸，則公尸只一人耳，而以二鳥興之何居？禮，夫婦一體，昏則同牢合巹，終則同穴，祭則同几同祝，故《禮記》曰：「鋪筵設同几，為依神也。」《疏》謂「人生時體異，故夫婦別几；死則魂氣同歸於此，故夫婦同几」。唐博士陳正節議曰：「臣聞於禮，宗廟父昭子穆，皆有配座。每室一帝一后，禮之正儀。自夏殷而來，無易茲典。」陳祥道曰：「祭祀同几則一尸。《儀禮》：『男，男尸。女，女尸。』謂虞祭也。」又曰：「按：《少牢饋食》：『藏〔註 44〕歲事於皇祖』，必『以某妃配某氏』，故同几共牢一尸，而俎豆不兩陳，以其夫婦一體故也。」然則鳧鷖乃以興祖考妣，非興公尸也。後倣此。蓋是日先行繹祭之禮，而後享尸。詩既不言繹祭之事，而特寄興於鳧鷖一語，以致其恍忽想像之意，此詩筆之幻處，又取興之變體。或問：鳧鷖興考妣，亦有分屬否？曰：說詩固不必拘拘如此。然據本文，先言鳧，後言鷖，則鳧當興考，鷖當興妣也。蓋鳧雖善沒，尤善飛，其飛必於晨。《說苑》「魏文侯嗜晨鳧」是也。《周書・王會》篇：「鳧羽為旌」，亦取其能遠飛耳。鷖雖善浮，然不過遊戲水上，故忘機之人得與之遊。雖復有時飛而不下，要非高飛遠舉者比也。《周禮》：「王后五路，安車用鷖總。」所謂總者，以繒為之，著馬勒，直兩耳與兩鑣，其色青黑如鷖。而名之為安車者，蓋亦有取於安樂自得若鷖然也。今即以鳧旌與鷖總對觀之，鳧旌男子所執，鷖總王后所用，則鳧謂興考，鷖謂興妣可矣。或乃大笑。「涇」，水名，解見《棫樸》篇。今按：武王都鎬，則有鎬水，乃何以不言鎬而言涇？詩人於此，亦有深意。《玉海》載「涇水出原州百泉縣，涇谷東南流至涇州臨涇、保定二縣，又東南流至邠州之宜祿、新平、永壽三縣，又東北流至京兆之醴泉、高陵、雲陽三縣，以入渭」。班固《地理志》謂涇水行千六百里。周之先祖居邠，其後再遷。至武王而始居鎬。涇水經流，亦從邠界來，而迤邐近鎬。故睹涇水而興祖功宗德之思焉。詩對祖廟而作，所以有取於涇也。若鎬水則其來不遠矣。「公尸」，解見《既醉》篇。何休云：「諸侯以大夫為尸。」此章首「公尸」，乃后稷之尸也。「燕」，通作「宴」，安也。饗之所以安之也。後倣此。孔云：「言公尸來燕，則是祭後燕尸，非祭時也。」黃佐云：「《禮・祭統》曰：『尸在廟門外則疑於臣，在廟中則全乎君。』為其近於祖

〔註 44〕「藏」，《儀禮・少牢饋食禮》、陳祥道《禮書》卷七十作「薦」。

也。祭之明日，不忍輒忘也，是故以賓禮燕之也。故曰讀《鳧鷖》而益知周人仁義之兼至矣。」「寧」，通作「寍」。《說文》云：「安也。」黄云：「為尸之時，未免有象神之勞，而拘束不安。今則登筵依几而安矣。」「爾」，朱子云：「自歌工而指主人也。」「清」，孔云：「潔也。」「殽」，通作「肴」。《廣韻》云：「凡非穀而食曰肴。」「馨」，毛《傳》、《說文》皆云「香之遠聞也」。愚按：太祖距今遠矣，遠則以氣通之，故對其尸，以清以馨。言燕而專言飲者，舉飲以該食也。「福」，《洪範》所謂「五福」。「祿」，《說文》亦訓為福，義似無別。愚按：福字從畐，當是取其與德相副耳。《孝經援神契》云：「祿者，錄也。」徐鍇云：「若言省錄之也。」然則福本於天之所予，謂之祿也。「來」者，云若隨公尸而來也。「成」，《說文》云：「就也。」尊尸所以尊神，尸安則神悅，庶乎以福祿來成就爾矣。亦祝辭也。閔光德云：「此繹祭燕尸之樂。到此祭事才完備，故謂以公尸而燕飲於斯，則昔日所降之福祿自今日而成就也。」《易林》云：「鳧鷖遊涇，君子以寧。復德不愆，福祿來成。」按：《易林》所謂「復德」，其即夏人名繹祭為復胙之義乎？〇**鳧鷖在沙**，叶支韻，山宜翻。亦叶歌韻，桑荷翻。**公尸來燕來宜**。支韻。亦叶歌韻，牛何翻。**爾酒既多**，歌韻。亦叶支韻，章移翻。**爾殽既嘉**。叶歌韻，居何翻。亦當叶支韻，居之翻。**公尸燕飲，福祿來為**。支韻。亦叶歌韻，吾何翻。〇興而賦也。「沙」，《說文》云：「水中散石也。」孔云：「水少則沙見，故字從水少耳。」《易·需》卦：「九二，需於沙。」《注》謂「沙，接水者」。上言「在涇」，此云「在沙」，則在涇水之傍沙也。此章「公尸」，以世次推之，為古公之父太公之尸也。名公祖。皇甫謐云：「公祖，一名組紺諸盩，字叔類，號曰太公。」太公位次在后稷之傍最近，故取沙象。「宜」，亦安也，順適之意。嚴云：「來而宜之，謂樂之也多。」毛云：「酒品齊多。」孔云：「於《周禮》差之，惟大事於太廟，備五齊三酒。此雖為宗廟之祭，其大事與時祭不明，但言品齊多耳，未必五齊三酒皆具也。」「嘉」，《說文》云：「美也。」高祖於玄孫相去猶遠，恐人疑待尸之禮或有闕略，故特言多與嘉，以表其內盡志而外盡物也。「為」，鄭云：「猶助也」，言有福祿來扶助之也。〇**鳧鷖在渚**，語韻。**公尸來燕來處**。叶語韻，敞呂翻。**爾酒既湑**，語韻。《藝文類聚》作「滑」。**爾殽伊脯**。麌韻。**公尸燕飲，福祿來下**。叶麌韻，後五翻。〇興而賦也。《爾雅》云：「小洲曰陼。」即「渚」字。《釋名》云：「渚，遮也。能遮水使回也。」此章「公尸」，謂古公之尸也。鳧鷖捨水而就渚，猶古公去邠而遷岐，故以為興。

「處」，毛云：「止也。」黃云：「安樂也。」與《蓼蕭》「譽處」之「處」同。「湑」，《說文》云：「茜酒也。」鄭云：「酒之泲者也。」《釋文》云：「謂以茅泲之而去其糟也。」「脯」，《說文》云：「乾肉也。」《釋名》云：「搏也。乾燥相搏着也。」《周禮》：「腊人掌乾肉。凡祭祀，共豆脯，薦脯。」《注》云：「薄析曰脯。」曾祖親而尊者，曰湑曰脯，蓋質言之，不敢文飾，對其尸如對曾祖也。「來下」者，輔廣云：「自上而下。《易》辭也。」按：周之王瑞自太王興，故直云「來下」。○**鳧鷖在潀**，東韻。**公尸來燕來宗**。叶東韻，讀如叢，租叢翻。**既燕于宗**，見上。**福祿攸降**。叶東韻，胡公翻。**公尸燕飲，福祿來崇**。東韻。○興而賦也。「潀」，毛云：「水會也。」《說文》云：「小水入大水也。」孔云：「潀音如叢，則叢是聚義。且字從水眾，知是水會聚之處。」此章「公尸」，謂公季也。公季以小宗而繼大宗，有以小水入大水之象，故取興於在潀。「宗」，鄭樵云：「宗廟也。」「來燕來宗」，言來燕於宗廟也。按：禮，繹祭於廟門之西，享尸在堂，故云然。「既燕于宗」二句，指前三章公尸言。不言酒殽者，前言已備，變文互見之也。「降」，《說文》云：「下也。」「崇」，《說文》云：「嵬高也。」朱子云：「積而高大也。」后稷、太公、古公三尸既皆來燕於宗廟，宗廟之神已將降下孝孫以福祿，今王季之尸亦來燕飲，則福祿之來於是積而益高也。○**鳧鷖在亹**，音門。**公尸來止熏熏**。文韻。《說文》作「醺醺」。**旨酒欣欣**，文韻。亦叶先韻，翰旃翻。**燔炙芬芬**。支韻。亦叶先韻，孚焉翻。**公尸燕飲，無有後艱**。叶先韻，經天翻。○興而賦也。「亹」，毛云：「山絕水也。」孔云：「謂山當水路，令水勢斷絕也。」鄭云：「亹之言門也。」《西漢・地理志》：金城郡有浩亹縣。《注》云：「浩，水名也。亹者，水流峽山間，兩岸深若門也。」按：《說文》無「亹」字，不知其所從，今姑依舊說解之。此章「公尸」，則文王之尸也。周自文王始大，有水出峽口而流益大之象焉，故以「在亹」為興。不言來燕者，蒙上章之文，略之也。言「來止」，猶之言來處也。「熏熏」，當依《說文》作「醺醺」，謂尸醉也。徐鍇云：「飲有酒氣薰薰然。」此兩字意連下文「旨酒」句看，以其酒美而可悅，故至於醉，因摹尸飲酒之喜容曰「欣欣」也。「欣」，《說文》以為笑喜〔註 45〕也。「燔」，燔肉。「炙」，炙肝。「芬」，《說文》云：「艸初生，其香分布。」燔炙之氣，其馨香散佈亦似之，故曰「芬芬」也。陳祥道云：「《楚茨》先言『執爨』，而繼之以『或燔或炙』；《鳧鷖》先言『爾殽』，而終之以

〔註 45〕「笑喜」，四庫本誤作「喜笑」。《說文解字》作「欣，笑喜也」。

『燔炙芬芬』。《禮運》亦先言『熟其殽』，然後繼之以『薦其燔炙』。《周禮·量人》：『制從獻脯膰之數量。』《特牲》：『主人獻尸，賓長以肝從。主婦獻尸，賓長以燔從。』是燔以肉，炙以肝。燔、炙在血腥爓熟之後，非祭之所先也。謂之從獻，非獻之正味也。」愚按：前章第言酒殽而已，此並表尸之喜樂異於前文者，以文王為顯考，精氣尤親，孝子對其尸，如見先人然，致其喜樂之氣以迎之，故尸之喜樂有如此也。《祭義》云：「孝子之祭可知也。其立之也敬以詘，其進之也敬以愉，其薦之也敬以欲。退而立，如將受命。已徹而退，敬齊之色不絕於面。孝子之祭也，孝子之有深愛者必有和氣，有和氣者必有愉色，有愉色者必有婉容。嚴威儼恪，非所以事親也。成人之道也。」夫觀孝子之祀親如此，則其饗尸可知，宜其尸之喜悅也。「無有後艱」者，閔云：「謂祭事已成，昔之享福者克保其後而永無艱難矣。」孫鑛云：「滿篇歡宴喜樂，而以『無有後艱』句收，可見古人兢兢戒慎意。」

《鳧鷖》五章。章六句。《序》云：「守成也。太平之君子能持盈守成，神祇祖考安樂之也。」此於經義全不相涉。鄭玄亦知為「祭祀既畢，明日又設禮而與尸燕」之詩，而於首章「在涇」則云「水鳥居水中，猶人為公尸在宗廟」，次章「在」沙則云「鳥以居水中為常，今出在水旁，喻祭四方百物之尸」，三章「在渚」，則云「水中有渚，猶平地之有丘，喻祭天地之尸」，四章「在潨」則云「潨，水外之高者也，有瘞埋之象，喻祭社稷山川之尸」，五章「在亹」則云「亹之為言門也，燕七祀之尸於門戶之外，不敢當燕禮，故變言『來止』」。陸佃祖述其意而異其說，云：「『來成』，以祖言福祿；『來為』，以考言福祿。曰『既清』、『既馨』、『既多』、『既嘉』，則以宗廟尚文故也。『來下』，以天神言福祿；『來崇』，以地示言福祿。蓋天故自上來下，地故自卑來崇，亦其天道主貴高，地事主富崇故也。其卒章則又總上四章之詞，故曰『公尸燕飲，無有後艱』。『無有後艱』者，道也。蓋道之至可以祐神，非有資於物也，孰能福祿之哉？故於福祿為不足道也。」郝敬又異其說，謂：「首章『鳧鷖在涇』，動而浮，象天神之尸也。天主氣，故曰清、曰馨。天生，故曰成。二章『在沙』，靜而宿，象地祇之尸也。地主形，故曰多、曰嘉。地作，故曰為。三章『在渚』，渚，小丘，象山川社稷之尸也。主蓄儲，故曰湑脯。禮卑天地，故曰下。四章『在潨』，眾也，象群主几廟之尸也，故曰宗。烝嘗備禮，故不言酒殽。上祀禮尊，故曰崇。五章『在亹』，門也。凡繹皆於門，每歲春夏，門戶有專祭，是五祀之尸也。小祀尚飲食，故曰欣曰芬。禮尤卑，故曰後。不言福祿，天子之福祿非戶灶門行所得司也，無艱而已。」以上三說皆穿鑿附會，絕無稽據，坐繇求所以五章之故而不得其說耳。夫既謂周得祀天地，則儼然天子矣。而尸尚稱公尸何與？若宗廟之稱公尸，則謂自組紺以上，第祀以天子之禮而不追王，服尸以先公之服，則其稱公尸焉，宜也。嚴謂「五章皆言公尸，又四章言『既燕于宗』，皆祭宗廟」，是也。然此章言公尸，尚是諸侯之尸，與『既醉公尸』不同。朱《傳》亦以為「此祭之明日，繹而賓尸之樂」。其言繹，得之；但復稱賓尸，則與大夫之禮混耳。《申培說》稍變其文，謂「祭之明日，繹公尸之樂」。夫繹乃祭名，而謂之「繹公尸」，亦屬未妥。若《子貢傳》亦以此為「訓成王之詩」，尤為無當。

詩經世本古義卷之九

閩儒何楷玄子氏學

周武王之世詩十三篇

何氏小引

《魚藻》，武王克商飲至也。

《緜》，周公追述大王始遷岐周，以開王業，而文王因之以受天命也。

《旱麓》，武王追王三后也。牧之野，既事而退，遂率天下諸侯，執豆籩，逡奔走，追王太王亶父、王季歷、文王昌，不以卑臨尊也。此詩蓋追王之時祭而受釐之樂歌。

《皇矣》，美周也。天監代殷，莫若周。周世世修德，莫若文王。

《天作》，祀岐山之樂歌。

《既醉》，神嘏也。武王大祀宗廟，禮成受釐，宗祝傳公尸之辭以致告。

《雝》，武王祭文王之廟，喜諸侯來助祭。及徹，歌此。

《思齊》，文王所以聖也。繇大任能教文王，故文王能刑大姒。

《棫樸》，詠文王祭告伐崇之事，而有群髦為之用，又以見文王之能官人也。

《靈臺》，化成也。文王立靈臺而知民之歸附，作靈囿、靈沼而知鳥獸之得其所，以為音聲之道與政通，故合樂以詳之。合樂於辟廱，育才之地也，是王道之終也。

《臣工》，耕耤也。

《白駒》，餞箕子也。

《小宛》，教康叔毖酒也。商受酗酒，天下化之。妹土，商之都邑，染惡尤甚。武王以其地封康叔，故作此詩以誡之，與《周書·酒誥》相表裏。

魚藻

《魚藻》，武王克商飲至也。按：《大雅》云：「考卜維王，宅是鎬京。維龜正之，武王成之。」經有「王在在鎬」之文，此以知其為武王也。禮，君行反必告廟，告廟則飲至。經有「豈樂飲酒」之文，此以知其為飲至也。詳味詩意，是克商時所作。

魚在在藻，皓韻。**有頒其首。**有韻。**王在在鎬，**皓韻。**豈**陸德明本作「愷」。**樂**音絡。後同。**飲酒。**有韻。隔句各韻，藻、鎬相叶，首、酒相叶。○興也。兩言「在」字者，作詩者自為詳審之辭，言魚何〔註1〕在乎？在於藻也。「王在在鎬」放此。魚興王，藻興鎬。「藻」，解見《采蘋》篇。「頒」，《說文》云：「大頭也。」劉彝云：「魚出游水面則露其首，故見其頭大也。」愚按：游藻之魚，當自不一，其中有首大而特出者，故舉以興王耳。「王」，武王也。「鎬」，地名，在長安西上林苑中，豐東二十五里，武王所都也。詳見《文王有聲》篇。「豈」，《說文》云：「還師振旅樂也。」《周禮》作「愷」。《後漢志》：「黃帝使岐伯勸戰士，作軍樂，即周愷樂。」《漢短簫鐃歌樂》有《朱鷺》等二十二曲，是其遺也。魏、晉而下，各易其名。《周禮》「大司樂」職云：「王師大獻，令奏愷樂」；「樂師」職云：「凡軍大獻，教愷歌，遂倡之」；「眡瞭」職云：「賓射，奏鍾鼓鼜，愷獻亦如之」；「鎛師」職云：「軍大獻，則鼓其愷樂」；「大司馬」職云：「師有功則左執律，右秉鉞，以先愷樂，獻於社。」《注》謂：「兵樂曰愷。獻者，獻捷也。鼓愷樂，以晉鼓鼓之。律，所以聽軍聲。鉞，所以為將威。」《鄭志·答趙商》：「問云：『司馬以軍之功，故獻於社。大司樂，宗伯之屬。宗伯主宗廟之樂，故獻於祖。』」又，《文選注》引《樂稽耀嘉》云：「武王興

〔註1〕「何」，四庫本作「河」。

師誅商，萬國咸喜，前歌後舞，此愷樂之所繇昉也。」《左傳》城濮之戰，晉文公「振旅，豈以入於晉。獻俘授馘，飲至大賞」，事亦同此。《司馬法》云：「天下既平，天子大愷」；又云：「得意則愷樂愷歌示喜也。」「豈樂」者，奏豈而樂也。「飲酒」，即飲至也。先儒謂飲至在廟，以桓二年，「公至自唐」，《左傳》云：「告於廟也。凡公行，告於宗廟。反行，飲至、舍爵，策勳焉，禮也。」彼飲至在廟，故知飲於廟也。孔穎達云：「《曾子問》曰：『凡告用制幣，反亦如之。』則出入皆以幣告也。但出則告而遂行，反則告訖又飲至，以見至有飲而行無飲也。飲至者，嘉其行至，故因在廟中飲酒為樂也。」○**魚在在藻**，皓韻。**有莘其尾**。韻。**王在在鎬**，皓韻。**飲酒樂豈**。尾韻。○賦也。「莘」，毛《傳》訓為長貌。今按：《說文》無「莘」字，不知其義。據《國語》以「駪駪征夫」作「莘莘征夫」，則「莘」當通作「駪」。《說文》云：「馬眾多貌。」以魚之眾多似之，故借言駪。上章言「有頒其首」，蓋以興王。此言「有莘其尾」，則以興行間諸臣之從王者。今奏愷班師皆得與於飲至之列，觀下文變言「飲酒樂豈」可見。數魚以尾，故指尾言。「樂豈」，言與諸臣共樂此豈也。○**魚在在藻**，皓韻。**依于其蒲**。虞韻。**王在在鎬**，皓韻。**有那其居**。叶虞韻，讀如拘，恭於翻。○興也。此章言封建事也。《左傳》言禮，飲至之後，「舍爵、策勳」。舍者，置也。古者軍賞不踰時，欲民速得為善之利也。飲至禮畢，置爵之時，即書勳勞於策，言速紀有功也。武王勝殷，下車即行封建，意亦如此。「蒲」，解見《澤陂》篇。《名物解》云：「蒲生於春，盛於夏。」愚按：《周書》武王來自伐商，至豐祀廟，在夏正二月望後，正藻蒲方生之時，故詩人因以起興。藻生於水中，橫陳水上，為鎬京之況。則蒲生於水涯，乃緣邊所有，即「六服群辟」之況也。「那」，字從邑，《說文》訓西夷國名，鄭《箋》訓為安貌，殊不可解。陸雲《丞相誄》有「玠袠阿那」之句，解者以「阿那」為垂也。訓那以垂，較為近之。蓋那字右旁施冉，又古文那、聃、冉皆通用。冉乃細毛下垂之貌，而垂字之解亦遠邊之義，正如毛髮之麗於膚體者。然王所居在鎬京，而於九畿之內，封建「六服群辟」，環拱而擁衛之，所謂「有那其居」也。《周禮》言「九畿」，《尚書》言「六服」。九畿：方千里曰國畿，其外方五百里曰侯畿，又其外方五百里曰甸畿，又其外方五百里曰男畿，又其外方五百里曰采畿，又其外方五百里曰衛畿，又其外方五百里曰蠻畿，又其外方五百里曰鎮畿，又其外方五百里曰蕃畿。六服：謂國、侯、甸、男、采、衛。不及蠻、鎮、蕃者，王者之於夷狄，羈縻而已，不可同於華夏，故惟云六服也。

此詩先言王因豈樂而飲酒，故取興於「有頒其首」，為首出庶物之義；次言王以飲酒與群臣共樂豈，故取興於「有莘其尾」，猶《楚辭》「魚鱗鱗兮媵予」之意；末言王封建而「有那其居」，故取興魚依於蒲。魚雖以藻為樂，而所據必在於蒲。魚之潛於蒲，猶鳥之集於菀。蒲者，魚所以藏身之固也。亦以策勳在飲至後，故立言之序如此。又，《大戴禮・用兵》篇云：「公問於孔子曰：『古之戎兵，何世安起？』子曰：『傷害之世〔註2〕久矣，與民偕生。』公曰：『蚩尤作兵與？』子曰：『否。蚩尤，庶人之貪者也。及利無義，不顧厥親，以喪厥身。蚩尤，惛欲而無厭者也，何器之能作？蜂蠆挾螫而生，見害而較〔註3〕，以衛厥身者也。人生有喜怒，故兵之作，與民偕生，聖人利用而彌〔註4〕之，亂人興之喪厥身。《詩》云：魚在在藻，厥志在餌；鮮民之生矣，不如死之久矣；『較德不塞，嗣武孫武子。』」詩意謂魚性惟食藻，不宜貪餌。魚志在餌，此貪人之土地而妄用兵者，使民困於兵革，無生之樂。若此較爭之事不速遏絕，則子孫繼而傚之，將無所底極也。據逸詩意反觀，則此但言魚在在藻，亦見武王非富天下之意。

《魚藻》三章。章四句。《序》云：「刺幽王也。言萬物失其性，王居鎬京，將不能以自樂，故君子思古之武王焉。」宗《序》說者，其解有二。一謂魚之依水草，猶人之依明王也。「有頒其首」者，言魚樂而出遊於藻之外；「有莘其尾」者，言魚樂復樂，而又戲於藻之內；「依于其蒲」者，言魚樂於蒲，安於蒲。蓋樂而不知反則樂有窮，故有靜而止息之地，則時出而樂有餘矣。正言魚者，以潛逃之類，信其著見。毛《傳》、鄭《箋》、陸氏《埤雅》、羅氏《爾雅翼》解皆如此意，主思武王也。一謂水深則魚樂，所謂躍淵縱壑，相忘於江湖者也。今魚何在乎？淺水生藻而魚在焉，露其頒然之大首，復驚逝而露其莘然之長尾，蓋在淺水之處，故逃竄窘迫，首尾俱見也。然藻猶在水之中，若蒲生近岸，則水又淺矣。依于其蒲，愈更窘促也。嚴氏《詩緝》之解如此，意主刺幽王也。愚所以不取其說者，以「魚在在藻」、「王在在鎬」兩句炤映甚明。魚興王，藻興鎬。若如前二說，則以魚訓民，反於王之外別生興意，於詩吻不肖矣。又，蘇氏《傳》云：「魚何在？在藻耳。其所依者至薄也，然其首頒然而大，自以為安，不知人得而取之也。今王亦在鎬耳，寡恩無助，

〔註2〕「世」，《大戴禮記・用兵第七十五》作「民」。
〔註3〕「較」，《大戴禮記・用兵第七十五》作「校」。下「較德不塞」同。
〔註4〕「彌」，《大戴禮記・用兵第七十五》作「弭」。

天下將有圖之者，而飲酒自樂，恬於危亡之禍，亦如是魚也。」如此以魚興王，亦順。但篇中有「豈樂」之語，明是因奏豈而作。抑亦幽王之世有大閱之事而作此詩與？按：克捷還師之樂名豈，大閱振旅之樂亦名豈。《左傳》云：「春蒐，夏苗，秋獮，冬狩，皆於農隙以講事也。三年而治兵，入而振旅，歸而飲至，以數軍實，昭文章，明貴賤，辨等列，順少長，習威儀也。」依此說，則次章「有莘其尾」當通作「騂」，赤色也。魚勞則尾赤，置首言尾者，興飲酒沉湎之容，《易》所謂「飲酒濡首，亦不知節也」。三章「依于其蒲」，興「有那其居〔註5〕」，言飲酒畢而歸休於深宮也。惟玩詩詞，有盛世發揚之象，非衰世愁歎之音，故定從今說。若《子貢傳》謂「諸侯所以報天子」，《申培說》及朱子《集傳》皆謂「諸侯所以美天子」，而皆未明於豈樂之義，則所以報王、美王者，亦僅述其飲酒之樂而已，不似諧媚之稱萬年觴者乎？乃唐詩有云「鎬飲周文樂」，又云「欲笑周文歌燕鎬」，則以此詩為文王詩，豈知文王未嘗稱王，亦未嘗都鎬，抑失之遠矣。

緜

《緜》，周公追述大王始遷岐周，以開王業，而文王因之以受天命也。出朱《傳》。○《序》亦云：「文王之興，本繇大王也。」孔穎達云：「敘以詩為文王而作，故先言文王之興，而又追而本之，各自為勢，故文倒也。」愚按：所以疑此詩為周公作者，以《書》載周公告君奭之言曰：「惟文王尚克修和我有夏，亦惟有若虢叔，有若閎夭，有若散宜生，有若泰顛，有若南宮适」，與此詩末章四「予曰」語意頗相類。而太史公亦云：「天下稱頌周公，言其能論歌文、武之德，達太王、王季之思慮。」但朱子以為戒成王，則未必然耳。孫鑛云：「此詩不但稱古公，且仍出其名，乃後又稱文王，豈武王初克商，甫尊文王，尚未追王大王，是彼時作耶？」又云：「武成已稱大王，若周公戒成王詩，豈應復稱古公耶？」

緜緜瓜瓞，屑韻。**民之初生，自土**《漢書》、《齊詩》作「杜」。**沮漆**。質韻。亦叶屑韻，於結翻。《水經注》作「漆沮」。**古公亶父**，陸德明本作「甫」。**陶復**《說文》、豐氏本俱作「寝」。**陶穴**，叶質韻，戶橘翻。**未有家室**。質韻。○比也。「緜」，《說文》云：「聯微也。」「緜緜」，孔云：「微細之

〔註5〕「居」，四庫本誤作「君」。

辭。」毛《傳》云：「不絕貌。」「瓜」，蓏也。字象形，中象瓜實，外象瓜蔓。「瓞」，是瓜之小者。孔以為「瓜蔓近本之瓜」是也。按：《爾雅》云：「瓞，瓝。其紹瓞。」舊解多不明。《說文》「瓝」作「瓟」，云：「小瓜名也。」《爾雅》又云：「瓝，九葉。」紹者，繼也。瓜有小大二種，大者名瓜，小者名瓝。瓞之種本非瓝，以其小似之，故云瓞瓝也。凡瓜實近本則小，瓞實大瓜之種，特以近本故小，因別呼之為瓞，故云「其紹瓞」也。「緜緜瓜瓞」，主大王與文王相首尾而言。立乎文王，以指大王，正如瓜之有瓞然，其後連綿不斷，皆本於此。至文王之世，則儼然大瓜矣。朱子云：「瓜之近本，初生者常小，其蔓不絕，至末而後大，以比古公之時，其國甚小，至文王而後大也。」「民」，毛云：「周民也。」「初生」，言始有生意也。周自后稷，始基靖民，以為生民之初。其後居邠，困於狄難，生意槁矣。至於大王，自邠遷岐，而民如槁得蘇，是又一初也。「邠」，通作「豳」。「自」，朱子云：「從也。」「土」，當依《漢書》作「杜」，水名。班固《地理志》云：「古扶風杜陽縣有杜水，南入渭。」酈道元《水經注》云：「杜水出杜陽山，其水南流，謂之杜陽川。東南流，左會漆水。」何景明《雍大記》云：「杜水在麟游縣，源出舊普潤縣東南。」「沮漆」，與《禹貢》及《吉日》、《潛》篇之「漆沮」不同。沮水，諸家以為未詳。季本疑為大欒水，非是。按：大欒水乃岐水之別名。康海《武功志》云：「浴水，乾州西夾道水也，亦從豳西梁山來。」意此或即沮水。關西人讀浴若於，於、沮固易訛爾。按：《志》：「浴水南入漆水。」《山海經》云：「羭次之山，漆水出焉，北流注於渭。」桑欽《水經》云：「漆水出扶風杜陽縣俞山東北，入於渭。」闞駰《十三州志》云：「漆水出漆縣西北岐山，東入渭。」按：杜陽即今陝西鳳翔府麟游縣，古岐周地。漆縣即今陝西西安府永壽縣，古豳國。酈道元云〔註6〕：「今有水出杜陽縣岐山北漆溪，謂之漆岐」；「故徐廣曰『漆水出杜陽之岐山』者是也」〔註7〕；「但川土奇異，今說互出。考之經史，各有所據。識淺見浮，無以辨之矣」〔註8〕；「漆渠水南流，大欒水注之，即岐水也。二川洋逝，俱為一水，南與杜〔註9〕水合，浴〔註10〕謂之小黃水，亦或名

〔註6〕按：雜引《水經注》。

〔註7〕《水經注》卷十六：「今有水出杜陽縣岐山北漆溪，謂之漆渠。」又，卷十八：「水出杜陽縣之漆溪，謂之漆渠，故徐廣曰『漆水出杜陽之岐山』者是也。」

〔註8〕《水經注》卷十六。

〔註9〕「杜」，《水經注》卷十八作「橫」。

〔註10〕「浴」，《水經注》卷十八作「俗」。

之米流川。南徑美陽縣，西南流注於渭。」《雍大記》云：「漆水在武功縣東門外。」康海云：「漆水，今謬為武水者也。自豳、岐之間，來武功縣北，受浴水，南受漳水，入渭。鄭漁仲序《地理略》，謂「天下如指諸掌」，而信漆繇富平入渭之說，蓋《括地志》未審豳岐涇渭脈絡所在，富平在涇東，漆在涇西，安有岐梁之水越涇而東再至富平始入渭也？漁仲誤且如此，況其餘乎！《詩》曰：『自土沮漆。』今郃封里有漆村是也。」按：武功古有郃國，今隸西安府乾州。美陽，今鳳翔府扶風縣。嚴粲云：「扶風之漆水至岐山入渭。在灃之上游、而《書》言渭水會灃、會涇之後，乃過漆沮，則漆沮在灃水、涇水之下游，故以《書》之漆沮與《詩》扶風之漆別也。」季本云：「雍州之域有二漆沮，而皆入渭。其一在漢馮翊之地，涇之下游也；其一在漢扶風之地，灃之上游也。《禹貢》導渭，東過漆沮，則馮翊之漆沮也。意者扶風漆沮小而可略，而馮翊漆沮大而當詳歟？馮翊之漆沮，即《潛》『猗歟漆沮』者是也。扶風之漆沮，即《緜》『自土沮漆』者是也。何以別其如此耶？蓋不窋之徙居戎翟也，在今慶陽府；公劉自不窋故地而遷豳，在今邠州淳化縣西廢三泉縣界，當涇水之西，其道甚便。而沮在涇之東，漆又在沮之東，俱隔大山，公劉初遷，必不至馮翊之漆沮也。」「自土沮漆」，言大王始避狄難，來居杜與沮漆之地，蓋去邠踰梁山後事。三水皆在岐、梁間，於時尚未至岐下，故未定周原之居。舊說以此句為指豳言，非也。毛云：「古，言久也。亶父，字。或殷以名言，質也。」「父」，通作「甫」。《說文》云：「男子美稱也。」孔云：「謂之古公，言其年世久古。後世稱前世曰古公，猶云先王先公也。太王追號為王，不稱王而稱公者，此本其生時之事，故言生存之稱也。《士冠禮》為冠者製字云：『伯某甫。』亶亦稱父，故知字也。以周制論之，甫必是字。但時當殷代，質文不同，故或以亶父為名。名終當諱，而得言之者，以其時質故也。又，《中候注》云：『亶父以字為號。』」愚按：父有制名者，春秋齊侯祿父、季孫行父是也。殷或尚質，但詩作周世，不應名其先王。「陶」，本作「匋」，《說文》云：「瓦器也。」蓋瓴甓之屬。「復」，當依《說文》作「𥤶」，云：「地室也。」「穴」，《說文》云：「土室也。」今按：地室、土室有何分別？愚意地乃地上，土則土中耳。賈公彥云：「古者窟居，隨地而造。若平地則不鑿，但累土為之。謂之為復，言於地上重複為之也。若高地則鑿為坎，謂之為穴也。曰『陶復陶穴』者，復、穴雖皆土所為，而以瓴甓之類。甃之欲其堅固，亦所以隔土氣、防土處之病也。」王質云：「陶，今之土墼也。以陶為蓋於其上，謂之復；以陶為基於其下，謂之穴。」此言以土鑿為居也。《爾雅》：「宮謂之室，其內謂之家。」「未有家室」，與第五章「俾立室家」相炤。季本云：「大王自豳遷岐，踰梁山而始至岐山。梁山在今西安府乾州城西北五里，當豳之西南。太王初至，於此時尚未有室家也，故『陶復陶穴』，而先於杜、漆、沮三水之間野處焉。當其在豳，則公劉時先已有館，況至太王時，在豳既久，豈得復言『陶復陶穴』哉？但其地水源所出，俱在岐周之北扶風之地，非豳也。顏師古謂『自土沮漆』，《齊詩》作自杜，公劉避地而來居杜與漆沮之地，其謂杜與漆沮為三水則是，而曰公劉來居，蓋本鄭玄之說，則失之矣。」愚按：太王所以不興土木，為營建室家計，但「陶復陶穴」而已者，亦以卜居未定，姑取其便於人力之速成耳。**〇古公亶父，**韆韻。**來朝**豐本作「晁」。**走**顧野王本作「趣」。豐本作「趨」。**馬。**叶韆韻，滿補翻。**率西水滸，**韆韻。**至於岐**豐本作「岹」。**下。**叶韆韻，後五翻。**爰及姜女，聿來胥**《新序》作「斯」。**宇。**韆韻。〇賦也。季云：「來者，自土沮漆而來也。」「朝」，早也。嚴云：「太王圖事敏疾，其來之朝，疾走其馬。」呂祖謙云：「形容其初遷之時，略地相宅，精神風采也。」范景文云：「觀其匹馬經度，計不反顧，惟有德足以自恃，故往而不疑耳。」「率」，通作「衛」，字從行，故有循行之義。「滸」，本作「汻」，《說文》云：「水厓也。」循西方之水涯，指渭水也。杜水、沮水合漆水流入於渭。《雍錄》云：「邠在岐西北二百五十餘里，自邠而南一百三十里為奉天縣，有梁山，即所謂『踰梁山』也。渭水在梁山之南，循水西上，可以達岐，《詩》所謂『率西水滸，至于岐下』也。」奉天，今西安府之乾州。又，《史記》云：「太王居豳，渡漆沮。」《世紀》亦云：「太王避狄，循漆水。」並存之。《一統志》云：「岐山在鳳翔府岐山縣東北十里。山有兩岐，故名。亦曰天柱山。其峰高峻，狀若柱然。《禹貢》『導汧及岐』，大王邑於岐山之下，文王時鳳鳴岐山，皆此也。俗名鳳皇堆。」《河圖括地象》云：「岐山在昆崙東南，為地乳，上為天麋星。」季云：「岐周在后稷邰城西八十里間，蓋復其舊封地也。」按：古公亶父復修后稷、公劉之業，積德行義，國人皆戴之。薰育戎狄攻之，事之以皮幣珠玉犬馬，皆不得免焉。乃召耆老而問曰：『狄人何欲？』耆老對曰：『欲得菽粟財貨。』亶父曰：『與之。』已，復攻，欲得地。民皆怒，欲戰。亶父曰：『有民立君，將以利之。今戎狄所為攻戰，其所欲者吾土地也，民欲以我故戰。與人之兄居而殺其弟，與人之父居而殺其子，吾不忍也。請免吾乎！為吾臣與狄人臣，奚以異也？吾聞之也：君子不以其所養人者害人。我將去之。』耆老曰：『君不為社稷乎？』曰：『社稷所以為民者，不可以所為民亡民也。』耆老曰：『君縱不為社稷，不為宗廟乎？』曰：『宗廟，吾私也，不可以私害民。』遂杖策而去，踰梁山，止於岐下。其事雜見《孟子》、《史記》《莊子》、《呂氏春秋》、《書傳・略說》，而互有出入，今並綜而錄之於此。《孟子》云：「昔者，大王居邠，狄人侵之。去之岐山之下居焉，非擇而取之，不得已也。苟為善，後世子孫必有王者矣。君子創業垂統，為可繼也。若夫成功，則天也。」孔云：「公劉遭夏人之亂，而被迫逐。若顧戀疆宇，或至滅亡。所以避諸夏而入戎狄也。大王為狄人所攻，必求土地。不得其地，攻將不止。戰以求勝，則人多殺傷。故又棄戎狄而適岐陽，所以成三分之業，建七百之基。《王制》稱古者『量地制邑』，故『無曠土』。而公劉、大王得擇地而遷，又無天子之命，諸侯得舉國擅徙者，《王制》所云平世大法。法不恒定，世有盛衰。王政既亂，威不肅下。迫逐良善，無所控告。戎狄內侵，莫之抗禦。故不待天子之命，可以權宜避之。以其政亂，故有空土。公劉、太王得擇地而遷焉。既往遷之，人居成國。後有明主，因而聽之也。」按：夏衰，棄稷弗務，不窋失官，自竄於戎翟之間。厥孫公劉始遷居邠。《世本》所載，歷十二傳，始至亶父。《竹書・商紀》：祖乙十五年，命邠侯高圉。盤庚十九年，命邠侯亞圉。祖甲十三年，西戎來賓，命邠侯組紺。至武乙三年，命周公亶父賜以岐邑，謂斯時也。先是但稱邠侯，今則進而稱公，此其所以號古公與？國名既改，王業浸昌，謂之肇基王跡，宜矣。「爰」，《說文》云：「引也。」謂引辭也。「及」，《爾雅》云：「與也。」「姜女」，太王妃也，號曰大姜。韋昭云：「有逢伯陵之後也。」《皇王大紀》云：「亶父娶於齊有臺氏女，曰大姜，美而賢。」《列女傳》「有臺」作「有呂」，云：「太姜者，有呂氏之女，太王娶以為妃，生太伯、仲雍、王季，貞順率道，靡有過失。太王謀事遷徙，必與太姜。太姜淵智非常，雖太王之賢聖，亦與之謀。」《新序》云：「大王愛厥妃，出入必與之偕。」季云：「但言及姜女者，未敢期豳民之必從己也。」陸化熙云：「『爰及姜女』，不止是與妃同行，還重在資其謀議。」此章點內助，與末章推功四反，俱是開創大關係，須知作者用意之密。「聿」，通作「欥」，詞也。「來」，與「來朝走馬」之「來」相應。古公先來，而邠人後來也。「胥」，《爾雅》云：「皆也。」《方言》云：「東齊謂皆曰胥。」按：胥訓〔註11〕皆者，以胥疏同音，疏之為言通也，通之為言皆也。《韓詩》云：「屋霤為宇。」言民見古公止

〔註11〕「訓」，四庫本作「疏」。

於岐下，相率而來，皆將於此而建屋宇也。《孟子》謂：「太王至於岐山之下居焉，邠人曰：『仁人也，不可失也。』從之者如歸市。」《書傳》謂：「太王邑岐山，周人束脩奔而從之者二千乘，一止而成三千戶之邑。」《史記》謂：「豳人舉國扶老攜弱，盡復歸古公於岐下。及他旁國聞古公仁，亦多歸之。」皆所謂「聿來胥宇」者也。劉書云：「昔大王居邠而人隨之，仁愛有餘也。夙沙之君而人背之，仁愛不足也。仁愛附人，堅於金石。金石可銷，而人不可離。故君者，壤地；人者，卉木也。未聞壤肥而卉木不茂，君仁而萬民不盛矣。」《孟子》引此詩以告齊宣王，而解之曰：「當是時也，內無怨女，外無曠夫」，正「聿來胥宇」義疏。而舊說但以為與姜女來相視所居，謬矣。然此胥宇亦第民情決計奠居於此，尚未及築室之事。張子厚云：「《書》稱『大王肇基王跡』，蓋見得民心之始也。方其去邠，民皆攜持而隨之，固未嘗率之也。王跡之始，莫大於此。蓋民歸之，則天命之矣。」○**周原膴膴**，《文選注》作「腜腜」。**堇荼如飴**。支韻。**爰始爰謀**，叶支韻，謀悲翻。**爰契**陸本、《漢書注》俱作「挈」。**我龜**。支韻。**曰止曰時**，支韻。《演繁露》作「形」。**築室于茲**。支韻。○賦也。朱子云：「周地名。」羅泌云：「郿故國。黃帝後，封在岐山之陽，所謂『周原膴膴』者。」鄭云：「廣平曰原。周之原，地在岐山之南。」酈道元云：「歷周原下，北則中水鄉成周聚，故曰有周也。周城在岐山之陽而近西，所謂居岐之陽也。」《山海經》云：「其上多白金，其下多鐵。」皇甫謐云：「邑於周地，始改國為周。」按：今鳳翔府岐山縣是其地。「膴」，本無骨臘之名，故朱子訓「膴膴」為「肥美貌」。楊慎謂「土膏如無骨肥肉也」。「堇」，菜名，《說文》云：「根如薺，葉如細柳，蒸食之甘。」《爾雅》：「齧，苦堇。」郭璞云：「今堇葵也，葉似柳，子如米，肉食之滑」者。〔註12〕一曰黃土子。《唐本草注》云：「此菜野生，非人所種，俗謂之堇菜，葉似蕺，花紫色，莖汁味甘。而言苦者，古人語側，猶甘草謂之大苦也。」《禮記．內則》「堇荁枌榆」即此。又，《公食禮》：「鉶芼皆有滑。」《注》云：「滑，堇荁之屬。」「荼」，解見《谷風》篇。「飴」，《說文》云：「米蘗煎也。」《釋文》云：「乾糖也。」《方言》云：「飴謂之餃，謂之糖。」《禮記疏》謂之餳。按：《說文》云：「餳，

〔註12〕《爾雅．釋草第十三》：「齧，苦堇。」郭璞《注》：「今堇葵也。葉似柳，子如米，汋食之滑。」
按：馮復京《六家詩名物疏》卷四十六《綿篇．堇》：「《爾雅》云：『齧，苦堇。』郭云：『今堇葵也，葉似柳，子如米，肉食之滑者。』」此處似引自《六家詩名物疏》。

飴和饊者。」然則飴非餳也。嚴云：「《內則》言婦養舅姑，《公食禮》言君待其臣，皆以堇，則堇是美菜也。《七月》言食農夫以荼，則荼非美菜也。雨露所濡，甘苦齊實，周之原地，膴膴然肥美，所生堇荼皆甘如飴，言美惡皆宜也。孔氏謂『堇即烏頭』，且引《晉語》『驪姬寘酖於酒，寘堇於肉』以為證，蓋以此堇為《爾雅》芨堇之堇也。說者皆祖之。若為驪姬寘肉之堇，則與酖毒同類，與荼菜可食之物非其類矣。且詩人稱周原之美，當言宜稼宜蔬，不應言其宜毒物也。荼雖苦得霜而甜脆，故可言如飴。烏頭，毒物，不可食，何繇知其如飴乎？」愚按：劉勰有云：「鴞音之醜，豈有泮林而變好？荼味之苦，寧以周原而成飴？並意深褒贊，故義成矯飾。」尋勰此論，抑亦輕於疑古人者。然但舉荼而不及堇，亦可以見堇為美菜，不與荼苦類耳。「爰始」之「始」，對後契龜看，以先事言。《國語》云：「諮事為謀。」「契」，毛云：「開也。」按：「契」之訓「開」，當通作「栔」，《說文》云：「刻也。」《左・定九年》：「盡借邑人之車，契其軸。」杜《注》亦訓「契」為「刻」。郭璞云「今江東呼刻斷物為契斷」是也。「契我龜」者，當如朱子云或人之說，謂「以刀刻龜甲欲鑽之處」。《前漢書注》亦云：「言刻開之灼而卜之。」舊說因《周禮》華氏職有「掌共燋契」之文，而《士喪禮》有「楚焞置於燋，在龜東」之語，遂謂楚焞即契，非也。無論楚焞名契，於義無取，即據以解此詩曰楚焞我龜，有此文理否？今按：菙氏職云：「掌共燋契，以待卜事。凡卜，以明火爇燋，遂歈其焌契，以授卜師。」所謂菙者，荊菙也，即楚焞也。必取荊木者，凡木心圓，荊心方，卦之德方以知，故於荊焉取之也。燋，鄭玄謂炬也，所用以然楚焞者。契，杜子春謂契龜之鑿也，蓋刮其外甲以視兆者，既契而後用楚焞以灼之也。曰供燋契者，灼契之火得之於燋，故得以燋言。不及楚焞者，略之也。又，官既以菙為名，則楚焞不言可也。明火，以陽燧取火於日，用以爇燋，貴陽明之義也。燋既然，以荊菙柱燋火吹之，於是向龜甲所刻之處灼之，謂之焌契。焌，說文以為然火也。其契處既焌，則有墨可驗，故以授卜師使辨之。「卜師，掌開龜之四兆：一曰方兆，二曰功兆，三曰義兆，四曰弓兆。凡卜事，眡高，揚火以作龜，致其墨。」《注》謂「墨大坼明則逢吉」是也。其四兆之義未詳。又，「占人」職云：「凡卜簭，君占體，大夫占色，史占墨，卜人占拆。體有吉凶，色有善惡，墨有大小，拆有微明。」以此辨之。若大卜掌三兆之法：一曰玉兆，二曰瓦兆，三曰原兆。意即所謂占體者也。然燋契之事屬之菙氏，而契龜又非菙氏之事，蓋契龜即《周禮》所謂「作龜」也。大卜職云：「凡國大貞，卜立君，十〔註13〕大封，則眡高作龜。」鄭司農解「作龜」，謂「鑿龜令可爇也」。視龜腹骨近足處，其部高可灼者，先作其墨。俟既灼，觀食不食為兆也。又，卜師職云：「凡卜，辨龜之上下左右陽陰，以授命龜者，而詔相之。」蓋龜首尾兩旁，陰腹陽背，各有高應灼處。辨之者，如春灼後左，夏灼前左，秋灼前右，冬灼後右是也。國大貞則大卜親作龜，大祭祀則眡高命龜，以祭祀乃常禮，但告龜以所卜之事而已，不親作龜。至小事，則涖卜，第臨視之耳。不但不作，亦不命，蓋皆遣其屬為之。惟國大遷，大師則貞龜。貞，即大貞之貞。《說文》云：「卜問也。」以其事非常，亦與立君、大封等，故貞龜也。曰貞龜，則大卜必親作龜可知已。今古公將遷岐周而卜，則所謂大遷之貞也。又，大卜職云：「以邦事作龜之八命：一曰徵，二曰象，三曰與，四曰謀，五曰果，六曰至，七曰雨，八曰瘳。」遷都重事，古公始既謀之於從行之人，而後決之於神，所謂「四曰謀」者也。一說：契，合也。古公謀之人而從矣，謀之龜則又曰吉，與人謀契也。程大昌云：「古卜，卜人令龜已，遂預取吉兆，墨畫其上，然後灼之。灼文適順其畫，是為食墨者吉。其兆不應墨，則云不食。不食則龜不從也。故《雒誥》曰：『我卜河朔黎水，我乃卜澗水東，瀍水西，惟雒食。』是龜之所食者畫雒之兆，而河朔黎水之兆不食也。古公之改居，經始而謀度之，未敢以為可居也。以墨合龜，而兆與墨同，故曰契。契者，合也。人謀與龜協合也。」亦通。「龜」者，國之守器，故以「我」稱。《周禮》龜人職云：「掌六龜之屬，各有名物。天龜曰靈屬，地龜曰繹屬，東龜曰果屬，西龜曰雷屬，南龜曰獵屬，北龜曰若屬。各以其方之色與其體辨之。凡取龜用秋時，攻龜用春時，各以其物入於龜室。上春釁龜。」太史公云：「略聞夏、殷欲卜者，乃取蓍龜，已則棄去之。以為龜藏則不靈，蓍久則不神。至周室之卜官，常寶藏蓍龜，又其大小先後各有所尚，要其歸等耳。或以為聖王遭事無不定，決疑無不見，其設稽神求問之道者，以為後世衰微。愚不師智，人各自安，化分為百室，道散而無垠，故推歸之至微，要潔於精神也。或以為昆蟲之所長，聖人不能與爭，其處吉凶，別然否，多中於人。」林之奇云：「大王遷岐，衛文遷楚丘，未嘗不卜。然君臣既有定議，乃卜洪範，所以先乃心卿、士、庶人，而後卜筮也。」《左・哀二年》：「齊人輸范氏粟，趙鞅禦之，卜戰，龜焦。樂丁曰：『《詩》曰：爰始爰謀，爰契我龜。謀協以故，兆詢可也。』」李氏云：「古之建國，必相土地之宜。土地既善矣，然後稽

〔註13〕「十」，四庫本、《周禮・春官宗伯・大卜》作「卜」。

之於卜筮。衛文公遷於楚丘，始曰『升彼虛矣，以望楚矣。望楚與堂，景山與京，降觀于桑』，則是其既有以相土地之宜矣。其後乃曰『卜云其吉，終焉允臧』也。」「曰」者，嚴云：「龜告之兆也。」「曰止」，言止居已得其地。「曰時」，言可以興土功之時。築室於茲，無容再計矣。蔣悌生云：「詩中凡言龜卜，下文必見卜吉之義。如『爾卜爾筮，體無咎言』，上句言卜，下句言吉。『卜云其吉』亦然。『考卜維王』，卜也。『維龜正之』，亦叶吉之義。如不吉之類，亦曰『我龜既厭，不我告猶』。未有但言灼龜而卜不言兆之吉凶者。故知『曰止曰時，築室於茲』當為龜兆之繇辭也。」〇**迺慰迺止**，紙韻。**迺左迺右**。叶紙韻，羽軌翻。**迺疆**陸本作「強」，云：「一作壃。」**迺理**，紙韻。**迺宣迺畝**。叶紙韻，母鄙翻。**自西徂東，周爰執事**。叶紙韻，鋤里翻。〇賦也。自此至第七章先民事而次宗廟，首宗廟而及官室門社，此經綸之次第也。「迺」，古作「卤」，讀若仍。說文云：「驚聲也。」「慰」，《說文》云：「安也。」「止」，即上章「曰止」之「止」。「迺慰迺止」者，慰安新從遷之眾，俾之止居於是也。嚴云：「上文『曰止』，則龜告以宜居於此。此言『迺止』，則遂安居於此，成龜告之意也。」「左」、「右」，蘇轍云：「東西列之也。」孔云：「『慰』、『止』、『左』、『右』，文在『築室』之下，明其皆是作邑之事。乃左右而處之，據公宮在中，民居左右，故王肅云：『乃左右開地置邑，以居其民也。』」「疆」、「理」，解見《信南山》篇，此又因定民居而及授田之事。「宣」，朱子云：「布散而居也。」按：「宣」之訓「布」，解見《江漢》篇。黄佐云：「此在野之居，如中田有廬，以便民事，所謂二畝半在田者，蓋徹法自公劉已有矣。畝，是分授以田畝。既各授有定分，而後可以隨人用其芟夷墾闢也。」陸云：「宣者，隨田而居，以便田事也。畝者，隨居而田，以服田業也。」連言「迺」字者，有驚駭耳目一新之意。第七章同。「自西徂東」者，鄭云：「據至時從水滸言也。」季云：「言西自漆沮之水滸而東往岐山之下也。」「周」，即「周原」之「周」，舉新遷之地也。與《皇皇者華》篇「周爰」不同。「執事」，如製室、治田，凡所當為者皆是。鄭云：「從西方而往東之人皆於周執事，競出力也。」孔云：「民性安土重遷，離居或有所悔，人競出力，明其勸樂於是，皆無悔心也。」一說：朱子云：「周，遍也，言靡事不為也。」亦通。國以民為本。民居殷奠之後，方事營建，先王之重民如此。《吳越春秋》云：「古公去邠，處岐周。居三月，初成城郭。一年成邑，二年成都，而民五倍其初。」〇**乃召司空，乃召司徒**。虞韻。**俾**《釋文》作「卑」。**立室家**，叶虞韻，攻乎翻。**其繩**陸德明云：「或作乘，誤。」**則直**。職韻。**縮版以載**，叶職韻，節力翻。**作廟翼翼**。職韻。○賦也。王安石云：「『乃』者，繼事之辭，言畢民事而始及之也。」「召」，《說文》云：「呼也。」王逸云：「以手曰招，以言曰召。」鄭云：「司空、司徒，卿官也。」兩言「乃召」者，皆一時事，無先後。按：《史記》云：「古公貶戎狄之俗，營築城郭室屋，而邑別居之，作五官有司，民皆歌樂之，頌其德。」孔云：「后稷封邰為上公，《孟子》稱文王以百里而王，則大王之時，以殷之大國當立三卿，其一蓋司馬乎？時不召者，司馬於營國之事無所掌故也。」「俾」，《爾雅》云：「使也。」「立」，建也，刱造之謂。第七章同。鄭云：「司空掌營國邑，司徒掌徒役之事，故召之使立室家之位處。」孔云：「司空之屬有匠人，其職有營國廣狹之度，廟社朝市之位，是『司空掌營國邑』也。司徒之屬有小司徒，其職云：『凡用眾庶，則掌其政教』，是『司徒掌徒役之事』也。以此二卿各有所掌，故召之。召司空之卿，令之營度廣輪；召司徒之卿，令之興聚徒役。『室家之位處』，則匠人所謂『左祖右社，面朝後市』之類是也。」朱子云：「人君國都如井田樣，畫為九區，面朝背市，左祖右社，中間一區則君之宮室，宮室前一區為外朝，凡朝會藏庫之屬皆在焉。後一區為市，市四面有門，左右各三區，皆民所居。而外朝一區，左則宗廟，右則社稷焉。此國君都邑規模之大槩也。」黃佐云：「『俾立室家』一句，含宗廟、宮室、門、社皆在其中，對上未有家室而言。」「繩」，《說文》云：「索也。」鄭云：「繩者，營其廣輪方制之正也。」朱子云：「繩所以為直。營度位處，皆先以繩正之。」陸云：「如分別何處是廟，何處是廄庫，何處是宮社，皆引繩以取直也。」「縮版以載」，專屬下文作廟言。《爾雅》云：「繩謂之縮。」郭璞云：「縮者，縛束之也。」孔云：「縮者，束物之名。用繩束版，故謂之縮。」「版」，《說文》云：「判也」，謂木片也。李氏云：「《左傳》凡言興土功，則言版幹，蓋立木兩傍，所以障土。」「載」，鄭云：「上下相承也。」孔云：「以繩縮束其板，板滿築訖，則升下於上，以相承載。」「作」，起也，亦創造之謂。「廟」，宗廟也。《說文》云：「尊先祖貌也。」徐鍇云：「所以彷彿先人之容貌也。」《禮記》云：「君子將營宮室，宗廟為先，廄庫為次，居室為後。」曹氏云：「此章『俾立室家』，則定其規模面向。若其營作，則先於廟，故其序如此。」「翼」，「如跂斯翼」之「翼」，通左右言。曰「翼翼」，蓋象其軒翥方嚴之貌。《疏義》云：「《易．萃》及《渙》之《彖》皆曰『亨，王假有廟』者，萃，因民之聚，立廟以堅其歸向之心，所以為懷保之道；渙，憂民之散，立廟以收拾其蕩析之心，所以為招攜之述。皆所以統攝民心而堅凝之也。大王遷岐，與公劉遷豳之事大槩同。公劉相土以山川，大王相土以生物。公劉之止基其民，即大王慰、止、左、右也；公劉之乃理其民，即大王疆、理、宣、畝也。但彼則處處廬旅，言言語語，其規模小；此篇乃召司空以下，其規模大。蓋世時有先後，土地有廣狹，故不同耳。」〇**捄之陾陾**，蒸韻。**度之薨薨**。蒸韻。**築之登登**，蒸韻。**削屢馮馮**。蒸韻。**百堵皆興**，蒸韻。**鼛鼓弗勝**。叶蒸韻，書蒸翻。〇賦也。嚴云：「述遂作宮室也。」「捄」，《說文》云：「盛土於梩中也。」鄭云：「築牆者捊聚壤土，盛之以蔂。」孔云：「捄字從手，謂以手取土也。蔂、梩皆盛土之器。」「陾」，《說文》云：「築牆聲也」，引此詩。今按：陾為築聲，於義無取，正因此詩而附會之耳。毛《傳》解「陾陾」為「眾」。以字形求之，左施𠂤。土山曰𠂤。𠂤者，厚也。右施耎，《說文》云：「稍前大也。」合二義解之，當為取土眾多之義。「度」，通作「剫」，《說文》云：「判也。」謂分判所聚之土，納之於版中也。「薨」，通作「轟」，群車聲也。分土之聲，其嘈雜亦如之。「螽斯羽，薨薨兮」、「蟲飛薨薨」，皆以聲言也。「築」，《說文》云：「擣也。」「登登」，陳氏云：「漸高也。」嚴云：「既取得土，送之牆上，牆上之人受而投之版中，薨薨然其聲之眾。既投之版中，築之者登登然積累而上，則牆漸高矣。」「削」，《增韻》云：「刮削也。」劉彝云：「謂牆成脫版，削其堅凸以就平直。」「屢」，《說文》云：「數也。」蘇云：「重複削治也。」「馮」，《說文》云：「馬行疾也。」「馮馮」，狀其運腕敏疾之貌。「百堵」，解見《鴻雁》、《斯干》篇。「堵」，垣也。「百」者，非一之辭。「興」，起也。「百堵皆興」，謂所治非一室，而群力一集，垣牆並舉也。輔廣云：「獨詳於版築之事者，蓋垣牆所以圍乎外，舉此則其中眾役可知。」「鼛」，解見《鼓鍾》篇。孔云：「韗人為鼛鼓，正謂壹鼓耳。」「鼛」，亦作「皋」。陳祥道云：「《周禮》：『鼓人以鼛鼓鼓役事。』《春秋傳》：『魯人之皋。』蓋皋者，緩也。役事以弗亟為義，故以皋鼓節之。古者上之使下以仁，常欲緩而不迫，故名鼓以皋；下之事上以義，常欲敏而有功，以鼓節之而弗止，故曰『鼛鼓弗勝』。」按：鼛鼓為鼓役事而設，非欲止人之力作，但人心競勸，鼓自不勝其擊，且如有不能相赴者。然此句只就捄、度、築、削之時見之。孔云：「民皆樂事勸功，競欲出力，言大王之得人心也。」〇**迺立皋門，皋門有伉**。叶陽韻，苦郎翻。《韓詩》作「閌」。陸本作「亢」。**迺立應門，應門將將**。叶陽韻，資良翻。**迺立冢土，戎醜**豐本作「魗」。

攸行。叶陽韻，戶郎翻。〇賦也。毛《傳》謂「王之郭門曰皋門，王之正門曰應門」。鄭玄謂「諸侯之宮，外門曰皋門，廟門曰應門，內有路門。天子之宮，加以庫雉」。孔穎達引「《明堂位》云：『庫門，天子皋門。雉門，天子應門。』魯以諸侯而作庫、雉，則諸侯無皋、應，故以皋、應為王門之名也」，以實毛之說。又引「《左．襄十七年》宋人稱『皋門之晰』，是諸侯有皋門也。諸侯法有皋、應，大王自為諸侯之制，非作天子之門矣」，以實鄭之說。二義相反，未詳孰是。今考《左．襄十七年》：「宋築者謳曰：『澤門之晰，實興我役。』」杜《注》：「澤門，宋東城南門也。」古文多以「澤」為「皋」，為其字形相混。其實宋有澤門，無皋門。孔之援引，於斯誤矣。《周書．康王之誥》篇：「王出在應門之內，大保率西方諸侯入應門左，畢公率東方諸侯入應門右。」《逸周書．作雒》篇云：「應門庫臺元〔註14〕閫。」《明堂位》云：「九採之國，應門之外，北面東上。」《後漢紀》：「明帝詔曰：『昔應門失守，《關雎》刺世。』」薛君《章句》曰：「人君退朝，入於私宮，后妃御見有度，應門擊柝，鼓人上堂，退反宴處，體安志明。」是則應門為天子之制。諸侯之有皋、應，於書無所經見。《明堂位》所云，乃謂魯以周公之故，雉門兼天子應門之制，庫門兼天子皋門之制耳。然雖制兼皋、應，而名仍庫、雉，亦可見諸侯有庫、雉，無皋、應也。《檀弓》記「魯莊公之喪，既葬而絰，不入庫門」。《春秋》定二年，「雉門及兩觀災」。此魯之庫、雉也。又，《家語》云：「衛莊公易朝市。孔子曰：『繹之於庫門內，失之矣。』」是衛亦有庫門。此皆諸侯稱庫、雉之證。毛《傳》所言，為得其實。然獨怪大王時尚為殷諸侯，何以便用天子之制？唐孔氏以為「殷代尚質，未必曲有等級」。朱子以為「大王之時，未有制度，特作二門，其名如此。及周有天下，遂尊以為天子之門，而諸侯不得立焉」。其論確矣。又按：王者五門之說，本於鄭司農。外曰皋門，二曰雉門，三曰庫門，四曰應門，五曰路門。《郊特牲》云：「卜之日，王立於澤，親聽誓命，受教諫之義也。獻命庫門之內，戒百官也。」是王有庫門。路門，一曰畢門，謂從外而入，至路門為終畢也。《書．顧命》篇所謂「二人雀弁，執惠，立於畢門之內」者。《春秋傳疏》則謂「雉門為中門」，外有皋、庫，內有應、路，於內外為中。今以《明堂位》文證之，庫門向外兼皋門，雉門向內兼應門，則庫門在雉門外，明矣。雉門設兩觀，所謂象魏。又，應門亦名朝門，路門

〔註14〕「元」，《逸周書．作雒解第四十八》作「玄」。按：底本為明崇禎十四年刻本，「玄」字卻作「元」，俟考。

亦名寢門，以朝位在應門內，路寢在路門內，故名之。若《周禮》「師氏居虎門之左，司王朝」，《注》謂「虎門即路寢門也」。畫虎所以明勇猛，於守宜也。蓋諸儒之說五門如此。然經皆無明文。惟《月令》云：「季春之月，田獵罝罘、羅罔、畢翳、餧獸之藥，毋出九門。是月也，命國難，九門磔攘。」說者謂天子九門，法陽九之義。宮門有五，法五行；外門有四，法四時。合為九門。一曰關門，二曰遠郊門，三曰近郊門，四曰國門，及五皋、六庫、七雉、八應、九路也，皆從外而數。諸侯七門，則以內五門少其二故耳。劉敞則云：「天子、諸侯皆三門，而名不同。以《詩》、《書》、《禮》、《春秋》考之，天子有皋、應、畢，諸侯有庫、雉、路。天子外朝在皋門之內，諸侯外朝在庫門之內。天子治朝在應門之內，諸侯治朝在雉門之內。天子內朝在畢門之內，諸侯內朝在路門之內。」又曰：「何謂畢門？畢者，蹕也。王出至於此則蹕也，師氏掌焉。何謂應門？應，應也。王居治朝，正天下之政，四海之內莫不敬應也。何謂皋門？皋，告也。王者外朝，播告萬民，謀大事也。」是則五門三門，說各不同。要之，天子門制自當與諸侯異，則五門之說固自可信。今制亦有五門，外曰大明門，二曰承天之門，三曰端門，四曰午門，五曰皇極門。皇極門內，正殿曰皇極殿，則古之路寢也。又，《考索》云：「天子五門，皋者遠也，明最在外，故曰皋；庫門，則有藏於此故也；雉門者，取其文明也；應門者，則居此以應治也；路門，則取其大也。此五門各有其義。然《書》又有南〔註15〕門，則路門之別名也；《周禮》又有中門，則雉門之別名也；《爾稚》有正門，則應門之別名也。」今按：皋者，引聲之言。引聲者，長聲也，故以為取緩遠之名。又以為取播告之義，皆通。「伉」，當依《韓詩》作「閌」。《說文》云：「閌閬，高門也。」又，《說文》解「閬」，亦云：「門高也。」「將」，如「鮮我方將」之「將」，當通作「壯」，美其閎敞壯觀也。兩戶為門，故重言「將將」。山頂之高腫起者曰冢，故以為高大之義。「社」，《說文》云：「地主也。」《郊特牲》云：「家主中霤而國主社。」孔云：「冢土訓為大社，未即名為大社。《祭法》：『王為群姓立社曰大社。』《郊特牲》云：『天子大社，必受霜露風雨之氣。』以為大社之名唯施於天子。諸侯雖不可名大社，可以言冢土矣。『迺立冢土』，正是諸侯之法。」按：《泰誓》言「類於上帝，宜於冢土」，則猶仍大王舊稱，以未為天子故也。「戎」，《說文》云：「兵也。」「丑」，《說文》云：「可惡也。」小丑之丑。

〔註15〕「南」，章如愚《群書考索》別集卷八《經籍門・禮記》作「畢」。

「攸行」者，言將加兵於所可醜惡之國，則必告於社而後行也。又按：征伐必載社主以行，則以攸行為載社主，亦可。鄒忠胤云：「皋門、應門之設，前此未有也。有之自古公始。其視皇過之夾溯、芮〔註16〕鞫之止基、廬處之苟簡，固已不侔。而立冢土以利攸行，則隱然順治威嚴之梗槩矣，故遂以昆夷之駾接之。」鍾惺云：「不讀此數章，不知周家經制多出古公，其才何必減周公也。」○**肆不殄厥慍**，問韻。**亦不隕**《孟子》作「殞」。**厥問**。韻。豐本作「聞」。**柞棫拔**叶隊韻，蒲妹翻。**矣，行道兌**叶隊韻，徒對翻。陸本作「脫」。**矣**。**混**《左傳注》作「畎」。趙岐《孟子注》作「昆」。《說文》作「犬」。**夷駾**叶隊韻，徒對翻。《說文》作「呬」。《左傳注》作「喙」。趙岐《孟子注》作「兑」。**矣，維其喙**隊韻。**矣**。《說文》引此二句，作「犬夷呬矣，昆夷駾矣。」○賦也。「肆」，《說文》云：「極陳也。」極陳我周王業積纍之難，如下文所云也。「殄」，《說文》云：「盡也。」《爾雅》云：「絕也。」「慍」，《說文》云：「怒也。」此主昆夷之怒我言，觀《孟子》引詩意可見。「隕」，毛云：「墜也。」《儀禮》云：「小聘曰問。」《周禮》云〔註17〕：「時聘曰問。」此二句自大王遷岐之時，中歷王季及文王受命之初，皆是如此。言昆夷慍怒於我，不惟不遽殄滅之，而且不失墜其往來聘問之禮。《孟子》所謂「以大事小者，樂天者也」。嚴云：「大王始居於豳，則北有獯鬻之侵。既遷於岐，則西有昆夷之擾。北狄大而西戎小，豳地迫近彊狄，若以力爭，傷人必多，大王所不忍也，故去豳而遷岐。至若昆夷，惟不殄不隕，內備外和，彼自不能為患矣。」按：《孟子》言文王之始，猶事昆夷，正所謂「不隕厥問」者。又，貉稽有不理於口之疑，而《孟子》曰「無傷也，士憎茲多口」，因引此詩，以詠歎文王，意謂士惟急於修德，雖有多口所憎，固不必介介於胸而遂疏其相與之跡，試觀文王之待昆夷何如乎？「柞」，栩也，即所謂柞櫟也。解見《鴇羽》、《晨風》、《車舝》篇。「棫」，「《爾雅》云：『白桵也。』陸璣云：『《三〔註18〕蒼》說棫即柞也。其材理全白無赤心者為白桵，直理易破，可為犢車軸，又可為矛戟矜。』今人謂之白梂〔註19〕，或曰白柘。」〔註20〕按：《旱麓》之詩曰「瑟彼柞棫，民所燎矣」，則柞、棫皆木之大者。

〔註16〕「芮」，四庫本作「芮」。
〔註17〕「云」，四庫本作「曰」。
〔註18〕「三」，《六家詩名物疏》作「王」。
〔註19〕「梂」，《六家詩名物疏》作「棣」。
〔註20〕見馮復京《六家詩名物疏》卷四十六《綿篇・棫》。

郭璞注《爾雅》以棫為「小木，叢生，有刺，實如耳璫，紫赤可食」，必非此詩之所謂棫也。如璣說棫「材理全白」，則是白棫何疑？但柞別名栩，而棫又混名柞，往往致誤，不可不辨。「拔」，《說文》云：「擢也。」《增韻》云：「攻而舉之也。」「柞棫拔矣」，如《左傳》言「篳路藍縷，以啟山林」之意。「行道」，行人往來之路也。「兌」，朱子云：「通也。」按：兌字下從人，中從口，上從八〔註 21〕，象人口氣之分散，故有通義。「混夷」，即昆夷，又作緄夷，又作畎夷，皆犬聲之轉也。《書大傳》云：「文王四年伐犬夷。」注：「犬夷，昆夷也，亦稱犬戎。」《山海經》云：「黃帝生苗龍，苗龍生融吾，融吾生弄明，弄明生白犬，白犬有牝牡，是為犬戎。」韋昭云：「犬戎，昆夷之別名。」《史記》稱「自隴以西有緄戎」，今按其地，當在豳岐之西，在今鞏昌泰州之地。「駾」，《說文》云：「馬行疾來貌。」「混夷」，突來之狀似之。「喙」，《說文》云：「口也。」呂大臨云：「張喙而息也。奔趨者其狀如此。昆夷所以敢於為患者，持其深林大麓之中，路岐阻塞，而人不易入耳。今柞棫拔去，而道可通行，則生齒漸繁，歸附日眾，昆夷時或突來，但見其抱頭竄伏，喘息不暇而已。」愚按：以《皇矣》篇觀之，則「柞棫拔矣」而下皆指文王時言。其曰「昆夷駾喙」，意即四年伐犬夷事，下章所謂「蹶厥生」者也。又按：《帝王世紀》云：「文王受命四年，周正丙子，混夷伐周，一日三至周之東門，文王閉門修德而不與戰」，與《大傳》、《史記》諸書所載異者。或昆夷先伐周，然後文王從而伐之耳。〇**虞芮質厥成**，庚韻。**文王蹶厥生**。庚韻。**予曰有疏**《孔叢子》作「胥」。**附**，宥韻。亦叶虞韻，芳武翻。**予曰**《楚辭章句》作「聿」。**有先**《尚書大傳》作「前」。**後**。叶宥韻，胡茂翻。亦叶虞韻，後五翻。**予曰**《楚辭章句》作「聿」。**有奔**陸本作「本」。豐本作「犇」。**奏**，宥韻。亦叶虞韻，宗五翻。《孔叢子》作「輳」。《尚書大傳》、陸本俱作「走」。**予曰有禦**《尚書大傳》、陸本俱作「御」。**侮**。麌韻。亦叶宥韻，莫候翻。豐本以此章為《思齊》篇之第六章。〇賦也。「虞」、「芮」，二國名，皆殷諸侯。「質」，《說文》云：「以物相贅也。」徐鍇云：「質之為言實也。事疑虛，以人物實之也。」今按：訟者，言其曲直，必有物以為徵驗，故亦云質，謂質其實也。「成」，蘇云：「獻成也。」王安石云：

〔註 21〕「八」，四庫本作「人」。按：《說文解字》：「兑，說也。從儿㕣聲。大外切。」徐鉉注：「㕣，古文兗字，非聲。當從口從八，象氣之分。《易》曰：『兑，為巫為口。』」

「與《周官》所謂『書其刑殺之成』同。」《史記》云：「西伯陰行善，諸侯皆來決平，於是虞、芮之人有獄不能決，乃如周。入界，耕者皆讓畔，民俗皆讓長，虞、芮之人未見西伯，皆慚相謂曰：『吾所爭，周人所恥，何往為，祇取辱耳。』遂還，俱讓而去。諸侯聞之曰：『西伯蓋受命之君。』」毛《傳》云：「虞、芮之君相與爭田，久而不平，乃相謂曰：『西伯，仁人也，盍往質焉？』乃相與朝周。入其竟，則耕者讓畔，行者讓路。入其邑，男女異路，斑白不提挈。入其朝，士讓為大夫，大夫讓為卿。二國之君感而相謂曰：『我等小人，不可以履君子之庭。』乃相讓，以其所爭田為閒田而退。天下聞之而歸者四十餘國。」劉向《說苑》云：「虞人與芮人質其成於文王。入文王之境，則見其人民之讓為士大夫。入其國，則見其士大夫讓為公卿。二國者相謂曰：『其人民讓為士大夫，其士大夫讓為公卿，然則此其君亦讓以天下而不居矣。』二國者，未見文王之身，而讓其所爭以為閒田而反。孔子曰：『大哉，文王之道乎！其不可加矣！不動而變，無為而成，敬慎恭己，而虞、芮自平。』」三書所載，大同小異，今俱錄之。《郡縣志》：「故虞城在陜州平陸縣東北五十里虞山之上，古虞國。芮城在陜州芮城縣西二十里，古芮國。間原在平陸縣西六十五里，即虞芮爭田讓為間田之所。」今按：平陸、芮城俱屬山西平陽府解州，在河東。間原與虞芮相接，俗呼讓畔城。《史記注》引《地理志》，謂「芮在馮翊臨晉縣」，杜氏《通典》從之，非也。馮翊故城在陜西西安府高陵縣南二里，乃河西地，與平陸迥不相及。《史記正義》亦辨其疏矣。《路史》引《六韜》云：「文王質虞、芮之訟，暨師武伐紂，乃收虞師、芮師。」「蹶」，朱子云：「動而疾也。」「生」，猶起也，與「民之初生」「生」字同義。朱子云：「生是興起之意，其勢張盛，忽然見之，如跳起也。」萬時葉云：「『文王蹶厥生』，王氣勃然奮起，如蕨之未拳，如竹之初籜，怒生之象。從筆端描出，正與瓜瓞光景關照，可味可思。」周昌年云：「初生只是初起，至是則向之所起者蹶然興盛，非復初生微弱之象矣。」朱善云：「文王之德，其孚於人也久矣。至是而始動其興起之勢者，譬如弩機之既張，是惟無發，發則沛然而不可禦矣。」按：《孟子》言文王繇方百里起，其始尚仍大王舊封於岐山之下，其地甚狹。及虞、芮質成之後，而歸附者始眾。《史記》稱「明年，伐犬戎。明年，伐密須。明年，敗耆國」。《竹書》亦紀「帝辛三十六年春正月，諸侯朝於周，遂伐昆夷」。凡此皆所謂「蹶厥生」者也。周之中葉，自竄於戎狄之間，其後困於獯鬻之侵。及大王遷岐，猶未能殄昆夷之慍。至蹶生有文王，而累世之所鬱結始大為發抒，故以此與肇基王跡之大王相首尾。蘇氏、嚴氏皆以「蹶生」為動虞、芮之君，使其禮義廉恥之心油然而生，於理盡佳，然不過指一事而言，其為義小矣。「予曰」以下，作詩者之辭也。歸功四友，為章末餘波。若曰非特文王聖也，亦其臣與有助焉。「濟濟多士，文王以寧」，豈不信夫？「疏附」，以布德言，疏通德澤，使民親附也。「先後」，以納忠言，先君之意而啟之，後君之意而成之也。「奔奏〔註 22〕」，以任事言，周旋竭力，不避險阻，奔君之命而進其所為於君也。「禦侮」，以揚威言，敵未來而能折其氣，敵突至而能折其衝也。孔云：「以此四行遍該群臣，雖有賢聖，不過此矣。」王符云：「夫士者，貴其用也，不必求備，故四友雖美，能不相兼。」郝敬云：「言雖本文王之聖，亦必資群臣之助，而況為後王者乎！」陸化熙云：「試看《十月之交》一詩，其言群小用事於外，妖豔蠱惑於內，成何國家景象？則知此詩之言姜女、言四臣，豈不可想見老臣之用心？」又云：「周家起初，基業極微，而卒開王業，其為國為民，累仁積功，歷歷可見者如此。即此可以思仁，可以思孝，可以見創業之難，可以見祖宗貽謀之遠，非如他詩言以德受命，直須推原到精神感應之微妙處也。」愚又有一說焉。按：《史記》以虞、芮質成為西伯出羑里得專征伐後事，而《詩正義》雜引《書傳》所載，謂「紂聞文王斷虞、芮之訟後，又伐邗，伐密須，伐犬夷，三伐皆勝，而始畏惡之，拘於羑里。紂得散宜生等所獻寶而釋文王，文王釋而伐黎，明年伐崇」，又云「西伯得四友獻寶，免於虎口而克耆」，耆即黎也，果如所說，則文王政以虞、芮質成取忌，幾緣履虎遭咥，為「蹶厥生」耳。蹶之為言僵也，與死為鄰之謂也。而《書傳》又云：「宜生、南宮括、閎夭三子學頌於太公，遂與三子見文王於羑里，獻寶以免文王。乃云」，則「予曰有疏附」四言乃文王當曰之語，而太公、散宜生、南宮括、閎夭四人又適符四友之數，故《孔叢子》云：「孟懿子問：『《書》曰欽四鄰，何謂也？』孔子曰：『王者前有疑，後有丞，左有輔，右有弼，謂之四近，言前後左右近臣當畏敬之，不可以非其人也。周文王胥附、奔輳、先後、禦侮，謂之四鄰，以免乎羑里之害。』懿子曰：『夫子亦有四鄰矣。』孔子曰：『吾有四友焉。自吾得回也，門人加親，是非胥附乎？自吾得賜也，遠方之士日至，是非奔輳乎？自吾得師也，前有光，後有輝，是非先後乎？自吾得仲由也，惡言不至於門，是非禦侮乎？』」《尚書大傳》載孔子語亦同，而足之曰：「文王有四臣，以免虎口。丘亦有四友，以禦侮。」然

〔註 22〕「奏」，四庫本作「走」。

則此章之意，乃是詠文王所遭之不幸，與前所言古公避狄遷國，總見周家創業〔註23〕艱難，以動嗣世者之警念。噫！作詩者其有憂患乎！

《緜》九章。章六句。《申培說》、豐本皆作八章，章六句，以去末一章故也。〇《子貢傳》以為「訓成王之詩」，辨已在《小引》下。《申培說》則直謂「週報大王，周公述其事，以訓嗣王之詩」，蓋因削去末章，則篇中無復詠文王之語，故但以為報大王耳。是其說亦有所本。先是季彭山氏謂「第九章與上文似不相屬，竊意或是錯簡，惟以屬於《思齊》『譽髦斯士』之後，庶幾理順」，於是作偽說者遂從而剿襲之，而不知其鄙闇之甚也。按：《左・昭二年》：「晉侯使韓宣子來聘，公享之。季武子賦《緜》之卒章。」杜預《注》謂「義取以晉侯比文王，以韓子比四輔」。然則「虞芮」六句為《緜》之卒章，其來古矣。此而不知，乃敢為偽，豈非不辨菽麥者乎？若《史記》謂「詩人道西伯，蓋受命之年稱王而斷虞、芮之訟」，觀於此詩，古公尚稱公而文王已稱王，則稱王之事疑或有之。所以終不敢信其然者，賴《泰誓》篇中但稱文考而不稱文王為證佐耳。詩述先王積累德業之盛，故朝見燕享必歌奏之以致警，此叔孫穆子所以與《文王》、《大明》皆稱為「兩君相見之樂」與？

旱麓

《旱麓》，武王追王三后也。牧之野，既事而退，遂率天下諸侯，執豆籩，逡奔走，追王太王亶父、王季歷、文王昌，不以卑臨尊也。自「牧之野」下俱出《禮・大傳》篇。**此詩蓋追王之時祭而受釐之樂歌。**《序》云：「受祖也。周之先祖世修后稷、公劉之業，大王、王季申以百福干祿焉。」《申培說》、朱《傳》皆以為「詠歌文王之德」。今按：詩意實次第三后而兼歎美之，前三章三言「豈弟〔註24〕君子」是也；自第四章而下，皆為武王祀周廟而發。所以知然者。以「騂牡」、「既載」當自武王為天子尚赤之後言耳。朱子又云：「詩中有享祀神勞等語，或亦受釐之樂。」釐，義見《既醉》篇。

瞻彼旱麓，《國語》、陸德明本俱作「鹿」。**榛楛濟濟**。叶齎韻，子禮翻。**豈**《國語》、陸本俱作「愷」。下同。陸云：「一作凱。」**弟**《國語》、陸本俱

〔註23〕「業」，四庫本作「鄴」。
〔註24〕「弟」，底本作「第」，據四庫本改。

作「悌」。下同。**君子，干祿豈弟**。齊韻。○賦之興也。「瞻」，《說文》云：「臨視也。」「旱」，毛《傳》云：「山名也。」《漢書・地理志》云：「漢中郡南鄭縣旱山，沱水所出，東北入漢。」《寰宇記》云：「在南鄭縣西南二十里。」按：今陝西漢中府，本禹貢梁州之域。周合梁於雍，又屬雍州，其地與鳳翔府接壤，鳳翔即古岐周地也。昔周之興，鸑鷟常鳴於岐，翱翔至於南而集焉，是以西岐曰鳳翔，南岐曰鳳州。鳳州，今鳳縣漢中所轄也。故何景明云：「余至鳳縣，觀鳳鳴之山，曰南岐。至成縣，詢古西康州有鳳鳴處。鳳縣，今屬漢中。成縣，今屬鞏昌。各去數百里，間於羌戎，則文王治岐地蓋廣遠矣。」詩人託山川以起興，皆指其在境內者。此舉旱麓，乃主大王遷岐而言。《爾雅》云：「山足曰麓。」應劭云：「林屬於山者也。」「榛」，解見《簡兮》篇。羅願云：「榛似栗而小。關中鄜坊甚多。然則其字從秦，蓋此意也。」「楛」，木名。陸璣云：「其形似荊，而赤莖似著，上黨人織以為斗筥箱器，又楺以為釵。故上黨人調問婦人欲買赭不，曰『灶下自有黃土』；問買釵不，曰『山中自有楛。』」顏監云：「楛木堪為笴笴，今豳以北皆用之，土俗呼其木為楛子。」郝敬云：「榛可以供籩，楛可以為矢。文武之材，以比聖德。」「濟」之為言齊也。曰「濟濟」者，茂盛而整齊之貌。「豈」，通作「愷」，《說文》云：「康也。」「弟」，順也，《說文》解為「韋束之次第」，言如積壓柔韋，順後前，不相戾也。嚴粲云：「『豈弟』者，德盛仁熟，和順充積之謂也。」「君子」，謂大王也。大王心存愛民，其將去邠而之岐也，曰「君子不以其所養人者害人」，又曰「與人之兄居而殺其弟，與人之父居而殺其子，吾不忍也」，是皆所謂豈弟者也。「干」，《爾雅》云：「求也。」「祿」，即福也。徐鍇云：「祿之言錄也，若言省錄之也。」按：周之王瑞，自大王興，此天之所錄也。季本云：「君子有豈弟之德，則福祿隨之，是以豈弟而干祿也。君子本無干祿之心，猶所謂以堯、舜之道要湯云爾。」錢天錫云：「通詩『豈弟君子』一句最重，蓋天地福祿種種，不過和順之氣所凝成，故嚴厲乖戾便有許多愁慘出來，溫良易簡便有許多太和凝聚，此豈弟也，在天則和風慶雲，在人則心安體豫，在家則雍雍穆穆，在國則怙冒咸若，在萬世則太和常在宇宙，不期福祿而福祿歸之，自是實理。」〔註25〕嚴云：「詩人言干祿者，謂在我有以致之，猶曰自求多福耳。《周語》：『景王將鑄大鐘，單穆公曰：不可。《詩》有之，曰：瞻彼旱鹿，榛楛濟濟。

〔註25〕（明）錢天錫《詩牖》卷十一《旱麓》（《四庫全書存目叢書》經部第67冊，第676頁）

愷悌君子，干祿愷悌。』夫旱鹿之榛楛殖，故君子得以易樂干祿焉。若夫山林匱竭，林鹿散亡，藪澤肆既，民力彫盡，田疇荒蕪，資用乏匱，君子將險哀之不暇，而何易樂之有哉？且絕民用以實王府，猶塞川原而為潢污也，其竭也無日矣。」王應麟云：「誦『險哀』二字，此文中子所以有帝省其山之歎也。天地變化，草木蕃，況賢者而不樂其生乎！天地閉，賢人隱，況草木而得遂其性乎！」呂祖謙云：「《緜》之八章曰『柞棫拔矣，行道兌矣』，《皇矣》之三章曰『帝省其山，柞棫斯拔，松柏斯兌』，皆以山林之茂見王業之盛。然則所謂『榛楛濟濟』者，蓋當時所見之實也。」愚按：《旱麓》「濟濟」，正如所紀「周原膴膴」者，以見大王當時新遷國邑，民安物阜之盛。此所謂賦也。然不言山而言麓，又言其所生榛楛之多，足資民用，則亦有深意存焉。《易・剝》之《象》曰：「山附於地，剝。上以厚下安宅。」此殆詩人言《旱麓》之義也。人君不以高危峻絕自處，而以謙抑卑下為心，人人得而親近之，無所縣隔，亦人人得而取給之，無所禁限，此其為豈弟孰加焉？和氣致祥，干祿百福，固其宜矣。此則賦中有興也。○瑟《說文》、陸本俱作「璱」。《周禮注疏》作「䘏」。《廣蒼》作「琗」。豐氏本作「僁」。**彼玉瓚，黃流在中**。東韻。**豈弟君子，福祿攸降**。叶東韻，胡公翻。○賦之興也。「瑟」，《說文》作「璱」，云：「玉英華相帶如瑟弦也。」然第五章「瑟彼柞棫」之「瑟」當作何解？或謂瑟弦密，因訓瑟為密，似矣。而以玉瓚之瑟為縝密，以柞棫之瑟為茂密，分別兩義，亦覺有不可通者。鄭眾、賈公彥於《周禮注疏》引此，皆作「䘏彼玉瓚」。董氏謂「古文以瑟謂䘏」，此較可信。「䘏」字本義訓「憂」。愚意當是愛惜之義。《左傳》「君命寡君，同䘏社稷」是也。又，《曲禮》：「以策彗䘏勿。」《注》訓「䘏勿」為「搔摩之狀」，意亦同此。「䘏彼玉瓚」，猶云可愛惜哉彼玉瓚也。「玉瓚」，毛云：「圭瓚也。」鄭云：「圭瓚之狀，以圭為柄，黃金為勺，青金為外，朱中央矣。」孔云：「瓚者，器名，以圭為柄。圭以玉為之，指其體謂之玉瓚，據成器謂之圭瓚。」詳見《棫樸》篇。「黃流」有二義。毛謂「黃金所以飾流鬯」。以瓚者，盛鬯酒之器，用黃為勺，而有鼻口，鬯酒從中流出，器是黃金，照酒亦黃，故謂之黃流也。鄭但以黃流為秬鬯。以秬鬯者，釀秬為酒，以鬱金之草和之，使之芬香條鬯，故謂之秬鬯。草名鬱金，則黃如金色，酒在器流動，故謂之黃流。鄭所以易傳者，以言黃流在中，當謂在瓚之中，不謂流出之時。而瓚既以朱為中央，則其中亦朱而不黃矣，明酒不得黃，故知非言黃金也。據此，當從鄭義。《郊特牲》云：「灌以圭璋，用玉氣也。」毛云：「九命然後錫以秬鬯圭瓚。」《白虎通》云：「圭瓚秬鬯，宗廟之盛禮，故孝道備而賜之秬鬯，所以極著孝道。孝道純備，故內和外榮。玉以象德，金以配情，芬香條暢，以通神靈。玉飾其本，君子之性；金飾其中，君子之道。金者，精和之至也。玉者，德美之至也。鬯者，芬香之至也。合天下之極美以通其志也，其惟玉瓚秬鬯乎！」鄭云：「殷王帝乙之時，王季為西伯，以功德受此賜。」按：《孔叢子》云：「羊容問子思曰：『古之帝王中分天下，而二公治之，謂之二伯。周自后稷封為王者之後，至大王、王季、文王，此為諸侯矣，奚得為西伯乎？』子思曰：『吾聞諸子夏曰：殷王帝乙之時，王季以九命作伯，於西受圭瓚秬鬯之賜，故文王因之，得專征伐。』」沈約注《竹書紀年》，亦云：「周公季歷伐翳徒之戎，獲其三大夫，來獻捷。殷王文丁嘉季歷之功，賜之圭瓚秬鬯，九命為伯。」今考文丁之後為帝乙，二書所載雖世次不同，然其事相合，辨在《采薇》篇小引下。此詩詠「玉瓚」、「黃流」，正指王季事也。「豈弟君子」，謂王季也。按：《皇王大紀》云：「季歷守正而和，照臨無蔽，勤施無私，教誨不倦，順以事上，比以親民。」以此觀之，其稱愷悌宜矣。鄭云：「攸，所。降，下也。」言王季有樂易之德，故福祿所以降下而與之。周之進爵為西伯，自王季受圭瓚之賜始，所謂「福祿攸降」者也。詩雖賦其事，而中亦有興意，朱子所謂「寶器不薦於褻味，而黃流不注於瓦缶，則知盛德必享於祿壽，而福澤不降於淫人」是也，故曰賦之興也。○**鳶**豐本作「鷰」。**飛戾天**，先韻。亦叶真韻，汀因翻。**魚躍于淵**。先韻。亦叶真韻，一均翻。豐本作「𣶒」。**豈**《左傳》、《潛夫論》俱作「愷」。**弟**《左傳》、《潛夫論》俱作「悌」。**君子，遐**《潛夫論》作「胡」。**不作人？**真韻。亦叶先韻，如延翻。○興之比也。「鳶」，解見《四月》篇。「戾」，通作「麗」，附著之意。「淵」，《說文》云：「回水也。」《管子》云：「水出不流曰淵。」「豈弟君子」，指文王也。《韓詩外傳》云：「度地圖居以立國，崇恩博利以懷眾，明好惡以正法度，率民力稼以重農，學較庠序以立教，事老養孤以化民，升賢賞功以勸善，禁奸止邪以除害，接賢連友以廣智，宗親族附以益強。《詩》曰『豈弟君子』，文王之謂也。」愚按：《棫樸》之詩為文王而作，其第四章曰「周王壽考，遐不作人」，與此文同，故知謂文王也。言文王有豈弟之德，何人不在所作之中乎？文王作人之妙，不過興起之，使各自率其性而已。能盡其性，則能盡人之性。能盡人之性，則能盡物之性。鳶且以之飛於上，魚且以之躍於下，而況於人！故子思子作《中庸》，引此而以為「言其上下察也」。李氏云：「《抱朴子》曰：『鳶之在下無力，及至乎上，聳身直翅而已。』然後知鳶飛更不用力，亦如魚躍，怡然自得而不知其所以然而然。王者之作人，鼓之舞之，使各盡其材，亦不知其所以然而然也。」錢云：「全重『豈弟』上，雷霆一發，港底震動，此之作未免動乎氣者也。君子獨以天性相感發，使之手舞足蹈而不知。《易》曰：『易簡而天下之理得』，此之謂也。」馮時可云：「『豈弟』者，樂易之謂也。樂天則外無豔，居易則中無險。文王以此盛德作興人才，而士皆象德從化，上者安於上，而盡其大，不為府權；下者安於下，而務其小，不為希高。如鳶飛魚躍，各適其性，此作人之極致也。」又，蘇轍引或人之說云：「天之高也，以為不可及矣，然鳶則至焉。淵之深也，以為不可入矣，然魚則躍焉。夫鳶、魚之能至此也，必有道矣，豈可以我之不能不信哉？君子推其誠心，以御萬物，雖幽明上下，無不能格。小人不能知而或疑之，何以異不信鳶、魚之能飛躍哉？」按：此意似從《中庸》所言「夫婦可以與知與能，聖人有所不知不能」生出，亦是一理，但比前說較淺耳。輔廣云：「《洪範》有曰：『皇建其有極，斂時五福，用敷錫厥庶民。』聖人之得名位者，豈以其身自斂其福祿哉？必使天下之人各羞其行而邦其昌，然後為福也。」又，《左．成八年》：「晉欒書侵蔡，遂侵楚，獲申驪。楚師之還也，晉侵沈，獲沈子揖，初從知范、韓也。君子曰：『從善如流，宜哉！《詩》曰：愷悌君子，遐不作人？求善也夫！作人斯有功績矣。』」此但以作人為登進善人而用之，似與詩意無涉。愚按：此詩三章，所言只及三后，不及公劉以上者，以周之追王止於此故也。〇**清酒既載**，叶質韻，子悉翻。亦叶職韻，節力翻。**騂牡既備**。叶質韻，筆栗翻。亦叶職韻。朱子云：「蒲北翻。」**以享以祀**，叶職韻，逸職翻。**以介景福**。叶職韻，筆力翻。〇賦也。此言武王祀三后之事。「清酒」、「騂牡」，解見《信南山》篇。「既載」，鄭云：「謂已在尊中也。」「備」，朱子云：「全具也。」按：《雒誥》：「成王在新邑，烝祭歲，文王騂牛一，武王騂牛一。」據此，文、武之前既各用騂牛，則武王致祭三后，亦必皆各用騂牛，故云「騂牡既備」也。牲用赤色，周所尚也。「享」，《說文》云：「獻也。」以享獻行祭祀之禮，曰「以享以祀」。「介」，鄭云：「助也。」「景」，《說文》云：「光也。」言神助之，以彰明可見之福也。《祭統》云：「賢者之祭也，必受其福，非世所謂福也。福者，備也。備者，百順之名也。無所不順者之謂備，言內盡於己而外順於道也。」程子云：「此章言子孫承受其業，致其誠孝之報，載酒備牲，以享祀其先君，祖先饗報而子孫受福也。」〇瑟豐本作「僁」。**彼柞棫，民**

所燎叶蕭韻，力昭翻。《說文》作「尞」。**矣。豈弟**《左傳》作「愷悌」。**君子，神所勞**叶蕭韻，憐蕭翻。《詩》:「維其勞矣。」鄭《箋》訓為「勞勞廣闊」。《正義》云:「廣闊遼遼之字當從遼遠之遼，而作勞字者，字義同。」**矣。**興而賦也。「瑟」，解見第二章。「柞棫」，解見《緜》篇。「燎」，《說文》云：「放火也。」朱子以為爨也。「豈弟君子」，指武王也。後章同。「神」，指三后也。「勞」，慰撫也。杜預云:「勞者，敘其勤以答也。」鄭云:「猶言佑助也。」此下二章皆受釐之辭，勉武王亦修豈弟之德以致福也。蔣〔註 26〕悌生云:「詩人前篇以『玉瓚』、『黃流』興『豈弟』，宜也。『柞棫』，微賤之物，乃託興而取義，何哉？柞棫之為物，叢生蒙密，人得而取之，無有禁限，時時而薪之，無時或窮。藉使松柏樟楠之高大，民欲薪之，固不可得。苟得伐而薪之，則今日之斧斤，而明日牛山之濯濯矣，又安能資民用哉？惟薪燎之不時，而柞棫之生繼續而不絕，猶民情之多欲，而豈弟之澤溥博而不窮。得夫民，所以得夫神也。觀民之所資足用而無闕，則神之所念亦眷顧而不忘矣。」愚按：取興「柞棫」，與首章詠「榛楛」同意。又，《左·僖十二年》:「齊侯使管夷吾平戎於王，王以上卿之禮饗管仲，管仲受下卿之禮而還。君子曰:『管氏之世祀也，宜哉！讓不忘其上。《詩》曰：愷悌君子，神所勞矣。』」斷章取義，非詩本旨。○**莫莫葛藟**，《後漢書》作「虆」。《晏子春秋》作「蘽」。**施**《韓詩外傳》、《呂氏春秋》俱作「延」。**于條枚。**灰韻。**豈**《禮記》、《呂氏春秋》俱作「凱」。《國語》、《晏子》、《新序》俱作「愷」。**弟**《國語》、《晏子》、《新序》俱作「悌」。**君子，求福不回。**灰韻。○興也。「莫莫」，以葛葉之陰森言。《葛覃》篇「維葉莫莫」是也。「藟」，徐鍇云:「葛蔓也。」解見《樛木》篇。「施」者，纏繞之義。解見《葛覃》篇。毛《傳》云:「枝曰條，幹曰枚。」言此莫莫然葉盛之葛，其蔓或施於枝，或施於幹也。鄭云:「葛藟延蔓於木之枝本而茂盛，喻子孫依緣先人之功而起。」「回」，《說文》云:「轉也。」其字象回轉形，勉武王當修先人豈弟之德，以求福祿之來，不可生回轉之念也。《易》所謂「受茲介福，以中正也」。「求福」，與「干祿」例看。李氏云:「君子承其先祖之道，以求福祿。其求福也，無所回邪，惟承其先祖之道而已。」黃震云:「古說回者，邪也。愚謂回非邪也。回乃入於邪之所自始也。人心初何嘗不正不直，一旦禍福在前，計較之念一萌，即為回轉。若自謂枉尺直尋，以苟濟目前者，不知一有回轉，即入於邪，不可復還。自昔喪名敗節之士，如

〔註 26〕「蔣」，四庫本作「愷」。

此類多矣。學者讀『求福不回』之詩，可以銘心而誓之終身也。」一說：「葛藟」以喻福，「條枚」以喻德。條枚無意於葛藟，而葛藟自施之，猶君子無意於獲福而福自集之。亦通。《禮・表記》篇：「子曰：『下之事上也，雖有庇民之大德，不敢有君民之心，仁之厚也。是故君子恭險以求役仁，信讓以求役禮，不自尚其事，不自尊其身，儉於位而寡於欲，讓於賢，卑己而尊人，小心而畏義，求以事君，得之自是，不得自是，以聽天命。《詩》云：莫莫葛藟，延於條枚。凱弟君子，求福不回。其舜、禹、文王、周公之謂與？』」按：孔子雖藉此詩以贊舜、禹、文王、周公之能盡臣節，而其言「得之自是，不得自是，以聽天命」，於以發明「求福不回」之旨，可謂至親切矣。又，《晏子春秋》云：「崔杼既弒莊公而立景公，劫諸將軍、大夫，令無得不盟者。次及晏子。晏子曰：『劫吾以刃而失其志，非勇也。回吾以利而倍其君，非義也。崔子，子獨不為天討乎？《詩》云：莫莫葛藟，施于條枚。愷悌君子，求福不回。今嬰且可以回而求福乎？曲刃鉤之，直兵推之，嬰不革矣。』崔子遂捨之。」噫！必若晏子而後可謂之不回矣。抑愚因《左傳》、《禮記》引詩之言而別有說也。「騂牡」一章，雖言武王祭祀之事，而「柞棫」二章或者仍是申贊三后之語。蓋周家世載明德，濟以忠貞，故詠柞棫之為民所燎者，興積功累仁之深厚也。然惟守其樂，易以與上下相安，故神益眷之。即《左傳》美管仲之讓，不忘其上，「為神所勞」者也。若夫葛藟之施于條枚，亦猶臣子之託命於上，故於篇末特表三后之「求福不回」，以見周家始終無國度天命之意，則於《表記》孔子之言更有合焉。敢並存此說，以質高明。又，《周語》單襄公譏郤至之不讓，而引諺曰「獸惡其網，民惡其上」及此詩曰「愷悌君子，求福不回」，其意亦頗與孔子之言「不自尚其事，不自尊其身」者同。

《旱麓》六章。章四句。《子貢傳》以此為「訓成王之詩」，非也。果訓成王，何為獨遺武王乎？

皇矣

《皇矣》，美周也。天監代殷，莫若周。周世世修德，莫若文王。出《序》。〇此詩疑亦周公所作。太史公云：「夫天下稱頌周公，言其能論歌文、武之德，達太王、王季之思慮。」孔穎達云：「天監視善惡於下，就諸國之內求可以代殷為天子者，莫若周。周所以善者，以天下諸國世世修德，莫有若文王者也。故作此詩以美之。湯以孤聖特興，禹則父無令問。文王之德不劣禹、湯，而以承藉父祖，始當天意者，欲見尊祖之心，美其世世修德，不必實緜之也。」萬時葉云：「前緜緜章意在敘王業艱難之緜，故詳在大王遷岐而以文王為餘波。此章意在敘王業盛大之緜，故詳在文王伐密伐崇二事，而以大王、王季為緣起。凡讀書須看古人下筆意思所在，如此著眼，便敘文王處亦是敘周業之興，原不為文王，但詩人語氣卻倒注在文王上。」

皇矣上帝，臨下有《潛夫論》作「以」。**赫**。陌韻。亦叶藥韻，閱各翻。**監**《漢書》作「鑒」。**觀四方，求民之莫**。藥韻。亦叶陌韻，莫白翻。《漢書》作「瘼」。**維**《左傳》、《潛夫論》俱作「惟」。下同。**此**《左傳》作「彼」。**二國，其政**鄭《箋》作「正」。**不獲**。陌韻。亦叶藥韻，黃郭翻。**維彼**《左傳》、《潛夫論》俱作「此」。**四國，爰究爰度**。叶藥韻，達各翻。亦叶陌韻，直格翻。按：《虞書》：「宅西曰昧谷。」《周禮注》作「度西曰柳谷」。《漢書注》云：「古文宅、度同」。**上帝耆**《潛夫論》作「指」。**之，憎**豐氏本作「增」。**其式廓**。藥韻。亦叶陌韻，讀如虢，古獲翻。陸德明本作「郭」。**乃眷**《潛夫論》、陸本俱作「睠」。陸又云：「一作券。」**西顧，此維**《漢書》、《論衡》、《潛夫論》俱作「惟」。**與**《漢書》、《論衡》、《潛夫論》俱作「予」。**宅**。陌韻。亦叶藥韻，他各翻。《論衡》作「度」。○賦也。「皇」，毛《傳》、《說文》皆云：「大也。」「帝」者，天之主宰也。從高視下曰臨，與監同意。「赫」，《說文》云：「火赤貌。」程子以為「兼威明二義」，是也。「觀」，《說文》云：「諦視也。」「莫」，當依《漢書》通作「瘼」，《說文》云：「病也。」大哉上帝，其照臨於下，赫然可畏而甚明白，此以帝之體言也。日監察諦審於四方，惟欲求民之所病苦者安在，又以見帝心之至仁也。「二國」，毛、朱二《傳》皆以為夏、商也。「其政」，謂所行之政事不獲。孔以為不得於民心，朱以為失其道，皆通。孔云：「此詩之意主於紂耳。以紂惡同桀，故配而言之。」愚按：朱《傳》以此章為詠大王。今考大王之世，商道猶未衰，何至與夏之末季並稱？其指文王之時明矣。「四國」，無所指，如《詩》言「四國順之」、「正是四國」之類。毛、朱以為「四方之國」，是也。「究」，《說文》云：「窮也。」謂窮其究竟。「度」，《廣韻》云：「度量也。」按：度以度長短，量以量多少，故皆藉以為揆測之義，言商末失政，與夏季同，四方諸侯於是預憂其終，又於是度其所當嚮往者何在，蓋有捨商他適之意矣。《左・文四年》：「楚人滅江，秦伯為之降服、出次、不舉。大夫諫，公曰：『同盟滅，雖不能救，敢不矜乎？

吾自懼也。』君子曰：『《詩》云：惟彼二國，其政不獲。惟此四國，爰究爰度。其秦穆之謂矣。』」按：觀此可以得詩人立言之意。「耆」，當依《潛夫論》作「指」。按：耆字訓老而有指之義，其字從老從指省。故《曲禮》云：「六十曰耆，指使。」《釋名》云：「耆，指也。不從力役，指事使人也。」「憎」，《說文》云：「惡也。」「式」，毛、鄭皆云：「用也。」按：式字從工，工製器以利用，故有用之義。「廓」，毛、鄭皆云：「大也。」《說文》有「郭」字，無「廓」字。城外為郭，亦闊大之稱，故《釋名》云：「郭，廓也，廓落在城外也。」承上文言四方諸侯方躊躇於去留之間，未能自決，上帝乃指示之，以紂不恤民瘼，侈於用大，以自快意，為帝心所憎惡也。「眷」、「顧」同義，謂回首而視也。岐周在西方，故曰「西」。嚴粲云：「《大東》刺亂而思周道，《小明》悔仕而思共人，皆以回顧言之。此言天回其首以西視，背商而向周也。」孔云：「天氣清虛，本無首目，而云『西顧』者，作者假為與奪之勢，託而言之耳。」鄧元錫云：「天靡不欲安定其邦家，而用大，所憎也；小心翼翼，所眷也。」鄭樵云：「天憎其用大而為虐者，乃眷然西顧。」范景文云：「周德默與天往來，故天眷之。」又，王符云：「太古之時，烝黎初載，未有上下，而自順序，天未事焉，君未設焉。後稍矯虔，或相凌虐，侵漁不止，為萌巨害。於是天命聖人，使司牧之，使不失性。四海蒙利，莫不被德，僉共奉戴，謂之天子。故天子立君，非私此人也以役民，蓋以誅暴除害利黎元也。是以神謀鬼謀，能者處之。《詩》云：『皇矣上帝，臨下以赫。監觀四方，求民之莫。惟此二國，其政不獲。惟彼四國，爰究爰度。上帝指之，憎其式廓。乃眷西顧，此惟與宅。』蓋此言也，言夏、殷二國之政不得，乃用奢誇廓人，上帝憎之，更求民之瘼、聖人與天下四國究度而使居之也。前招良人，疾奢誇廓無紀極也，乃惟度法象，明著禮秩，為憂憲藝，縣之無窮。」按：此雖主用人立法發論，而其意亦相近。「此維與宅」，乃追溯昔日而言，以起下節之意。「宅」，《爾雅》云：「居也。」《釋名》云：「擇也。揀擇吉處而營之也。」言此岐周之地，乃天昔日與大王，使之遷居於此，以肇基王跡。天之眷周，非一日矣。又，《漢書》：「谷永云：『天生烝民，不能相治。為立王者，以統理之。方制海內，非為天子。列土封疆，非為諸侯，皆以為民也。垂三統，列三正，去無道，開有德，不私一姓，明天下乃天下之天下，非一人之天下也。王者躬行道德，承順天地，博愛仁恕〔註 27〕，恩及行葦。籍稅取民，不過常法。宮室車服，不踰

〔註 27〕「恕」，四庫本作「怒」。《漢書》卷八十五《谷永傳》作「恕」。

制度。事節財足，黎庶和睦。則卦氣理效，五徵時序，符瑞並降，以昭保右。失道忘行，逆天暴物，窮奢極欲，沉湎荒淫，婦言是從，誅逐仁賢，離逖骨肉，群小用事，峻刑重賦，百姓愁怨，則卦氣悖亂，咎徵著郵，上天震怒，災異屢降。終不改寤，惡洽變備，不復譴告，更命有德。《詩》云：『乃眷西顧，此惟予宅。』夫去惡奪弱，遷命賢聖，天地之常經，百王之所同也。』」○**作之屏之，其菑**《爾雅注》作「椔」。陸本作「甾」。**其翳**。霽韻。亦叶屑韻，一結翻。《韓詩》作「殪」。**脩**豐本作「修」。**之平之，其灌其栵**。屑韻。亦叶霽韻，力制翻。**啟之辟之**，音闢。**其檉其椐**。叶遇韻，讀如句，俱遇翻。**攘之剔**陸云：「或作『鬄』，又作『掦』。」**之，其檿其柘**。叶遇韻，都故翻。**帝遷明德，串**陸本作「患」。豐本作「串」。**夷載路**。遇韻。**天立厥配**，《爾雅注》作「妃」。**受命既固**。遇韻。○作賦也。朱云：「拔起也。」「屏」，本屏蔽之義。《釋文》以為除也，謂除之使不見。《王制》「屏之遠方」是也。「菑」，《爾雅·釋木》云：「立死，菑。蔽者，翳。」孔云：「以立死之木妨他木生長，為木之害，故曰菑也。自斃者，生木自倒，枝葉覆地為蔭翳，故曰翳也。」按：《荀子》云：「周公之狀，身如斷菑，」即此「菑」義。陸佃云：「木臥死為翳。」一說：小木蒙密蔽翳者也。亦通。「修之平之」者，修則攻治之謂，平則芟夷之謂，皆使其不至於礙行也。《爾雅》云：「木族生為灌。」或作「欟」。程子云：「行生曰栵。」按：栵本木名。《爾雅·釋木》有栵栭，郭璞謂「栭樹似槲樕而痺小，子如細栗，今江東呼為栭栗」。陸璣謂「葉如榆木，理堅韌而赤，可為車轅」。又，《禮記·內則》有芝栭，說者謂在地曰芝，在木曰栭，蓋木耳也，非木之類。今按：灌栵並言，灌非木名，則栵亦非木名可知。字右施列，或取行列之義。程解可信。愚又疑當通作「迾」，《說文》云：「遮也。」「啟」，通作「启」。「辟」，通作「闢」。《說文》皆訓為「開也」。林木薈蔚，人跡不通，至此始開闢之。《左傳》所謂「蓽路藍縷，以啟山林」是也。「檉」，《爾雅》、《說文》皆云「河柳」。郭璞云：「今河傍赤莖小楊。」陸璣云：「生水旁，皮正赤如絳，一名雨師，枝葉似松。」羅願云：「天之將雨，檉先起氣以應之，故一名雨師，而字從聖。《字說》曰：『知雨而應，與於天道。』檉非獨能知雨，亦能負霜雪，大寒不彫，有異餘柳。」《南都賦注》云：「檉似柏而香。」《草木志》云：「《本艸》謂之赤檉木，以其材赤故也。大槩松杉之類，而意態似柳，故謂之檉柳。其材可卷為盤，又可為杯器。」《衍義》云：「即今之三春柳，以一年三秀也。三月開淺紅花，成細穗。河西諸戎人取滑枝為靶。」段成式云：「赤白檉出涼州，大者為炭，復入灰汁，可以煮銅。」「椐」，《爾雅》、《說文》皆云「樻也」。陸璣云：「節中腫，似扶老，即今靈壽是也。今人以為馬鞭及杖，弘農共北山甚有之。」顏師古云：「似竹有枝節，長不過八九尺，圍三四寸，自然有合杖制，不須削治也。」「攘」，《說文》云：「推也。」「剔」，本「解骨」之義。以解析木之枝節如之，亦謂之剔。程子謂「穿剔去其繁冗」是也。「檿」，《爾雅》、《說文》皆云：「山桑也。」《管子》云：「五粟之土，其檿其桑。」羅云：「顏師古以為山桑之有點文者，其葉可以食蠶，而材尤有用。古者青州以絲為貢，以檿絲為篚，蓋食檿之蠶，其絲中琴瑟弦，盛之箱篚，貴之也。其材可以為車轅，又可以為弓。弓人取幹之道七，柘為上，檍次之，檿桑次之，橘次之，木瓜次之，荊次之，竹為下。」蘇軾云：「山桑之絲，惟東萊有之。以之為繒，其堅韌異常。萊人謂之山繭柘，亦桑類。」《埤雅》云：「柘宜山谷。」林兆珂云：「柘樹高大如桑，然枝條婀娜，葉大僅如掌耳。」〔註28〕《周禮》：「季夏取桑柘之火。」《禮記・投壺》篇：「矢以柘若棘，無去其皮。」又，《古史考》云：「烏號弓以柘枝為也。」《蠶書》云：「柘桑飼蠶，其絲作琴瑟弦，清鳴響亮，勝於凡絲遠矣。」《本草》云：「柘木裏有紋，亦可旋為器。」嚴云：「此章述大王遷岐也。岐地險阻，尤多林木，民歸之者眾，乃競刋除，以立室家，以治田畝。」陸佃云：「其始『作之屏之』者，菑翳而已。既又就者眾，民無所居焉，則其『修之平之』也。及於灌栵，其『啟之辟之』也。及於檉椐，至其尤眾也，無以處之，則『攘之剔之』，至於檿柘。檿柘，材之美者，不得已而去之。」羅願亦云：「始而屏除之也，於已死之菑翳，而及於龐雜之灌栵，又及於檉椐之小材，又不得已而及於檿柘之良木，以明草木適茂，則始之所愛者不能並育，以漸去焉，故其卒至於『柞棫斯拔，松柏斯兌』也。」一說：嚴云：「作、屏、修、平、啟、辟，則皆除去其木；攘、剔，則成長其木也。桑柘之性，以芟剔而後茂，非除之也。」亦通。「遷」，《爾雅》云：「徙也。」「明德」，朱子云：「謂明德之君，即大王也。」愚按：此明德但以光輝發越言，不就心體上說。德即仁民之德。「串」，當依陸元朗本作「患」，諸家經本傳寫訛耳。按：《說文》有「患」字，無「串」字。「患」，憂也。從心上貫吅，吅亦聲。吅音讙。患之從串，與忠之從中同意。中從丨貫口，蓋取口如其心之義。串從丨貫吅，以

〔註28〕（明）林兆珂《多識編》卷三《木部・柘》。（《四庫全書存目叢書》經部第62冊，第60頁）

二中定意，以從吅得聲。二中，猶言二心也。心憂疑而不一是之謂患。吅字本兩口並列，今變作兩口相連，以諧吅，故有患音，乃知串非字也。董仲舒亦云：「持二中者謂之患。患人之忠不一者也。不一者，故患之所繇生也。」據此，患之字形字義皆恍然可識，世俗傳訛，皆以串為貫串之義，謬矣。「夷」，昆夷也。「載路」，與《生民》篇「厥聲載路」解同。朱子訓「載」為「滿」，蓋取滿載之義。「立」者，建置之謂。「配」，通作「妃」，即下章所謂「對」。《爾雅》以「對」訓「妃」是也。「厥配」，指文王也。文王有王者之德，可與天配，故云然。「固」，《說文》云：「四塞也。」堅固而不可拔之意。言帝雖遷明德之大王，使居岐周之地，而猶患昆夷滿佈道路，時為周患。及再傳至文王，天乃建之，為己之配，而於是乎我周所受於天之眷命從茲既已堅固也。按：天即帝也，自形體言之為天，自主宰言之為帝。《書・益稷》篇先言「昭受上帝」，而後言「天其申命用休」；《康誥》篇先言「帝休」，而後言「天乃大命文王」；與此詩先言帝、后言天皆錯綜成文，非有異義。〇**帝省其山，柞棫斯拔**，叶隊韻，蒲妹翻。**松柏斯兌**。叶隊韻，徒對翻。**帝作邦作對**，隊韻。**自大**音泰。**伯王季**。叶隊韻。陳第《古音考》云：「魚對翻。」**維此王季**，見上。**因心則友**。**則友其兄**，叶陽韻，虛王翻。**則篤其慶**。叶陽韻，虛羊翻。**載錫之光**，陽韻。**受祿無喪**，陽韻。**奄有四方**。陽韻。〇賦也。「帝省」以下四句承上文屬文王言。「省」，《說文》云：「視也。」「其山」，謂岐山也。「拔」、「兌」，解見《緜》篇。柞棫可以資薪燎，則拔而起之；松柏雖稍有刪剪，然但求其可以通道而已，故以「斯兌」言。岐山之地本皆深林險阻無人之境，先此大王雖曾用作、屏、修、平、啟、辟、攘、剔之力，必至文王之世，而生齒益盛，往來大通，故上帝省視其山，而見其景象有如此也。「作」，鄭云：「為也。」為邦，謂興周國也。愚按：周至此而始成其為邦，故曰「作邦」，即所謂「周雖舊邦，其命維新」者。「作」、「對」，即上章所云「天立厥配」也。「對」，本訓應答。以有問方有答，故有相偶之義。「自」，從也。追溯之辭。大伯，大王之長子。王季，大王之少子。繇大伯讓於王季而文王起，故曰「自大伯王季」。《史記》云：「古公有長子曰大伯，次曰虞仲。大姜生少子季歷。季歷娶大任，皆賢婦人。生昌，有聖瑞。古公曰：『我世當有興者，其在昌乎！』大伯、虞仲知古公欲立季以傳昌，乃二人亡如荊蠻，文身斷髮，以讓季歷。古公卒，季歷立，是為公季。孔子曰：『泰伯其可謂至德也已矣。三以天下讓，民無得而稱焉。』」朱子云：「太王欲立賢子聖孫，為其道足以濟天下，而非有愛憎之間、利欲之私也。是以大伯知之而不為徇，王季受之而不為貪。蓋處君臣父子之變而不失乎中庸，此所以為至德也。」劉汝禎云：「仲雍不去，則季歷不王。此詩獨言大伯而不及仲雍，何歟？大伯讓固有之天下，仲雍讓本無之天下，而難易分焉，輕重判焉，故但以嫡長言之。孔子至德之稱，其有味乎此詩耶！」鄒忠胤云：「按：《古樂錄》稱：『大王寢疾，欲傳李歷，於是大伯與虞仲去，被髮文身，託為王採藥。後聞大王卒，還奔喪，哭於門，示夷狄之人不得入王庭。季歷垂涕而留之，終不肯止，適於吳。是後季歷作哀慕之歌，曰：『先王既殂，長竄異都。哀喪腹心，未寫中懷。追念伯仲，我季如何。梧桐萋萋，生于道周。宮館徘徊，臺閣既除。何為遠去，使此空虛。支骨離別，垂思南隅。瞻望荊越，涕淚交流。伯兮仲兮，逝肯來遊。自非二人，誰訴此憂？』」按：此歌蓋後人擬託，然亦善為王季傳心矣。所云奔喪既畢，不肯止，適於吳，當是實錄。蓋至德如大伯，必無父沒不奔喪之理。伯既堅意於讓，必不復踵採藥衡山之故轍，令人得以物色。故知適吳在奔喪後也。《史記》乃云：『大伯奔荊蠻，自號勾吳，荊蠻義之，從而歸之千餘家，立為吳大伯。』若荊即為吳者，遂滋後人臆附。後漢趙曄云：『殷末世衰，中國侯王數用兵，大伯恐及於荊蠻，起城周三百里，在西北隅，名曰故吳。卒，葬於梅里平墟。』則又若吳即為荊者。夫荊之為吳，遼矣，固若是乎無辨乎？《焦氏筆乘》又云：『何謂荊蠻？古者中國亦有夷狄〔註29〕，蠻之處於荊者，或嘗徙於吳，大伯至其所徙之地焉爾。』此皆知其一，未知其二也。孔子稱大伯三讓，必有所指。夫適荊適吳，亦云再而已矣。」按：《韓詩外傳》云：「大王賢昌而欲季為後也，大伯去之吳。大王將死，謂曰：『我死，汝往讓兩兄，彼即不來，汝有義而安。』大王薨，季之吳，告伯、仲。伯、仲從季而歸，群臣欲伯之立季，季又讓。伯謂仲曰：『今群臣欲我立季，季又讓，何以處之？』仲曰：『要於扶微者，可以立季。季遂立而養文王，文王果受命而王。』孔子曰：『大伯獨見，王季獨知。伯見父志，季知父心。故大王、大伯、王季可謂見始知終而能承志矣。』」豐坊又云：「《史記・周本紀》謂古公長子大伯，次曰虞仲，大姜生少子季歷，則大伯乃庶長而季歷為嫡出也。大伯庶出，則國非其有。季歷固當立，何以夫子謂之讓？殊不知夏、商尚質之世，其傳惟

〔註29〕「中國亦有夷狄」，四庫本作「多有徙戎之事」。按：語見鄒忠胤《詩傳闡》卷十九《大正・皇矣篇》(《四庫全書存目叢書》經部第65冊，第746頁)，原作「中國亦有夷狄」。焦竑《焦氏筆乘》續集卷五《荊蠻》亦同。

在立長，而未有嫡庶之辨。至周，始定立嫡之法。蓋自大伯不以長自居，而以嫡推季歷，遂為萬世之準則。夫子據商禮而稱之也。觀湯崩，大丁先卒，而立仲壬。仲壬崩而立外丙，微子薨而立微仲，可見商禮如此。若周制，則湯崩之後即立大甲，微子之薨即立腯矣。」陸燧云：「大伯、王季兩人皆可繼世，一逃一嗣，有莫之為而為者，詩人藉此一段形容天命耳。」「因心」，朱子云：「非勉強也。」《周禮注》云：「善於兄弟曰友。」李氏云：「孝悌之道，豈可以偽為哉？因其心而然耳。」「其兄」，朱子云：「謂大伯也。」「因心則友」，以平日言；「則友其兄」，以受讓言。陸化熙云：「兄讓亦讓，此特友之形跡而已。須知王季信得大伯心事過，此是兄弟間所難。」萬云：「聖賢作事，可讓則讓，可受則受，無意無必，無爾無我，無假訛，無避忌，其於天親之愛、鞠子之哀，分毫無損。推而論之，堯、舜、禹之授受，不過如是。個中父子兄弟，相知相成深處，當時人不能知，後世人不能到。使王季稍以形跡自疑，遜而不居，反不是因心，反是不友。」胡安國云：「昔泰伯奔吳而不反，季歷嗣位而不辭。武王繼統受命作周，亦不以配天之業讓伯邑考官天下也。」「篤」，通作「竺」，《說文》云：「厚也。」「慶」，福也。此下四句不但言文王，直主武王得天下言。詩雖為文王詠，而實作於武王之世，觀篇中無頌武王之事可見矣。「載」之言「則」也。「錫」，通作「賜」，《說文》云：「予也。」「光」字從火在人上，《說文》云：「明也。」季本云：「王季友愛切至，因於本心，能體其兄大伯之意，遂受而不辭，故周家之慶益篤。雖其功業非大伯所為，而亦錫之以光，如《書》所謂『於湯有光』也。舊說以為與其兄以讓德之光，則與孔子『民無得而稱』者有戾矣。蓋大伯之讓，止是家庭常事，有何異焉？而王季受之，亦不以為將得天下也。但原周所以得天下之繇，則自王季受大伯之讓始，故推及大伯言之。自史遷以來，言此事者多失本意。」「受祿」，謂王季受大伯之讓而為諸侯也。「喪」，《說文》云：「亡也。」言能守先業不亡失也。大伯既讓國而逃，使王季不受，則周家之祿喪矣。「奄」，《說文》云：「覆也。大有餘也。從大從申。申，展也。」孔云：「繇王季受此福祿，無所喪亡，故至其子孫而大有天下之四方也。」朱善云：「王業之成，雖在於武王得天下之時，而天命之定已見於大伯讓王季之日。大伯讓焉而無跡，王季受之而無愧，此王業之所繇基也。文王創造於前，武王繼續於後，此王業之所繇成也。大伯當立而不立，文王可為而不為，故皆謂之至德。非王季之友，無以成大伯之志；非武王之孝，無以成文王之功。武王之孝易知也，王季之友難知也。

此詩人所以再三歎詠於王季也。」又，真德秀云：「王季之友大伯也，蓋其因心之本然，非以其遜已而後友之也。昆弟至情，出於天性，豈有所為而為之乎？使大伯未嘗有遜國之事，王季之所以友之者，亦若是而已。夫王季之友不過盡其事兄之道耳，豈有心於求福哉？閨門之內，敬順休洽，固產祥之基也。故厚其慶而錫之光，受天之祿而有天下天之報，施其亦明矣。後世如漢顯宗以東海王疆遜己而友之，唐明皇以宋王成器遜己而友之，其友雖同，而所以友之則異。蓋王季之心，無所為而然者也；顯宗、明皇之心，有所為而然者也。此天理人慾之分，而漢、唐之治所以不若周之盛歟？」〇**維**《左傳》作「唯」。**此王季，**《左傳》、《韓詩》、王肅本俱作「文王」。孔云：「此云『維此王季』、彼言『維此文王』者，經涉亂離，師有異讀，後人因即存之，不敢追改。」**帝度**音鐸。**其心**。侵韻。**貊**《左傳》、《史記》、豐本俱作「莫」。陸本作「貉」。**其德音，**侵韻。**其德克明**。叶先韻，彌延翻。**克明克類，克長**上聲。**克君**。叶先韻，姑員翻。**王此大邦，**《左傳》作「國」。**克順克比**。紙韻。《樂記》、《史記》俱作「俾」。下同。**比于文王，其德靡悔**。叶紙韻，虎洧翻。**既受帝祉，**紙韻。**施于孫子**。紙韻。〇賦也。孫鑛云：「此度貊仍承上受國來。」「度」，通作「剫」，《說文》云：「判也。」剖析之義。「帝度其心」，與「帝省其山」同一文法。承上章言王季雖受大伯之讓，而實無利於得國之心。是心也，惟上帝能剖析之耳。或謂心即「因心則友」之「心」，亦通。「貊」，據《左傳》、《禮記》皆作「莫」，當通作「嗼」，《說文》云：「啾嗼也」，乃無聲之義。今文作寂寞。嚴云：「天監知王季之心，能以靜養其令名，非有心於干譽者。」愚按：王季重在宗祉，見國之不得不受，則默然而受之，不計較於形跡，以博交讓之美名，正是「貊其德音」處。「其德」，指「因心則友」之德。「克」，能也。「明」，亦光輝發越之謂。曰「其德克明」，則不惟帝能度之，即人亦能亮之矣。「類」，似也。《說文》云：「種類相似，唯犬為甚，故其字從犬。」「克明克類」，言其德之明著與大王相似也。「類」指明言，不指德言。詩意詠大王、王季之德，各有所指，非混而一之也。此結上王季受讓之案。「克長克君」，又自其得國後而重歎美之。「克長」，言能為諸侯之長。「克君」，言能為一國之君。《孔叢子》言「周自王季始命為西伯」，是「克長」也。《旱麓》篇以「豈弟」詠王季，是「克君」也。「大邦」，指周也。「王此大邦」，是據理之辭，言王季之「克長克君」如此，雖進而興王業於此大邦之地，無所難者。舊說謂自追王後言之，故以王稱王季，非也。鄒云：

「緯書紀季歷十年，飛龍盈於殷之牧野。蓋聖人在下位，將起之符也。乃詩不屑道，第言其『克長克君』，足王大邦而已。上凝既固之命，下衍篤慶之傳，豈偶哉？」「順」者，順以事上，所謂地道也，臣道也。「比」，猶並也，比肩事主之比，言相聯比也。「其德」，謂「克順克比」之德。「靡悔」，指文王言。「悔」，通作「𠧪」，字從卜。《易》以變卦為𠧪，故𠧪有變義。今文皆作「悔」。言王季之德足以化侯為王，然終恪守臣節，既能盡其柔順之道，又能聯比四方之諸侯，以僇力於上。及其繼世，傳至文王，此四方之諸侯仍與文王相比，以服事殷，而文王亦於王季「克順克比」之德踵而行之，不少變焉。蓋我周之世，篤忠貞如此。「祉」，《說文》云：「福也。」徐鍇云：「祉之言止也，福所止不移也。」「施」，旗逶迤之貌，故以為延引附着之義。「孫」，指武王，以主王季言之。「孫」之後又有「子」，則武王之後人也。文王之德，自王季開之，故帝祉之來亦自王季受之，積厚流光，時至事起，延及武王，遂有天下。卜世三十，卜年八百，皆王季之祉所始也，猗歟盛哉！又，《左・昭二十八年》：「魏子謂成鱄：『吾與戊也縣，人其以我為黨乎？』對曰：『何也？夫舉無他，唯善所在，親疏一也。《詩》曰：唯此文王，帝度其心。莫其德音，其德克明。克明克類，克長克君。王此大國，克順克比。比于文王，其德靡悔。既受帝祉，施于孫子。心能制義曰度，德正應和曰莫，照臨四方曰明，勤施無私曰類，教誨不倦曰長，賞慶刑威曰君，慈和遍服曰順，擇善而從之曰比，經緯天地曰文。九德不愆，作事無悔，故襲天祿，子孫賴之。主之舉也，近文德矣，所及其遠哉！』」《樂記》：「子夏對魏文侯曰：『君之所問者樂也，所好者音也。夫樂者，與音相近而不同。』文侯曰：『敢問何如？』子夏對曰：『夫古者，天地順而四時當，民有德而五穀昌，疾疢不作而無妖祥，此之謂大當。然後聖人作為父子君臣，以為紀綱。紀綱既正，天下大定，然後正六律，和五聲，絃歌詩頌，此之謂德音。德音之謂樂。《詩》云：莫其德音，其德克明。克明克類，克長克君。王此大邦，克順克俾。俾於文王，其德靡悔。既受帝祉，施于孫子。此之謂也。』」按：成鱄以文王方魏斯，既大不倫，且誤以詩言王季為文王，又妄以文王之文為九德之一，其餘亦皆牽強鋪排，不成文理。從來《左傳》中解《詩》，未有拙滯若斯者，是固不足信。若《樂記》以《詩》中有「德音」二字，便取以證樂，淺率殊甚。俱無取焉。〇**帝謂文王，無然畔援，**叶霰韻，于眷翻。《漢書注》作「換」。**無然歆羨，**霰韻。**誕先登于岸。**叶霰韻，魚戰翻。**密人不恭，**冬韻。亦叶東韻，讀如弓，居雄翻。**敢距大邦，**

叶東韻，悲工翻。**侵阮徂共**。叶冬韻，居容翻。亦叶東韻，戶工翻。**王赫斯怒**，叶虞韻，暖五翻。**爰整其旅**，叶虞韻，讀如縷，隴主翻。**以按**《孟子》作「遏」。**徂旅**，見上。《孟子》作「莒」。**以篤于**《孟子》、朱《傳》、豐本俱無「于」字。**周祜**，虞韻。**以對于**豐本作「乎」。**天下**。叶虞韻，後五翻。〇賦也。五章、六章述文王伐密之事。朱子云：「帝謂文王。設為天命文王之詞，如下所言也。」又云：「天豈諄諄然命之，只是文王要恁地便是理合，恁地便是天命之也。」「無」，通作「毋」，禁止辭。「然」，通作「嘫」，《說文》云：「語聲也。」猶云如此也。「無然」，言毋容諸侯之或如此也。「畔」，通作「叛」。徐鍇云：「離叛也。」「援」，《說文》云：「引也。」此言與國也。鄰邦與國可以牽引相助，謂之援。「歆」，《說文》云：「神食氣也。」鬼神不能食物，但食其氣而已。人之感物而動亦如之，故程子以為「欲之動也」。「羨」，本貪欲之義。但既言歆，又言羨，於義似複。以上文畔援例之，當通作「衍」。「衍」者，水有餘而溢也。《周禮．小司徒》「凡起徒役，毋過家一人，以其餘為羨」，《孟子》「以羨補不足」，皆同此解。「畔援」，謂自離叛其與國。「歆羨」，謂規得他人之土地，以自有餘，若下文密人之侵阮，即其事也。詞放曰誕。此則謂大言之也。「先」，猶亟也。「登」，《爾雅》云：「升也。」「岸」，崖之高者。歐陽修云：「天謂文王：無信縱諸侯之跋扈貪羨者，宜先居可勝以臨之，無信而縱之也。岸，高也，當先據高以制下。謂諸侯有為暴亂者，先修威德以待之也。」按：先儒皆謂「無然畔援」三句為讚美文王之德。今玩「無然」兩字，明是戒詞，豈文王先有畔援歆羨之事乎？又以「先登于岸」為先登道岸，更不知其所本，當亦如佛家之云彼岸耶？斷不可從。「密」，王肅云：「密須氏，姞姓之國也。」《地理志》云：「安定郡陰密縣，《詩》密人國。」《括地志》云：「陰密故城在鶉觚縣西，其東接縣城。」按：鶉觚故城在今平涼府涇州靈臺縣西五十里，與邠州西界相接，蓋亦戎、翟間之國。隋取文王伐密而民始附之意，以靈臺名縣。「距」，逆貌，以雞距之狀取之。「大邦」，與上章「大邦」同。敢逆大邦，謂不遵方伯之約束，此密人不恭之實，即下文「侵阮」是也。「侵」，《說文》云：「漸進也。」《左傳》云：「凡師有鍾鼓曰伐，無曰侵。」胡安國云：「潛師掠境曰侵。」又，《穀梁傳》云：「苞人民、驅牛馬曰侵。」季云：「阮在密之南界，亦近邠之國。」「徂」，《說文》云：「往也。」張氏云：「共，阮國之地名。」阮、共皆在今涇州。今有共池，即共也。「王」，文王也。「赫」，兼威、明二義。此專以威言。「斯」，語辭。「怒」，《韻會》云：「努也。若強弩之發，人怒則面目張起也。」「整」，《說文》云：「齊也。」「旅」，眾也，師之通稱。「按」，《說文》云：「下也。」《廣韻》云：「抑止也。」「徂」，即上文「徂共」之「徂」。季云：「殷政不綱，故諸侯放恣而密人敢侵小國，然文王已為西伯，則其所專征之地也。於是整我之旅，以遏密人徂共之旅。」整旅之旅，文王之旅也；徂旅之旅，密人之旅也。「徂旅」，《孟子》作「徂莒」。《疏》謂：「《春秋》書『莒子盟於密』，則莒、密之近地。」韓非亦云：「文王克莒。」今按：古莒國即今山東青州府莒州，其地去密須殊遠，《孟子》文以旅、莒音近致誤耳。《疏》與韓說皆不足信。「篤」，解見第三章。「祜」，《說文》云：「福也。」周自大王、王季積累以來，獲福舊矣。今文王能遏密以安民，則帝遷之命至是而益鞏，帝祉之受至是而益固，故曰「以篤于周祜」。「對」，鄭云：「答也。」孔云：「以天下心皆向己，舉兵所以答之。」嚴云：「天下之望在周，所救者一阮，而為亂者懼，小國皆安，故天下之心以慰也。」《書傳》云：「文王受命，三年伐密須。」今考《史記》，伐密、伐崇事俱在伐昆夷之後。《竹書》所載，又俱在伐昆夷之先。未詳孰是。皇甫謐云：「文王問大公：『吾欲用兵，孰可？』大公曰：『密須氏疑於我，我可先伐之。』管叔曰：『不可。其君，天下之明君，伐之不義。』大公曰：『臣聞先王之伐也，伐逆不伐順，伐險不伐易。』文王曰：『善。』遂侵阮徂共，而伐密須。密須之人自縛其君而歸文王。」今按：侵阮徂共乃密人事，謐傳誤也。齊宣謂孟子曰：「寡人有疾，寡人好勇。」對曰：「王請無好小勇。夫撫劍疾視，曰：『彼惡敢當我哉？』此匹夫之勇，敵一人者也。王請大之。《詩》云：『王赫斯怒，爰整其旅，以遏徂莒，以篤周祜，以對于天下。』此文王之勇也。文王一怒而安天下之民。」又，《左・文二年》：「箕之役，先軫黜狼瞫，狼瞫怒。其友曰：『盍死之？』瞫曰：『吾未獲死所。』及彭衙，既陳，以其屬馳秦師，死焉。晉師從之，大敗秦師。君子謂：『狼瞫於是乎君子。《詩》曰：王赫斯怒，爰整其旅。怒不作亂，而以從師，可謂君子矣。』」按：如此引詩，亦殊不倫。○**依其在京**，叶陽韻，居良翻。**侵自阮疆**，豐本作「畺」。**陟我高岡**。陽韻。**無矢我陵，我陵我阿**。歌韻。**無飲我泉，我泉我池**。叶歌韻，唐何翻。**度其鮮原，居岐之陽**。韻。**在渭之將**，叶陽韻，資良翻。**萬邦之方**，陽韻。**下民之王**。陽韻。○賦也。上章言密人侵阮之後，繼以徂共，則阮已被侵而共方告急，文王整旅以按徂共之眾。此章前七句皆詠救共時事。「依」，《說文》云：「倚也。」猶憑附也。「京」，周京也。共告急而文王興周師救之，共地之民皆憑恃在京之眾以為安也。「自」，從疆界陟登也。凡稱我者，皆指共地而言。以文王師至其地，故內之而稱我也。嚴云：「文王興問罪之師，視阮之地如己之地，可謂公天下以為心矣。阮不幸而與密為鄰，幸而遇文王為伯也。」《爾雅》云：「山脊曰岡。」文王師既至共，而密人之從阮界來侵者，不敢與文王爭鋒，群然陟於高岡之上，蓋據險以自固也。舊說以「侵自阮疆」為文王從阮侵密，則王者之師聲罪致討不應若寇盜然，於理疏矣。「矢」，指也。高平地曰陸，大陸曰阜，大阜曰陵，大陵曰阿。皆見《說文》。《易》云：「山下有泉。」孔安國云：「停水曰池。」此四句乃文王為持久之計以困密人，蓋密人既先據高岡，此難與爭地利，惟令其求下不得，則彼將坐困，故遙為語以告之，曰：「吾大軍四集，汝已自投死地。雖急而欲逸，無望指我之陵與我之阿也。雖渴而欲水，無望飲我之泉與我之池也。」中間「我陵」、「我泉」，各疊二字，亦自有意。陵或山腰，不可得矢，況阿尤夷於陵乎！泉出山下，不可得飲，況池尤卑於泉乎！按：《孫子・軍爭篇》云：「用兵之法，高陵勿向，背丘勿逆」；《地形篇》云：「險形者我先居之，必居高陽以待敵。若敵先居之，引而去之，勿從也。」故趙奢救閼與，許歷曰：「先據北山者勝。」奢從之。秦師後至，爭山不得上，大敗而還。然則密人先陟高岡，已為得地，難以速勝。此文王之所以不與爭利也。《行軍篇》云：「凡處軍相敵，絕山依谷。」又，《六韜》：「太公云：『凡三軍處山之高，則為敵所棲。』」故武都羌在氐道山上，馬援軍據便地奪其水草，不與戰，羌遂窮困，亡走出塞。馬謖依阻南山，不下據城，張郃絕其汲道而擊之。又如劉先主升馬鞍山，陳兵自繞，陸遜四面蹙之，土崩瓦解，死者數萬。然則密人雖據高岡，實為絕地，圍則受困，此文王之所以一於持久也。考《竹書》紀「商紂三十二年，密人侵阮，西伯帥師伐密。三十三年，密人降於周師」。計伐密距密降之時尚隔一年，其為持久以困之明甚。《呂氏春秋》言「密須之民自縛其主，而與文王」，當繇勢蹙力窮故爾。罪魁既得，長圍遂解，則又文王之仁也。「度」，猶過也，借渡水之渡為義。《爾雅》云：「小山別大山曰鮮。」孫炎云：「別不相連也。」按：《逸周書・和寤解》云：「王乃出圖商，至於鮮原。」《竹書》：「紂五十二年，周始伐殷，師次於鮮原。」孔晁以鮮原為近岐周之地。據此，則鮮原乃岐周往來所必經者。「度其鮮原」，文王因密人既服，班師而歸，道經於此，居岐之陽，仍是歸於岐周。《魯頌》「實維大王，居岐之陽」，與此語同，可證。「將」，毛云：「側也。」按：將有左右扶持之義，故因訓為側。「方」，《說文》云：「並舡也。」《禮》:「大夫方舟。」徐鍇云:「方舟,今之舫,並兩舡也。」因上有「在渭」之文,故云然。言文王歸居岐周,其地在渭水之側,但見萬邦諸侯遣其大夫乘方舟渡渭而來,聘問者相屬不絕。文王雖未為王,而天下之民皆以王尊之,其得人心如此。此伐密以對于天下之效也。自鄭玄以度鮮原、居岐陽為遷都之事,孔穎達遂引《周書》,稱文王在程,作《程寤》、《程典》。及皇甫謐言文王徙都於程,以實其說。先儒皆從之。季本謂「考《史記》,無遷程之事。又觀《文王有聲》之詩,歷敘文、武豐鎬之遷,而不及於程,則遷程之事本不經見」。今按:《竹書》,周自季歷之世,已作程邑;文王釋羑里之囚,諸侯嘗逆之歸程;及降密之年,又書遂遷於程;其後周大饑,復自程遷於豐。與《逸周書・大匡解》稱「王宅程,三年遭天大荒」之語殊合。《國名記》亦云:「程在今咸陽,亦在岐南,與畢陌接,所謂畢程。」《孟子》言「文王卒於畢郢」是也。文王伐密而遷程,其事或有之,不可知。但此詩所詠,止言其班師歸岐耳,了無及遷都之事。讀者詳之。〇**帝謂文王,予懷**《墨子》「懷」下有「而」字。**明德**。職韻。**不**《墨子》作「毋」。下句同。**大聲以色**,職韻。**不長**上聲。**夏以革**。叶職韻,訖力翻。**不**《淮南子》、《新書》俱作「弗」。**識不**《淮南子》、《新書》俱作「弗」。**知,順帝之則**。職韻。**帝謂文王**,陽韻。**詢爾仇方**。陽韻。**同爾兄弟**,《後漢書》作「弟兄」,當從之。叶陽韻。**以爾鉤援**。**與爾臨**《韓詩》作「隆」。**衝**,冬韻。《後漢書》作「衝」。《說文》作「轒」。**以伐崇墉**。冬韻。《後漢書》作「庸」。〇賦也。七章、八章述文王伐崇之事。蘇轍云:「凡言帝,謂文王,以意推天也。」朱子云:「『予〔註30〕』,說為上帝之自稱也。『懷』,眷念也。『明德』,文王之明德也。」按:篇中三言「明德」,皆主發用言,與《堯典》、《康誥》言「明德」皆同。下文「不大聲」四句,正文王明德之實。「大聲」與「以色」對看。「以」,《說文》云:「用也。」「不大聲」,謂不誇耀其音聞,如條教號令之類。「不以色」,謂不粉飾於跡象,如弛張因革之類。「長」,即第四章「克長」之「長」。「夏」,《說文》云:「中國之人也。」鄭云:「諸夏也。」「以革」之「以」與上句「以色」之「以」不同。《爾雅疏》謂「『以』者,因前起後之語」,是也。「革」,毛云:「更也。」《說文》謂「獸皮治去其毛,更之」義也。「不長夏以革」者,言不必臨長諸夏,而諸夏已無不變革,見聖德之神於化也。文王位為西伯,其所長者僅西方之諸侯。此以夏言,是槩指中國,惟天子乃可稱長夏

〔註30〕「予」,底本誤作「子」,據本詩及四庫本改。

耳。程子云：「天謂文王：『予懷爾之明德，不大其聲色而人化。夫聖人之誠，感無不通，所過者化，所存者神，豈暴著其形跡也哉？』故孔子曰：『聲色之於以化民，末也。』」愚按：孔子言化字，正解革字。「不大聲以色」，所謂闇然也。「不長夏以革」，所謂日章也。「識」、「知」二字，從來俱無明解。《說文》解「識」為「常」，解「知」為「詞」，茫然莫曉。以愚意分別之。識者，得之於外，當是聞人所常言而後識之，故其字左從言，右施戠。趙頤光謂「戠即幟字。默傳軍令，故從音，蓋會意也」。知者，得之於內。既我有真知，乃出而與人道之，故其字右從口，左施矢。其從口也，《說文》所以訓之為詞。其施矢也，徐鍇解以為「知理之速，如矢之疾」是也。知比識為深，故《樂記》曰：「知禮樂之情者能作，識禮樂之文者能述。」而陳暘解之曰：「識之外矣，知之內矣。識之淺矣，知之深矣。」「順」，猶循也，《說文》云：「理也。從頁從川。」會意。按：頁者，首也。首者，人之百脈所會。血氣順行，如川水順下，故從川。此所謂會意也。「則」者，裁制之謂，《說文》云：「等畫物也。從刀從貝。〔註 31〕古之物貨也。」徐鍇云：「則者，節也，取用有節，刀所以裁制之也。」蘇云：「文王之德，不以識識，不以知知，漠然無心，而與天為徒。」嚴云：「天理之自然謂之則，即有物有則，乃見天則，謂理之不可踰也。文王無一毫人偽之私，油然大順，安行乎天理，所謂順者，繇仁義行，非行仁義也。」程子云：「『不識不知，順帝之則』，不作聰明，順天理也。」《墨子》云：「此語文王之以天志為法也。」又云：「帝善其順法則也，故舉殷以賞之。」《文中子》云：「溫彥博問知。子曰：『無知。』問識。子曰：『無識。』彥博曰：『何謂其然？』子曰：『是究是圖，亶其然乎？』彥博退，告董常。常曰：『深乎哉！此文王所以順帝之則也。』」又，《左・僖九年》：「齊隰朋帥師會秦師，納晉惠公。秦伯謂公孫枝曰：『夷吾其定乎？』對曰：『臣聞之：唯則定國。《詩》曰：不識不知，順帝之則。文王之謂也。今其言多忌剋，艱〔註 32〕哉！』」襄三十一年：「北宮文子曰：『君有君之威儀，其臣畏而愛之，則而象之，故能有其國家，令聞長世。《周書》數文王之德曰：大邦畏其力，小邦懷其德。言畏而愛之也。《詩》云：不識不知，順帝之則。言則而象之也。』」又，《荀子》云：「禮者，所以正身也。師者，所以正禮也。無禮，何以正身？無師，吾安知禮之為是也？禮然而然，則是情安禮也；師云而云，則是知若

〔註 31〕按：《說文解字》此處有「貝」字。
〔註 32〕「艱」，《左傳》作「難」。

師也。夫師，以身為正儀，而貴自安者也。《詩》曰：『不識不知，順帝之則。』此之謂也。」亦斷章取義，非詩正旨。愚按：惟「不識不知」，所以能順帝則；惟順帝則，而一舉一動無不合乎天理，當乎人心，所以不大聲色而人自化之。夫至於人化，則德之光顯孰加焉，故曰「明德」。言此以起下文。「伐崇」含有二義。一則承「不大聲」二句，見崇之可伐。程子所謂「聖人之化如此，而天下有昏惡之甚、不能化者，謀而伐之，則天下皆然而王業成」。一則承「不識不知」二句，見惟文王乃可以伐崇。呂氏所謂「文王德不形而功無跡，與天同體而已。雖興兵以伐崇，莫非順帝之則，而非我也」。馮時可云：「心不物役，常在事外，則雖文王伐崇、伐密，鉤援臨衝，執訊攸馘，擾攘傖儜，而依依安安，未嘗不恬退也。故《詩》曰：『不識不知，順帝之則。』文王但知密人不恭於天，則不可不伐，順天則行之而已，何嘗有利土地、耀甲兵之意？詩人蓋深知文王者矣。」歐陽云：「詩人上述侵密、伐崇，皆先言『帝謂』者，古人舉事必稱天，於興師討伐，猶託天命，如天討有罪、肅將天威、恭行天罰之類是也。」「詢」，《說文》云：「謀也。」鄭云：「諸侯為暴亂大惡者，汝當謀征討之。」「仇」，《說文》云：「讎也。」「方」，即上章所云「萬邦之方」。「仇方」，指崇侯虎也。萬邦皆方舟以歸心於文王，崇侯惡之，獨與萬邦為讎，故曰「仇方」。猶《書》言「葛伯仇餉」也。按：《史記》云：「崇侯虎譖西伯於殷紂曰：『西伯積善累德，諸侯皆向之，將不利於帝。』紂乃囚西伯於羑里。」此即所謂「仇方」者也。囚羑里，據諸書在伐密之前。然《竹書》紀商紂二十一年春正月，諸侯朝周。至二十三年，始囚西伯於羑里。則先此固有渡渭朝周之事矣。又，舊說謂方者，居一方之辭。仇方，指仇讎之國言。亦通。虎導紂為無道，其譖周也，蓋欲剪其所忌以悉其殃民之毒，故文王奉天伐之，非為報私怨也。「同」，《說文》云：「合會也。」「兄弟」，朱子云：「與國也。」彭執中云：「以諸侯之國為兄弟，亦未嘗稱王一驗。」「鉤」，毛云：「鉤梯也。」孔云：「鉤援一物，正謂梯也。以梯倚城，相鉤引而上。援即引也。」《墨子》稱「公輸般作雲梯以攻宋」，蓋此之謂。「臨」，毛云：「臨車也。」「衝」，毛云：「衝車也。」孔云：「臨者在上，臨下之名。衝者從旁，衝突之稱。故知二車不同。並〔註33〕書有作臨車衝車之法，《墨子》有《備衝》之篇，知臨、衝俱是車也。」陳祥道云：「臨車高，衝車大，高則可以臨下，大則可以突前。楚子使解揚登樓車以告宋人，蓋臨車之類也。《孫武子》曰：『攻城之法，修其

〔註33〕「並」，《毛詩注疏》作「兵」。

轒轀。』蓋衝車之類也。《荀子》曰:『渠衝入穴而求利。』楊子曰:『衝不薺。』皆言衝車之大也。」又,「衝」,《說文》作「幢」,云:「陷陳車也。」季云:「臨衝皆臨時所製,非田賦所出之革車也。然古者寓兵於農,所賦惟以兵數,而車皆官所自造,故能合轍。臨衝之直,則亦取於賦兵常數之中,非使民另為此車以供軍用也。」「崇」,國名,在今陝西西安府鄠縣。夏時扈國,殷為崇國。《路史》以為夏后氏後,蓋據鯀封崇伯而云也。「墉」,《說文》云:「城垣也。」徐云:「築土壘壁曰墉,通呼曰城。」李云:「備鉤援臨衝以為攻城之具,亦可見崇之負固矣。」○**臨衝閑閑**,叶先韻,何甄翻。**崇墉言言**。**執訊**《釋文》云:「字又作『訊〔註34〕』,又作『誶』。」**連連**,先韻。**攸馘**陸本作「聝」。**安安**。叶先韻,於虔翻。**是類**《釋文》云:「或依《說文》作『禷』。」《爾雅》同。**是禡,是致是附**,宥韻。亦叶麌韻,宗五翻。**四方以無侮**。麌韻。叶宥韻,莫候翻。**臨衝茀茀**,勿韻。**崇墉仡仡**。勿韻。《說文》作「圪圪」。**是伐是肆**,豐本作「是肆是伐」。**是絕**豐本作「蠿」。**是忽**,叶勿韻,盧屈翻。**四方以無拂**。勿韻。○賦也。「閑」,通作「閒」,安暇之意。兼臨與衝二者言之曰「閑閑」。嚴云:「文王之問罪於崇,其始未忍攻城,故臨衝之車閒閒而不用,言謂以言語相通時,必有遣使先入崇墉諭降之事。我以言往,彼以言來,曰『言言』。」「執」,捕罪人也。「訊」,問也。俱見《說文》。意崇侯負固倔強,所遣先後傳言之人必變詐不一,故捕執而訊問之。又,《左.文十七年》:「晉侯不見鄭伯,以為貳於楚也。鄭子家使執訊而與之書,以告趙宣子。」杜預《注》云:「執訊,通訊問之官。」程大昌云:「兵交,使在其間,故《詩》亦曰『執訊』也。」按:「執訊」即如《左傳》解,亦可。但玩上下文語意,從前義為長。「連」,《說文》云:「員連也。從辵從車。」會意。蓋狀其接屬而來,如轉轂然。「攸」,《爾雅》云:「所也。」「馘」、「聝」,《說文》原有二字而義同,謂軍戰斷耳之名。孔引「《玉藻》云:『聽向任左。』故不服者,殺而獻其左耳,曰馘。罪其不聽命服罪,故取其耳以計功也」。今按:陸元朗引《字林》云:「截耳則作耳傍,獻首則作首傍。」此解較確。「安安」,指崇侯虎言。執訊之後,有所斬馘,要以宣示威靈,動其警悟,而崇侯恬然安靜,絕不介意。其為肆無忌憚,不可教誨,明矣。按:《左.僖十九年》:「宋人圍曹。司馬子魚言於宋公曰:『文王聞崇德亂而伐之,軍三旬而不降。退修教而復伐之,因壘而降。今君德無乃猶有所闕,而以伐

〔註34〕「訊」,《經典釋文》卷七作「誶」。

人，若之何？盍姑內省德乎？』」襄三十一年，衛北宮文子亦云：「文王伐崇，再駕而降為臣，蠻夷率服。」及《後漢書》伏諶〔註35〕疏云：「崇國城守，先退後伐，所以重人命。俟時而動，故參分天下而有其二。」此章首四句即三旬不降之事。自是類而下，皆再駕復伐時事也。《爾雅》云：「『是類是禡』，師祭也。」類者，類於上帝。《尚書》、《周禮說》皆謂其禮依郊祀而為之，故曰「類」字本作「禷」。又，《周禮》小宗伯職云：「凡大災，類社稷宗廟。」或者遂謂類乃類聚群神之當祭者，不必祭天。今按：《棫樸》之詩，董仲舒以為「詠伐崇事」，明有「薪槱」之語，非類上帝而何？但此乃復伐之祭，其始伐之祭何以不言？愚意當與《棫樸》之詩互相備，彼紀其先此紀其後。又或者始伐第命將以行，至復伐，乃文王親征，故有類祭，與《棫樸》之「薪槱」同為一事，皆不可知。禡者，禡於所征之地。《埤蒼》云：「馬上祭也。」楊慎云：「馬上祭曰禡。其字從馬。猶車下祭曰軷，其字從車也。」按：鄭氏於《王制注》謂「禡祭禮亡」，而於《周禮・肆師》注又云「祭造軍法者，其神蓋蚩尤，或曰黃帝」。季本不然其蚩尤之說，謂：「黃帝，聖人也。蚩尤敢與黃帝拒戰，逆臣也，何得與於祭？」此其理亦正。然上古之事荒忽莫能明也。又詳見《吉日》篇。程子云：「古者出征類禡，所以暴明其罪，告之神明。伐而告之神明，其伐合神明之道也。」王安石云：「『致』，致其至也。『附』，使之內附也。」嚴云：「致以招其來，附以納其降。」愚按：是致是附，當作一直說。兵威既臨，而於是乎廣布仁恩，以招致是歸附之眾，俾敵之黨益孤，而我亦不至多有殺戮，此伐國之道也。「四方」者，廣指之，非以在行間之與國言。鄭云：「文王伐崇而無復敢侮慢周者。」孔云：「竟文王之世，不復伐國，是繇無侮故也。」「茀」，即《易・既濟》卦「婦喪其茀」之「茀」。《爾雅》：「輿革前謂之鞎，後謂之茀。」名茀，取蔽之義。草木翳薈為茀。臨、衝皆攻城之車，其前面向城，自不容有蔽，但見二車後之茀茀而已，亦以防矢石之自後至也。「仡」，本勇壯之義。《秦誓》「仡仡勇夫」是也。似於言城墉無當。宜依《說文》作「圪」，云：「牆高貌。」「伐」，《說文》云：「擊也」，字「從人持戈」。又，伐與侵異義，見第五章。「肆」本訓「極」，故為放恣之義。「絕」，《說文》云：「斷刀絲也。」此謂斷其宗祀。「忽」本訓「忘」，亦為輕忽之義。「肆」、「忽」皆指崇侯失德言。「拂」，通作「咈」，《說文》云：「違也。」文王所伐

〔註35〕見《後漢書》卷二十六《伏湛傳》。「諶」當作「湛」。按：《詩經世本古義》卷六《鹿鳴》「和樂且湛」，「湛」下注：「楷家君諱也。」

者乃是恣肆無道之崇侯，所絕者乃是輕忽無禮之崇侯。四方聞之，皆謂誅當其罪，無有違拂也。《說苑》云：「文王欲伐崇，先宣言曰：『余聞崇侯蔑侮父兄，不敬長老，聽訟不中，分財不均，百姓力盡，不得衣食，余將來征，唯為民。』乃伐崇，令毋殺人，毋壞室，毋填井，毋伐樹木，毋動六畜。有不如令者，死無赦。崇人聞之，因請降。」今按：「令毋殺人，毋壞室」等事，則此詩所謂「是致是附」者也；曰「聽獄不中，分財不均，百姓力盡，不得衣食」，即此詩所謂「是肆」者也；曰「蔑侮父兄，不敬長老」，即此詩所謂「是忽」者也。《詩》與《說苑》之相合如此。《竹書》以為商紂三十四年事。又，《史記》載：「九侯有女，入之紂，女不喜淫，紂怒殺之而醢九侯。鄂侯爭之疆〔註36〕，辨之疾，並脯鄂侯。西伯聞之竊歎。崇侯虎知之，以告紂。紂囚西伯羑里。西伯之臣閎夭之徒求美女、奇物、善馬以獻紂，紂乃赦西伯，賜之弓矢鈇鉞，得專征伐，曰：『譖西伯者，崇侯虎也。』西伯歸，三年伐崇侯虎，而作豐邑。」方孝孺云：「崇侯之事遠，不可知其詳矣。吾意其人必比凶黨惡，不供職於天子，而侵害其與國，故西伯伐之，必不以其譖已也。不然，西伯嘗伐犬、戎密及耆矣。則此四國者，又豈皆譖西伯者耶？」鄒云：「按：《竹書・商紀》：『武乙二十四年，周師伐程，戰於畢，克之。』正當季歷之初服。又嘗伐義渠，伐西落、鬼戎，伐余無之戎、始呼之戎、翳徒之戎，而《詩》不一及之，獨侈言文王之遏徂旅、伐仇方，豈所重在此不在彼耶？」

《皇矣》八章。章十二句。陸德明云：「一本無『矣』字。」朱子以為「此詩敘大王、大伯、王季之德，以及文王伐密、伐崇之事」，云：「一章、二章言天命大王，三章、四章言天命王季，五章、六章言天命文王伐密，七章、八章言天命文王伐崇。」夫一章言文王起之，二章言文王終之，三章又言文王起之，四章又言文王終之，意皆為文王發也。今乃截然分作四柱，可謂得詩意否歟？《申培說》剿朱子，其陋斯甚。《子貢傳》又以「此為訓成王之詩」。按：三章之末言「奄有四方」，四章之末言「施于孫子」，皆指武王言。疑此詩定作於武王之世。果若作在成王時，亦必兼揚厲武王功德矣。

天作

《天作》，祀岐山之樂歌。出季本《詩說解頤》。〇按：《易・升》卦六

〔註36〕「疆」，四庫本作「彊」。

四之爻曰：「王用享於岐山，吉。」則岐山之祭，周固有之矣。此詩所頌止及太王、文王而末繫「子孫保之」一語，先言子而後言孫，定是武王時所作，豈亦在柴望大告武成之日與？鄒忠胤云：「天子為百神主，岐山王氣攸鍾，豈容無祭？祭豈容無樂章？不言及王季者，以所重在岐山，故止挈首尾二君言之也」。

天作高山，大音泰。**王荒**陽韻。**之。彼作矣，文王康**陽韻。**之。彼徂**沈括《筆談》作「岨」。朱《傳》從之。王應麟云：「《筆談》引《朱浮傳》作『彼岨者岐』。今按：《後漢・朱浮傳》無此語。《西南夷傳》：『朱輔上疏曰：《詩》云：彼岨〔註37〕者岐，有夷之行。』《注》引《韓詩》、薛君《傳》曰：『徂，往也。』蓋誤以朱輔為朱浮，亦無『岨』字。」朱子云：「韓子亦云：『彼岐有岨。』疑或別有所據。」豐氏本亦作「岨」。**矣**。句。朱《傳》連下「岐」字讀為句。黃震云：「上云『彼作矣』，下云『彼徂矣』，自相對。今以『岐』字綴『徂矣』之下，恐驚俗也。」《後漢書》「矣」作「者」。**岐**《韓詩外傳》作「歧」。**有夷之行**，叶陽韻，戶郎翻。**子孫**《說苑》「孫」下有「其」字。**保之**。章末不用韻，亦變體。○賦也。「作」，《說文》云：「起也。」「高山」，以下文證之，謂岐山也。高山起於平地之上，若天所締搆然，故曰「天作」。張叔翹云：「周家王業實始於岐，故《大雅》歌其『帝省』，《周頌》謂之『天作』。」「大王」，古公亶父也。「荒」，《爾雅》云：「奄也。」按：荒者，草淹地也，故有奄義。奄之為言覆也。「大王荒之」者，言此岐山之地，大王一旦奄而有之也。又，《晉語》：「鄭叔詹謂鄭文公曰：『臣聞之，親有天，在《周頌》曰：天作高山，大王荒之。荒，大之也。大天所作，可謂親有天矣。』」此訓荒為大，然於文氣欠順。「彼」，承上文，謂大王也。「作」，亦訓「起」，但語意與「天作」之「作」不同，言大王始起而居此地也。「文王」，大王之孫。「康」，《爾雅》云：「安也。」大王遷都岐下，文王嗣興，惠鮮懷保，從而安康之，使其民有固志。《孟子》言「文王之治岐，耕者九一，仕者世祿，關市譏而不徵，澤梁無禁，罪人不孥，發政施仁，必先鰥寡孤獨」，即其事也。《荀子》云：「王者之等賦，政事，財萬物，所以養萬民也。田野什一，關市幾而不徵，山林澤梁以時禁法而不稅，相地而衰政。理道之遠近而致貢，通流財物粟米，無滯留，使相歸移也。四海之內若一家，故近者不隱其能，遠者

〔註37〕「岨」，《困學紀聞》卷三《詩》作「徂」。下文云「亦無『岨』字」，則此處當以「徂」為是。

不疾其勞，無幽閒隱僻之國莫不趨使而安樂之。故澤人足乎木，山人足乎魚，農夫不斲〔註 38〕削、不陶冶而足械用，工賈不耕田而足菽粟。天之所覆，地之所載，莫不盡其美，致其用，上以飾賢良，下以養百姓而安樂之。夫是之謂大神。《詩》曰：『天作高山，大王荒之。彼作矣，文王康之。』此之謂也。」又云：「治亂天耶？曰：日月、星辰、瑞曆，是禹、桀之所同也。禹以治，桀以亂，治亂非天也。時耶？曰：繁啟蕃長於春夏，畜積收藏於秋冬，是又禹、桀之所同也。禹以治，桀以亂，治亂非時也。地耶？曰：得地則生，失地則死，是又禹、桀之所同也。禹以治，桀以亂，治亂非地也。《詩》曰：『天作高山，大王荒之。彼作矣，文王康之。』此之謂也。」「彼」，承上文，謂文王也。「徂」，《說文》云：「往也。」「夷」，《說文》云：「平也。」「行」，朱子云：「路也。」「保」者，抱持不失之義。《孝經注》以為「安鎮」，是也。文王雖往矣，而此岐山之地為萬邦之所歸往，至今有平夷之道路焉，子孫當世世保守而不失也。鄧元錫云：「曰『荒』，括諸疆理宣畝、捄度築削、作廟立門之事。曰『岐有夷行』，括拔兌夷喙之事。蓋《緜》、《皇矣》數十百言，括之數言中而足也。」陳際泰云：「祖宗之建國也，據形勢之便，有天意焉，有地利焉。周大王於岐山，用是道矣。文王奄有天下三分之二，幾於改物。然先定根本，而後能有所立，以徐候乎天下之自集。至子孫始用汧渭之地，捐以予秦。及詩人〔註 39〕有作，而已知秦之履奄及終南，駸駸乎吞八州而朝同列。嗟嗟！使子孫誠能保之，即何以有秦哉？」黃佐云：「《春秋》：公入祊，鄭伯假許。聖人譏其有無親之心。謂其與人以先祖所受之邑也，岐周之地。『荒之』者，大王。『康之』者，文王。創立之難有如此者，後世子孫懦弱舉而棄之如敝屣，然無親之心孰甚耶？」又，薛君云：「夷，易也。行，道也。彼百姓歸文王者皆曰岐有易道，可往歸矣。易道，謂仁義之道而易行，故岐道阻險而人不難。」劉向《說苑》云：「齊宣王謂尹文曰：『人君之事何如？』尹文對曰：『人君之事，無為而能容下。夫事寡易從，法省易因，故民不以政獲罪也。大道容眾，大德容下，聖人寡為而天下理矣。詩人曰：岐有夷之行，子孫其保之。』宣王曰：『善。』」《韓詩外傳》云：「昔者，舜甑盆無膻，而下不以餘獲罪；飯乎土簋，啜乎土型，而農不以力獲罪；麑衣而盩領，而女不以巧獲罪。法下易繇，

〔註 38〕「斲」，四庫本作「斷」。《荀子・王制篇第九》作「斲」。

〔註 39〕「人」，陳際泰《五經讀・詩經・讀天作高山》無。（《四庫全書存目叢書》經部第 151 冊，第 404 頁）

事寡易為功，而民不以政獲罪。故大道多容，大德眾下，聖人寡為，故用物常壯也。《傳》曰：『易簡而天下之理得矣。』忠易為禮，誠易為辭，賢人易為民，工巧易為材。《詩》曰：『岐有夷之行，子孫保之。』」以上數條皆同毛、鄭之說，然恐非詩意。

《天作》一章。七句。《序》云：「祀先王先公也。」蔡邕《獨斷》亦然。夫祀先王先公而正〔註 40〕及大王、文王，彼大王之前有后稷，文王之前有王季，何不一齒及歟？《禮經》中曾有此祀典否歟？朱子止以為「祭大王之詩」，亦疑其不應獨遺王季故耳。然篇中何以兼頌文王？鄒駁之云：「夫《序》增入詩中所無之先公，而朱子又偏遺詩中所有之文王，均之莽矣。」《申培說》則曰：「周祭岐山，配以大王、文王之詩。」夫以二王配岐山，於禮無所載，皆臆說也。《子貢傳》闕文。

既醉

《既醉》，神嘏也。武王大祀宗廟，禮成受釐，宗祝傳公尸之辭以致告。「嘏」者，祝為尸致告於主之辭。《郊特牲》云：「嘏，長也，大也。」《禮運》云：「嘏以慈告。」按：《竹書》載武王滅商之次年，薦殷於太廟，遂大封諸侯。此詩之作，或在是時。於何知之？以「令終有俶」之語知之。「俶」者，始也。武王即位之始也。然則文王、武王亦皆有始矣，何以知其非文王、成王之詩也？愚又以「君子有孝子」之語知之。文王受命惟中身，而考其生武王亦適在五十歲，成王年十三踐天子位而康王猶未生，是二王初嗣服時，皆未有胤子可從祭也。唯武王滅商之年，成王已九歲。自是之後，諸弟以次受封，計成王必早正胤嗣之位，則餕獻受爵，固能之矣。謂非武王之詩而何？鄧元錫云：「《既醉》，神答君，鄉之斯饗之，饗之斯答之矣。嘉與顯相嗣子，竭誠盡慎，以事其先王，故神錫祚胤永永焉。微積誠也，能致然乎？」

既醉以酒，既飽以德。職韻。亦叶屋韻，都木翻。**君子萬年，介爾景福。**屋韻。亦叶職韻，筆力翻。〇賦也。毛《傳》云：「『既』者，盡其禮，終其事。」「醉」、「飽」，謂尸醉、飽也。此以饋食之時言。楊氏云：「按：《儀禮》，特牲饋食，士禮也；少牢饋食，大夫禮也。大夫、士之祭，不祼，不薦血牲，惟行饋食禮。天子、諸侯饋食之前，堂上設南面位，行祼鬯薦腥之禮，

〔註 40〕「正」，四庫本作「止」，是。

而後延尸入室，東西位，行饋食禮。」愚按：此時尸始飲食，及告飽，主人酳尸，尸遂嘏主人。此詩通篇皆尸嘏王之語，故但據饋食時為言。所飽者，黍稷也。而曰「飽以德」者，即《周書》「黍稷非馨，明德惟馨」之意。「德」，謂仁孝之德。鄭玄云：「在意曰滿，謂之飽德。」孟子見世人之欲貴，因引此詩而釋之曰：「言飽乎仁義也，所以不願人之膏粱之味也。」識己之仁義，足以飽人，則人世之膏粱俱屬無味矣。今尸之告飽，亦飽於王仁孝之德耳。如徒恃黍稷以薦馨，亦何足飽之有？又，《坊記》：「子云：『敬則用祭器，故君子不以菲廢禮，不以美沒禮。故食禮，主人親饋則客祭，主人不親饋則客不祭。故君子苟無禮，雖美不食焉。《易》曰：東鄰殺牛，不如西鄰之禴祭，寔受其福。《詩》云：既醉以酒，既飽以德。以此示民，民猶爭利而忘義。』」引此亦藉以明行禮重誠敬，不重儀物之意，與詩旨正足相發。「君子」，謂主祭者，指王也。後倣此。「萬年」，祝其壽考。「介」，助也。「爾」，朱子云：「亦指王也。」「景福」，謂昭明可見之福。此尚虛言之。後章乃歷道其實。《左・襄二十七年》：「楚薳罷如晉涖盟，晉侯享之。將出，賦《既醉》。叔向曰：『薳氏之有後於楚國也，宜哉！承君命，不忘敏。』」〇**既醉以酒，爾殽**豐氏本作「肴」。**既將**。叶陽韻，資良翻。**君子萬年，介爾昭明**。叶陽韻，謨郎翻。〇賦也。「殽」，通作「肴」。朱子云：「俎實也。」愚按：此即《儀禮》所稱脊、乾、骼、肩及折俎、庶羞、獸魚之類，皆侑食時所用者。天子祭祀之俎實未聞，據此對酒言殽，則前章稱飽，屬黍稷可知矣。「昭」，《說文》云：「日明也。」昭、明同義。然此既以昭、明對言，則昭當為小明，明當為大明。《中庸》「斯昭昭之多」是也。「介爾昭明」者，為助發其智慮，小事、大事皆無不明也。孔穎達云：「與之以昭明之道，謂使之政教常善，永作明君也。」曹居貞云：「老將智而耄及之，古人所病。天既錫之以壽考，又大之以昭明，則受福無窮也。」或以昭明為明德，亦通。但上章言「既飽以德」，則德已無不明，不應至此始言助之明德耳。〇**昭明有融**，東韻。**高朗令終**。東韻。**令終有俶**，屋韻。**公尸嘉告**。叶屋韻，居六翻。〇賦也。「融」，《說文》云：「炊氣上出也。」服虔云：「高也。」《左傳》云：「明而未融，其當旦乎？」「昭明有融」，兼位言之，言其明高出，足以照臨四方，所謂「居上克明」也。下文言「高」，即「有融」也；言「朗」，即「昭明」也。徐鍇以月之明為朗。「高朗」者，明之盛也。「令終」，朱子云：「善終也。」「萬年」皆此「高朗」，則能善其終矣。「俶」，《爾雅》云：「始也」；又云：「作也。」邢昺云：「動作之始也。」朱子云：「欲善其終者，必善其始。今固未終也，而已有其始矣。」愚按：時武王新即位，故以「有俶」言。呂祖謙云：「周之追王，止於太王，則宗廟之祭、尸之尊者乃公尸也。」陳祥道云：「父為士，子為大夫，葬以士禮而祭之尸，則服士服。父為大夫，子為士，葬以大夫禮而祭之尸，則服大夫服。故《周官・司服》『享先公則鷩冕』，以為祭則各以其服授尸。尸服鷩冕，而王服袞以臨之，則非所以致敬，故不敢也。」愚按：如前說，則此公尸當是於諸祖中舉其最尊者，乃后稷之尸也。「周旅酬六尸」，先儒謂「后稷之尸發爵不受旅」是也。朱子援引「秦已稱皇帝，而其男女猶稱公子、公主」，謂「周稱王，而尸但曰公尸，蓋因其舊」，殊屬臆說。又，何休謂「天子以卿為尸，諸侯以大夫為尸，卿大夫以下以孫為尸」。毛《傳》同其說，謂天子之卿，蓋諸侯也，〔註41〕未詳何據。鄭玄則謂「諸侯有功德者入為天子卿大夫故云『公尸』。公，君也」。孔穎達引「曾子曰：『王者宗廟，以卿為尸，射以公為耦，不以公為尸，避嫌也』」。此言公者，「卿六命，出封則為侯伯，故得以公言之」。又引「《石渠論》云：『周公祭天，用太公為尸。』《白虎通》云：『周公祭太山，用召公為尸』」，謂「天地山川得用公」，皆牽強附會，絕非事實。「嘉告」，鄭云：「以善言告之，謂嘏辭也。」通篇皆宗祝傳公尸之意，所謂工祝致告者。

○其告音鞫。**維何？籩豆靜嘉**。叶歌韻，居何翻。**朋友攸攝，攝以威儀**。叶歌韻，牛荷翻。○賦也。自此章已後，首尾相銜，亦創體。「維何」，問辭也，推其故也。「籩」，《說文》云：「竹豆也。」面徑尺，柄尺。《爾雅》云：「木豆謂之豆，崇尺，厚半寸，其實皆容四升。」《周禮》：「籩人掌四籩之實。朝事之籩，其實麷、蕡、白、黑、形鹽、膴、鮑魚、鱐。饋食之籩，其實棗、㮚、桃、乾䕩、榛實。加籩之實，蔆、芡、㮚、脯。羞籩之實，糗餌、粉餈」；「醢人掌四豆之實。朝事之豆，其實韭菹、醓醢、昌本、麋臡、菁菹、鹿臡、茆菹、麇臡。饋食之豆，其實葵菹、蠃醢、脾析、蠯醢、蜃蚳、醢豚、拍魚。醢加豆之實，芹菹、兔醢、深蒲、醓醢、箔菹、雁醢、筍菹、魚醢。羞豆之實，酏食、糝食。」滌濯之治曰靜，新美之薦曰嘉。「朋友」，朱子云：「指賓客助祭者。」劉公瑾云：「將祭之先，筮其臣之吉者，使之助祭。謂之賓客，謂之朋友，皆尊之之詞，所以重祭祀也。」「攸」，《爾雅》云：「所也。」「攝」，《說文》云：「引持也。」猶言簡束也。「威儀」，謂進退趍蹌之節，以主祭者言。《左傳》：「北宮文子云：『有威可畏謂之威，有儀可象謂之儀。《周詩》曰：

〔註41〕毛《傳》：「公尸，天子以卿，言諸侯也。」

朋友攸攝，攝以威儀。言朋友之道必相教訓以威儀也。』」孔云：「公尸以善言告者，是何故乎？粢祭饌則潔清而美，助祭者又相斂攝以威儀，當神之意也。」黃氏云：「祭不在物而在誠。誠之所可見者，寓於威儀之間。」愚按：唯助祭者皆敬，則主祭者之威儀自莫不敬矣，即謂本於朋友之攝之可也。《緇衣》篇：「子曰：『輕絕貧賤，而重絕富貴，則好賢不堅，而惡惡不著也。人雖曰不利，吾不信也。《詩》云：朋友攸攝，攝以威儀。』」《家語》、《荀子》皆云：「子貢問於孔子曰：『賜倦於學矣，願息於朋友。』孔子曰：『《詩》云：朋友攸攝，攝以威儀。朋友難，朋友焉可息哉？』」此雖斷章取義，然可以得攝威儀之說，知非指朋友之自攝言也。○**威儀孔時**，叶紙韻，上紙翻。亦叶寘韻，時吏翻。**君子有孝子**。紙韻。亦叶寘韻，資四翻。**孝子不匱**，寘韻。**永錫爾類**。寘韻。○賦也。「威儀孔時」，承上文，指王言也。「孔」，鄭云：「甚也。」陸化熙云：「禮有先後節次，如始而求神，終而獻尸，威儀不一，而悉如其節，故曰『孔時』。」「孝子」，謂主祭者之嗣子。《文王世子》篇云：「其登餕、獻、受爵，則以上嗣。」陳皓云：「『登』，自堂下而升堂上也。以特牲禮次序言之，先時祝酌爵觶，奠於鉶南，俟主人獻內兄弟畢，長兄弟及眾賓長為加爵之後，宗人使嗣子飲鉶南之奠，爵嗣子盥而入拜。尸執此奠爵，嗣子進受，復位而拜，尸答拜。嗣子飲畢，拜尸，尸又答拜。所謂『受爵』也。嗣子又舉所奠爵洗而酌之，以入獻尸，尸拜而受，嗣子答拜。所謂『獻』也。無算爵之後，禮畢尸出，乃餕。餕，食尸之餘也。宗人使嗣子及長兄弟升堂相對而餕也。此三事者，受爵在先，獻次之，餕最後。今逆言之，上嗣，適子之長子，為最上也。」呂大鈞云：「孝子飲奠，所以致其傳付祖考德澤之意深矣。自『孝子不匱』至末，皆預祝其後日之詞。」「匱」，《說文》云：「匣也。」毛訓為竭者，當是匣中空之義，言不獨今日之君子能率其嗣子，有誠敬以事宗廟之孝，又祝其異日嗣子更有不匱之孝也。《祭義》：「曾子曰：『孝有三。小孝用力，中孝用勞，大孝不匱。思慈愛忘勞，可謂用力矣。尊仁安義，可謂用勞矣。博施備物，可謂不匱矣。』」觀此，則「博施備物」乃「不匱」之明訓。一說：只就祭祀時言，當旅酬告利成之後，而其誠不少衰竭於祀祭迎尸之始，故曰「不匱」，亦通。又，《坊記》：「子云：『從命不忿，微諫不倦，勞而不怨，可謂孝矣。《詩》云：孝子不匱。此亦言孝誠不衰竭之意。』」「永錫爾類」，鄭云：「長以與爾之旅類，謂廣之以教道天下也。」嚴云：「聖人之於民，類也。同此類則同此心。孝者，人心之同然。以心感心，放之四海而準，是錫類也。《洪範》

『錫福』之意亦如此。」《左．隱元年》：「鄭伯克段於鄢。遂寘姜氏於城穎。穎考叔聞之，有獻於公。公賜之食，食捨肉，曰：『小人有母，亦嘗君之食矣，未嘗君之羹，請以遺之。』公曰：『爾有母遺，繄我獨無？』遂為母子如初。君子曰：『穎考叔，純孝也。愛其母，施及莊公。《詩》曰：孝子不匱，永錫而類。其是之謂乎！』」成二年：「晉侯與齊侯戰於鞍，齊人致賂，晉人不可，曰：『必以蕭同叔子為質。』對曰：『蕭同叔子非他，寡君之母也。若以匹敵，則亦晉公之母也。吾子布大信於諸侯，而曰必質其母以為信，其若王命何？且是以不孝令也。《詩》曰：孝子不匱，永錫爾類。若以不孝令於諸侯，其無乃非德類乎？』」《家語》、《荀子》皆云：「子貢問於孔子曰：『賜倦於學矣，願息事親。』孔子曰：『《詩》云：孝子不匱，永錫爾類。事親難，事親焉可息哉？』」合觀此，可以得錫類之義。一說：彭執中云：「孝子之後必有孝子繼之，蓋天之錫君，以類相從，必然之理也。後漢楊氏事姑孝，姑曰：『我老，無以報婦。願爾生孝子。』即此意也。」亦通。○**其類維何？室家之壼**。叶震韻，困閏翻。**君子萬年，永錫祚胤**。震韻。○賦也。「其類維何」者，猶云所言錫爾類者云何乎？下句乃指其實。「壼」，本作「[illegible]」，今文作壼，與壺尊之壺以一下多一畫為異。《爾雅》云：「宮中巷。」《說文》云：「宮中道，字象宮垣道上之形。」「室家之壼」，言其事只在家庭間，謂感上不匱之孝，皆能興起乎孝道也。「祚」，《說文》云：「福也。」後二章是也。「胤」，毛云：「嗣也。」即上章所云「孝子」也。君子固已享萬年之壽考矣，而其胤子有不匱之孝，天又將長與之以福也。《周語》：「晉叔嚮聘於周，單靖公享之，儉而敬。叔向曰：『周其興乎！其有單子也。單若不興，子孫必蕃，後世不忘。《詩》曰：其類維何？室家之壼。君子萬年，永錫祚胤。』」「類」也者，不忝前哲之謂也。「壼」也者，廣裕人民之謂也。「萬年」也者，令聞不忘之謂也。「祚胤」也者，子孫蕃育之謂也。解亦近似。一說：「永錫爾類」以己之子孫繼孝言，則「室家之壼」只就己之室家言。亦通。○**其胤維何？天被爾祿**。屋韻。亦叶沃韻，力玉翻。**君子萬年，景命有僕**。沃韻。亦叶屋韻，步木翻。○賦也。「其胤維何」，猶云所言錫祚胤者云何乎？下文言「天被爾祿」，言「景命有僕」，皆所謂祚也。「被」者，寢衣之名，故有蒙覆在躬之義。「爾」，仍指王言。「祿」，即天祿。言天錫祚於爾之胤子，還被覆以爾所膺之天祿也。「景」，《說文》云：「光也。」「景命」，謂明命也。「僕」，猶屬也。毛云：「附也。」孔云：「以僕御必附近於人，故以僕為附。」「君子萬年」，其享此天祿亦已久矣，乃萬年之後，帝眷之明命依依然附屬於我周而未已。《周書》所謂「惟王子子孫孫永保民」者也。「天被爾祿」，主胤子之身言；「景命有僕」，主胤子之後人言，下章言「從以孫子」是也。**○其僕維何？釐爾女士**。紙韻。**釐爾女士**，見上。《列女傳》作「士女」。**從以孫子**。紙韻。○賦也。「釐」，即「受釐」之「釐」。《說文》云：「家福也。」應劭云：「祭餘肉也。」顏師古云：「字本作『禧』，假借用耳。」「女士」，鄭云：「女而有士行者。」按：禮，祭必夫婦親之，君致齊於外，夫人散齊於內。君純冕立於阼，夫人副褘立於東房。及迎犧，君執紖，夫人薦涚。君執鸞刀羞嚌，夫人薦豆。君西酌犧尊，夫人東酌罍尊。卿大夫相君，命婦相夫人。君與夫人交獻，以嘉魂魄，是謂合莫。《周禮・內小臣》：「若有祭祀，則擯詔后之禮事」；《外宗》：「佐王后薦玉豆，眡豆籩。王后以樂羞齍則贊」；《內宰》：「贊瑤爵。」此「女士」，指王后也。前皆以嘏予玉，此特以釐予王后。王后無飲福受胙之禮，而嘏辭及之，所以為周備也。今安邑姜為十亂之一，是女而有士行者也。「從」，鄭云：「隨也。」前三章既皆言孝子矣，故此釐王后，不言子而但祝其子之生孫，以世子誦時尚幼，孫猶未生，故預祝之。孫之後又有子，則無窮之辭也。子復有子，孫復有孫，景命有僕，長遠不替，嘏於是乎大備。

《既醉》八章。章四句。《序》云：「《既醉》，太平也。醉酒飽德，人有士君子之行焉。」與詩義全不相涉，其失明矣。《申培說》以為「王族與燕，畣《行葦》之詩」，蓋亦襲朱《傳》「父兄所以答《行葦》」之說。然詩中既明言「公尸嘉告」矣，謂之父兄謝燕之辭，可乎？又，蘇子瞻〔註 42〕有《既醉備五福論》，其說出於鄭《箋》，以景福為五福也。唐孔氏為分屬之，云：「『君子萬年』，壽也。『天被爾祿』，富也。『室家之壼』，康寧也。『昭明有融』，攸好德也。『高朗令終』、『景命有僕』，考終命也。」附會割裂，不成文理，豈此詩乃《洪範》注疏乎？若鄒忠胤謂「《周禮》『鍾師奏九夏』，杜子春釋云：『客醉而出奏《陔夏》』，疑即此」，要亦為舊說所誤。《子貢傳》以為「訓成王之詩」，辨已在《小引》下。

雝

《雝》，《論語》、《禮記》、《周禮注》俱作「雍」。**武王祭文王之廟，喜諸**

〔註 42〕「瞻」，四庫本誤作「膽」。

侯來助祭。及徹，歌此。在九夏中，疑即《昭夏》，亦名為《繁》。朱《傳》以為「武王祭文王之詩」，蓋徹祭所歌。胡一桂云：「以文母證之，則烈考為文王無疑，此詩為武王祭文王之詩無疑。」按：《周禮》樂師職云：「及徹，帥學士而歌徹」；小師職云：「下管擊應鼓，徹歌。」鄭玄謂：「徹者，歌《雝》。」陳暘云：「大祭祀告利成之後，徹必歌《雝》。古之祭祀，有樂以迎來，必有樂以徹食。」黃佐云：「此詩但為武王祭文王而徹俎之詩，而後通用於他廟耳。」《論語》：「三家者以《雝》徹。子曰：『相維辟公，天子穆穆。奚取於三家之堂？』」賈公彥云：「有辟公助祭，並天子之容穆穆，乃可用《雝》詩徹祭器。大夫及諸侯皆不得用《雝》也。」「昭夏」者，九夏之一，《國語》別名為繁。愚疑謂即此詩者，以篇中有「介以繁祉」之語耳。《左傳》謂「三夏，天子所以享元侯」。《路史》亦云：「《雝》，子所以享元侯。」而《周禮》稱「牲出入，奏《昭夏》」。今按：「相維辟公」既與「享元侯」意合，「於薦廣牡」又與「牲出入」事合，則其為《昭夏》之章審矣。詳見《時邁》篇《小引》下。

有來雝雝，冬韻。《漢書》作「雍雍」。**至止肅肅。**屋韻。**相**去聲。後同。**維辟公，**叶冬韻，諸容翻。**天子穆穆。**屋韻。通篇俱隔句用韻。〇賦也。「有」者，非一之辭，指下文「辟公」言。「來」者，孔穎達云：「從彼本國而來也。」「雍」，和也。解見《有瞽》篇。「至」者，至於周廟也。「止」，語辭。「肅」，《說文》云：「持事振敬也。」以非一人，故重言「雝雝」。「肅肅」，輔廣云：「來而不和，則有勉強不得已之心。至而不敬，則有怠緩不敬事之意。」「相」者，省視之義。故《爾雅》云：「導也。」毛《傳》云：「助也。」孔云：「助祭事也。」「維」字重看。閔光德云：「『有』字正與『維』字相應，便見非復大夫助祭意。」「辟公」，諸侯也。解見《烈文》篇。「天子」，以位言，武王自謂也。「穆」，通作「㣎」，《說文》云：「細文也。」重言之者，見其文章之非一也。言助祭者維有肅肅之諸侯奔走將事，是以主祭之天子進退周旋，皆中禮節，穆穆然有文之可觀，如所云「威儀孔時」是也。《漢書》：「韋玄成云：『唯聖人為能饗親，立廟京師之居，躬親承事，四海之內，各以其職來助祭。尊親之大義，五帝三王所共，不易之道也。《詩》云：有來雍雍，至止肅肅。相維辟公，天子穆穆。』」〇**於薦廣牡，**有韻。**相予肆祀。**紙韻。**假**音格。**哉皇考，**叶有韻，去九翻。**綏予孝子。**紙韻。〇賦也。「薦」之為進音之近也。「廣」，毛云：「大也。」按：橫量曰廣，博碩肥腯之謂也。「牡」，《說文》云：「畜父也。」「廣牡」，即《雒誥》所云「騂牛一」者，《易》所云

「大牲」也。「予」，武王自謂也。後放此。「肆」，鄭玄云：「陳也。」嚴粲云：「言於我薦進大牡牲之時，其辟公助我肆陳祭祀之饌也。」「假」，通作「假」，《說文》云：「至也。」「皇」，《爾雅》云：「君也。」父亡稱考。孔云：「考者，成德之名。」按：《閔予小子》以皇考與皇祖相對，則知皇考謂父也。家人有嚴君焉，父母之謂，故考以皇稱。鄭云：「皇考謂文王也。」「綏」，《爾雅》云：「安也。」按：綏本車中靶之名。升車執綏，所以安也。朱子云：「『孝子』，武王自稱也。」上對「辟公」言，故曰「天子」；此對「皇考」言，故曰「孝子」。我合辟公以肆祀，此時皇考之神靈至止，庶其有以安佑我孝子乎？於徹祭時歌此，故作冀望之辭。末章「眉壽」、「繁祉」，「綏予」之實也。《孝經》：「子曰：『昔者明王之以孝治天下也，不敢遺小國之臣，而況於公侯伯子男乎！故得萬國之歡心，以事其先王〔註 43〕。夫然，故生則親安之，祭則鬼享之，是以天下和平，災害不生，禍亂不作，故明王之以孝治天下如此。』」正與此詩意相發。○**宣哲**陸德明本作「晢」。**維人**，真韻。亦叶先韻，如延翻。**文武維后**。有韻。**燕及皇天**，先韻。亦叶真韻，丁因翻。**克昌**去聲。陸德明云：「周人以諱事神，不應犯諱，當音處亮反。」**厥後**。有韻。○賦也。上二章美諸侯之來助祭，此則追述其舊功而重讚美之也。「宣」，布也。解見《江漢》篇。「哲」，《說文》云：「知也。」文王能周知天下之事理，故以哲稱，所謂「知之曰明哲」也。「人」，謂文王之舊人也。「文武維后」，美文王也。《書・無逸》篇云：「自殷王中宗，及高宗，及祖甲，及我周文王，茲四人迪哲。」《君奭》篇云：「惟文王尚克修和我有夏，亦惟有若虢叔，有若閎夭，有若散宜生，有若泰顛，有若南宮适。亦惟純佑秉德，迪知天威，乃惟時昭文王，迪見冒聞於上帝。」夫文王有明哲之德，而所以宣布其明哲之作用者，惟賴有文王之諸臣在，故於其綱紀四方，則見文王之文；於其有此武功，則見文王之武。君道克盡如此，天下人皆樂得之以為君也。「燕」，通作「宴」，《說文》云：「安也。」加「皇」於「天」，尊稱之辭。夫皇矣上帝，臨下有赫，其監觀四方，惟求民之莫耳。文王能盡文武之道，則能安民，而天之心亦與俱安矣。此謂其所安者，上及於天也。「克」，能也。「昌」，通作「倡」，《說文》云：「導也。」以開基創業言，所謂佑啟我後人也。陳際泰云：「《武成》曰：『皇天震怒，命我文考，肅將天威。』夫紂不能安人，皇天所為怒也。而文王安之，皇天所為燕也。在平寧之世，文德即能安人。在亂離之世，非文德而兼武德不

〔註 43〕「王」，《孝經》同，四庫本作「生」。

能安人。故曰：『文王一怒而安天下之民。』此豈拘拘之小智所能辨？拘拘之小智，則以文德終矣。其燕皇天而昌厥後，以享有廣牡之薦，豈虛也哉？」〔註44〕愚按：武時去文未遠，此助祭諸侯，文王之舊臣，必尚有在者，故敘述及此。《書・立政》篇曰：「亦越武王，率惟敉功，不敢替厥義德；率惟謀從容德，以並受此丕丕基。」其明據也。一說：蘇轍云：「先王之臣有與祭者，故於是稱『宣哲維人』焉。」○**綏我眉壽**，有韻。**介以繁祉**。紙韻。**既右烈考**，叶有韻。見第二章。**亦右文母**。叶紙韻，母鄙翻。徐光啟云：「此篇句句隔韻，而第五、七韻又承第三韻，第六八韻又承第四韻，宛轉相關，音律嫋嫋，用韻之變，殆極於此。」○賦也。「眉壽」，解見《南山有臺》篇。武王末受命，故言福，以眉壽為先。孔云：「上言『綏予孝子』，是皇考綏之。今言『綏我眉壽』，亦是皇考綏之，以覆成上意也。」「介」，《釋文》云：「副也。」古者主有擯，客有介，故謂副為介。「繁」者，盛多之意，當通作「蕃」，《說文》云：「草茂也。」「祉」，徐鍇云：「福所止也。」「繁祉」，凡諸福之物可致之祥皆是。《鹽鐵論》云：「刑錯不用，黎民若四時各終其序，而天下不孤。《頌》曰：『介以繁祉。』」「右」，朱子云：「尊也。《周禮》所謂『享右祭祀』是也。」《周禮・春官》：「大祝辨九𢹂，以享右祭祀。」解見《我將》篇。「烈考」，即文王也。朱子云：「猶皇考也。」「文母」，毛云：「太姒也。」烈以功稱，文從夫諡。承上章，言文王藉諸臣之力，既能受天明命以倡道厥後矣，今日辟公助祭，大禮告成，我文王庶其安佑我以秀眉之壽，使享年有永，又副益之以眾多之福，則自今以往，得以享右乎烈考文母，愈久而不替也。此非合眾辟公之精神以邀皇考之感格不至。此我不敢忘皇考，其敢忘辟公哉？

《雝》四章。章四句。舊作一章，十六句。〔註45〕○《序》及蔡邕《獨斷》皆云：「禘大祖之所歌也。」朱子謂：「《祭法》：『周人禘嚳。』又曰：『天子七廟，三昭三穆及大祖之廟而七。』周之太祖即后稷也。禘嚳於后稷之廟，而以后稷配之，所謂『禘其祖之所自出，以其祖配之』者也。」今熟味詩詞，無及於嚳稷者，且篇末以「文母」為言，於禘何與？呂祖謙強為之說，謂：「周所以王天下，得行禘禮於大祖者，皆文王、武王之功，故成王於禘之時，推其得禘之繇，播之樂歌，以告大祖。」要之，迂迴難通。李氏以「皇

〔註44〕陳際泰《五經讀・詩經・讀雝》。(《四庫全書存目叢書》經部第151冊，第406頁)

〔註45〕《詩集傳》：「《雝》一章，十六句。」

考、烈考皆稱其祖」。嚴粲引「《祭法》：父曰考，祖曰王考，曾祖田皇考，高祖曰顯考」，謂「考者，祖父之通稱」。就如所云，惟曾祖稱皇考，而譽稷非曾祖也。且皇考果為祖，即當以孝孫對言，而下文明言「綏予孝子」，則皇考即父，明矣。或又謂禘乃吉禘，若《竹書》之「吉禘於先王」、《春秋》之「吉禘於莊公」是也。夫喪畢即吉，而致新死者之主於廟，謂之吉禘。武王以嗣位之十二年，伐紂克殷，而後為天子。今詩稱「天子穆穆」，其非免喪之初又明甚，安在其為吉禘也？《漢書》：「劉向上封事曰：『文王既沒，周公、武王繼政，朝臣和於內，萬國驩於外，故盡得其驩心，以事其先祖。其詩曰：有來雍雍，至止肅肅。相維辟公，天子穆穆。言四方皆以和來也。』」向以此詩作於武王之世，固為得之。然謂「事其先祖」，則亦襲經師相傳之誤。《申培說》因篇中有「文武維后」一語，遂以「此為成王祀文、武之詩」。今按：鄭《箋》據《雒誥》稱武王為烈考，而嚴氏據《閔予小子》及《訪落》二詩又稱武王為皇考，然則此詩果兼祀武王乎？夫烈考與文母相配而言，非文王無足以當之，未聞子之稱可加於母之上也。烈考既為文王，則詩中言「孝子」者，乃武王自稱。是則皇考、烈考俱為一人，較然可知，其非成王之詩明矣。

思齊

《思齊》，文王所以聖也。出《序》。**繇大任能教文王，故文王能刑大姒。疑即九夏中之《齊夏》。**朱子以為「此詩亦歌文王之德，而推本言之」。《申培說》同。季本云：「此章為文王刑于寡妻而發，故推本大任閨門之教，以見大姒之賢有自也。」孔穎達云：「聖人稟性自天，而歸德於母者，以其母實賢，遂致歌詠，見其歎美之深，錄之以為後法耳。」陸燧云：「文王性生處自多，根本處自足，而推本所生，猶云生來有聖德如此。」鄒中胤云：「《周禮．春官》：鍾師奏九夏，其六曰《齊夏》。杜子春謂夫人祭，奏《齊夏》。倘即此詩。」

思齊音齋。**大**音泰。**任，文王之母**。有韻。亦叶紙韻，母鄙翻。又叶嬳韻，蒲補翻。**思媚周姜，京室之婦**。有韻。亦叶紙韻，房軌翻。又叶嬳韻，奉甫翻。**大**音秦〔註46〕。**姒**《荀子注》作「姒」。**嗣徽音**，侵韻。**則百斯男**。叶侵韻，尼心翻。○賦也。「思」，念也。「齊」，通作「齋」，《說文》云：「戒

〔註46〕「秦」，四庫本作「泰」，是。

潔也。」《禮記》云：「齋之為言齊也，齊不齊以致其齊也。」毛《傳》以為「莊也」。「大任」，王季之妃，《大明》之詩所云「摯仲氏任」者也。《皇王大紀》云：「大任有賢德，目不視窈色，耳不聽淫聲，口不出惡言，容貌恭肅，齊如也。以來嫁之年生子，古公亶父視之曰：『我世當有興者，其在斯乎！』名之曰昌，即文王也。」「媚」，《說文》云：「悅也。」「周姜」，毛云：「大姜也。」朱子云：「大王之妃也。」按：周自大王始遷，故繫姜於周。「京室」，毛云：「王室也。」孔云：「京者，京師，故言王室。王季未為天子而言京者，以其追號為王，故以京師言之。」「大姒」，《史記》云：「文王正妃也。」詳見《大明》篇。「嗣」，繼也。「徽」，毛云：「美也。」按：徽本三糾繩之名，琴節亦曰徽，則以琴弦是繩為之，故《淮南子》云：「鼓琴循弦，謂之徽也。」《文選五臣注》亦云：「調也。」此以「徽音」連言，當即取琴節之義，以其音調和可聽，謂之美音，猶云令聞也。「則百斯男」者，毛云：「大姒十子，眾妾則宜百子也。」按：《左傳》：「祝鮀曰：『武王之母弟八人。』」是通武王、伯邑考為十子也。其名，則《史記》云：「長伯邑考，次武王發，次管叔鮮，次周公旦，次蔡叔度，次曹叔振鐸，次郕叔武，次霍叔處，次康叔封，次聃叔季載。」皇甫謐則次周公於管、蔡、郕、霍之下，次曹叔振鐸，而康、聃二叔居其後，不知何據。又，《左傳》：「富辰云：『管、蔡、郕、霍、魯、衛、毛、聃、郜、雍、曹、滕、畢、原、豐、郇，文之昭也。』」則武王異母弟又有毛、郜、雍、滕、畢、原、豐、郇八人，其他無考。襄楷云：「文王一妻，誕致十子。」錢天錫云：「百男以驗其賢，不主效言。」一說：季云：「並子孫言之也。」亦通。此詩以發端「齊」之一字貫串後章。詠文王之德曰「肅肅」，曰「臨保」，皆本於此。其氣稟有自來矣。然此等家法，不始自大任，在大姜時已自如是。《皇王大紀》謂「大姜美而賢，生三子：泰伯、仲雍、季歷，能化導之，皆成賢德」。《列女傳》謂「大姜貞順率道，靡有過失，廣於德教，而謀事次之」。則大姜之為人可知。故詩言此存心莊敬之大任乃我文王之母也。彼知太姜以莊敬為悅，故其所思念惟是謹持婦德以得姑之歡心，而稱其為新造周室之婦，乃大姒又能繼大任之令聞，其莊敬之德亦如之，故無險詖私謁之心，有不妒忌之美，而子孫至於眾多也。夫多男繇於不妒忌，而不妒忌繇於克敬，如漢匡衡所云「故其貞淑，不貳其操。情慾之感，無介乎容儀；宴私之意，不形於動靜」者，則妒忌之念何自而生。周家世有聖妃，而一脈相傳，其造詣之邃如此，猗歟盛矣。《後漢書》：「梁皇后云：『夫陽以博施為德，陰以不專為義。螽斯則百，福之所繇興也。』」又按：古者親迎之禮，父南向，子北向而跪，醮而命之曰：「往迎爾相，承我宗事，勖率以敬，先妣之嗣，若則有常。」夫為人婦而能敬繼先妣之事，此賢婦也。魯公父文伯之母，孔子亟稱之，而其言必曰「吾聞諸先姑」，子夏聞之曰：「善哉！商聞之曰：『古之嫁者，不及舅姑，謂之不幸。』夫婦學於舅姑者〔註 47〕也。」〇**惠于宗公**，東韻。**神罔時怨**，《國語》引無此一句。**神罔時恫**。東韻。《說文》作「侗」。**刑于**《後漢書》作「於」。**寡妻，至于兄弟**，《後漢書》引無此一句。**以御于**《後漢書》作「於」。**家邦**。叶東韻，悲工翻。〇賦也。「惠于宗公」三句，蒙上章「大姒」而言。「惠」，《爾雅》云：「順也。」錢云：「惠有藹然相浹意。」「宗公」，毛云：「宗神也。」孔云：「《書序》云：『班宗彝。』《中庸》云：『陳其宗器。』皆以宗廟為宗。又下頻言『神罔』，則宗公是宗廟先公，故云宗廟也。」「罔」，通作「亡」。亡之言無，故《爾雅》訓「罔」為「無」。「怨」，《說文》云：「恚也。」「恫」，毛《傳》、《說文》皆云：「痛也」。先怨後恫，謂恚之極而痛也。鄒忠胤云：「禮，國君娶夫人之辭曰：『請君之玉女，與寡人共有敝邑，事宗廟社稷。』此求助之本也。祭必夫婦親之，所以備外內之官也。婦順章而宗公惠，故曰『罔怨罔恫』。」「刑于寡妻」以下，詠文王之辭也。「刑」，毛《傳》訓為「法」，當通作從井之「荆」，《易》所謂「井者，法也」〔註 48〕。「寡妻」，鄭玄云：「寡有之妻，言賢也。」愚按：大姒能取法文王，故其德為世所鮮有，稱為寡妻，宜矣。真德秀云：「說者謂文王有賢妃之助，故能成其聖德。然后妃之所以賢，則又本於文王之躬化，故詩人歌之曰：『刑于寡妻』，言文王之德儀於閨門。」呂祖謙云：「毫髮不愧於隱微，然後近者孚。」嚴粲云：「『刑于寡妻』，美文王能儀刑之，非美寡妻也。《關雎》美后妃之德，所以見文王之德，亦此意也。」「至」者，自此及彼之謂。「兄弟」，泛言兄弟之國，與《皇矣》之詩言「同爾兄弟」義同。「御」，即「御車」之「御」。《說文》云：「使馬也。」「家」，指門內，蒙上「寡妻」言。「邦」，指友邦，蒙上「兄弟」言。文王之化，自門內而達於友邦，了無捍格，如駕輕車，就熟路，六轡在手，故曰「御于家邦」。真云：「閨門正矣，次及於兄弟，以至於國家，無不正焉。其本皆自文王之身始。孟子舉此詩以告齊王而斷之曰：『言舉斯心，加諸

〔註 47〕按：《國語・魯語・季康子問於公父文伯之母》此處有「禮」字。

〔註 48〕按：今本《周易》未見此語，見《越絕書》卷八《外傳記地傳》、《後漢書・五行志一》。又見《記纂淵海》卷八，注出《風俗通》。

彼而已。』文王非人人化之也。修吾身於此，而其效自形於彼。」鍾離意云：「《春秋》先內後外。《詩》曰：『刑于寡妻，以御于家邦』，明政化之本，繇近及遠。」季云：「此章要旨在於刑寡妻而已。」又，周子云：「治天下有本，身之謂也。治天下有則，家之謂也。家難而天下易，家親而天下疎。家人離必起於婦人，故《睽》次《家人》，以二女同居而志不同行也。堯所以釐降二女於溈汭，舜可禪乎？吾茲試矣。是治天下觀於家，治家觀身已矣。身端心誠之謂也。」真氏為之衍其義云：「夫治家之難，所以甚於治國者，門內尚恩，易於掩義故也。世之人固有勉於治外者也，至其處家，則或狃於妻妾之私，或牽於骨肉之愛，鮮克以正自簡者，而人君尤甚焉。漢高帝能誅秦滅項，而不能割戚姬如意之寵；唐太宗能取孤隋攘群盜，而閨門慚德，顧不免焉。蓋疏則公道易行，親則私情易溺，此其所以難也。不先其難，未有能其易者。漢、唐之君，立本作則，既已如此，何怪其治天下不及三代哉？夫女子陰柔之性，鮮不妒忌而險詖者。故二女同居則猜間易生。堯欲試舜，必降以二女也。能處二女，則能處天下矣。舜之身正而刑家如此，故堯禪以天下而不疑也。身之所以正者，繇其心之誠，妄去則誠存矣。誠存則身正，身正則家治。推之天下，猶運之掌也。」愚按：從來言齊治相因之理，未有親切如斯者。觀此詩後章，亦以臨保為言，即存誠之謂與？《家語》、《荀子》俱載：「子貢問於孔子曰：『賜倦於學，困於道矣，願息於妻子。』孔子曰：『《詩》云：刑于寡妻，至于兄弟，以御于家邦。妻子之難也，焉可以息哉？』」又按：《晉語》：「胥臣曰：『文王敬友二虢，而惠慈二蔡，刑於大姒，比於諸弟。《詩》云：刑于寡妻，至于兄弟，以御于家邦。於是乎用四方之賢良。及其即位也，詢於八虞而諮於二虢，度於閎夭而謀於南宮，諏於蔡原而訪於辛尹，重之以周、召、畢、榮。億寧百神，而柔和萬民。故《詩》曰：惠于宗公，神罔時恫。』」似皆依附詩詞，未得立言本旨。○**雝雝**《漢書注》作「雍雍」。**在宮，肅肅在廟。**叶效韻，眉教翻。**不顯亦臨，無射亦保。**叶效韻，彼教翻。○賦也。此章發明「刑于寡妻」之實。「雝雝」，毛《傳》云：「和也。」按：雝乃鳥名，所謂雝渠也，亦名脊令。其鳥共母生者，飛鳴不相離，取其音聲之和，故借為和義。諸書多作「雍」。《爾雅》又加口作「噰」。今考《說文》，都無此兩字。或又作「廱」，乃辟廱也。亦或作「邕」，乃四方有水自邕城池之名，俱與和義無涉。夫倡婦隨，比之兄弟，故亦曰「雝雝」。凡室皆名宮。此宮，謂宮中也。朱子云：「閨門之內也。」「肅」，《說文》云：「持事振敬也。」敬之至曰肅肅。

「廟」，孔云：「先祖之廟也。」此二句非以宮、廟對言。文王在宮之時，雖不廢雝雝矣，而其肅肅之心亦與在廟等，蓋心純於敬，直合宮廟而一之。下文言「不顯無射」，皆所以形在宮也。言「亦臨」、「亦保」，正所以形「肅肅」也。季云：「在宮，和之處也。在廟，敬之處也。在宮而和，常恐其褻，故在宮雝雝之時必有在廟肅肅之敬，然後為不欺鬼神也。」「不顯」，言人所不見也。「臨」者，俯視之謂。徐鍇云：「與監同意。」真云：「其所處雖非顯明之地，常若天地神明之在其上也，父母師保之在其前也。」「射」，舊說皆通作「斁」，謂厭也。今按：末章有「無斁」之文，彼「斁」既用本字，則此「射」但當如字解。凡指物而取皆曰射，言為人所指，亦如為弓弩所中也。閨門之內，乃彈射所不及，故曰「無射」。「保」者，抱持之義。毛晃云：「篆文從人從子從八，象人抱子形。」真云：「嚴於自保，常恐燕安怠惰之私萌於中，邪辟嫚易之氣設於體也。」愚按：「不顯」而常若十目所視曰「亦臨」，「無射」而常若十手所指曰「亦保」。「臨」者，自外臨之；「保」者，己自保也。萬時葉云：「文王之心，只自臨保。若說因不顯而加臨，因無射而加保，蚤已加一番提省，豈所語於文王之德之純？『不顯』句是戒慎不睹，恐懼不聞；『無射』句是不動而敬，不言而信。」季云：「此可見其心之嚴於隱微，而閨門之內所以為寡妻之法者在是矣。」○**肆戎疾不殄**，朱子云：「此與下章用韻未詳。」**烈**鄭《箋》作「厲」。**假不瑕**。鄭《箋》繫此二句於第三章之後為一章。**不聞亦式，不諫亦入**。鄭《箋》係此二句於「肆成人有德」之上為第四章。今從毛《傳》及朱《傳》改正。○賦也。此章發明「至于兄弟」之事。「肆」，解見《緜》篇。「戎」，謂西戎，指昆萁〔註49〕也。「疾」，病也。西戎為周之患，如人之有疾病也。「殄」，絕也。「戎疾不殄」與《緜》之「不殄厥慍」義同。「烈」，光也。按：火猛曰烈，故有光義。「假」，通作「徦」，從彳，《說文》云：「至也。」「烈假」連文，猶《書》言「光被」也。「瑕」，《說文》云：「玉小赤也。」《禮記注》云：「玉之病也。」言文王之時，雖西戎之患猶未殄絕，而其德之光輝所被，人皆瞻仰，無有指斥其瑕玷者。《泰誓》所謂「光於四方，顯於西土」是也。黃佐云：「前此頌太王曰『肆不殄厥慍，亦不殞厥問』，後此頌周公曰『公孫碩膚，德音不瑕』。家法之相承有如此者。」「式」，《說文》云：「法也。」「諫」，《說文》云：「證也。」《廣韻》云：「諍也。直言以悟人也。」《白虎通》云：「閒也，更也。是非相閒，革更其行也。」徐鍇云：「於

〔註49〕「萁」，四庫本作「夷」，是。

文言柬為諫。柬者，分別善惡之謂。」「入」，《說文》云：「內也。」言文王不必有號令條教以聞於人，而人皆以文王為法。文王見人之不善，不必以言語諫諍之，而人自油然潛入其範圍。所謂不大聲色而人胥化也。蓋德盛則化自神，其至于兄弟之國有如此。按：朱子云：「文王之化，始於《關雎》，而至於《麟趾》，則其化之入人者深矣；形於《鵲巢》，而及於《騶虞》，則其澤之及物者廣矣。蓋意誠心正之功不息，而久則其薰蒸透徹，融液周遍，自有不能已者。」〇**肆成人有德，小子有造。古之人無斁**，《韓詩》、鄭《箋》、豐氏本俱作「擇」。**譽髦斯士**。賦也。此章與首章相照應。「肆成人」二句，指大任言，見文王之所以聖。「古之人」以下，則言文王亦能如大任之教子，以完「則百斯男」之意。朱子云：「冠以上為成人。」「有德」，謂文王純亦不已之德。「小子」，朱子云：「童子也。」「造」，《說文》云：「就也。」「有造」，言涵養啟迪之，使其有所成就也。歐陽修云：「詩人既述文王修身之善，然後本其所以聖者，繇生於賢母，幼被養育，而至成人也，故曰『肆成人有德小子有造』，言文王有成人之德，自其幼小為之子而養育成其性也。」按：《列女傳》稱大任娠，文王寢不側，坐不邊，立不蹕，不食邪味，割不正不食，席不正不坐，目不視惡色，耳不聽淫聲，口不出敖言，夜則令瞽誦詩，道正事，君子謂大任為能胎教。文王生而明聖，大任教之，以一而識百。胥臣亦謂文王在母不憂，在傅弗勤，處師弗煩，事主不怒，是皆大任教誨之力，所謂有造者也。〔註50〕舊說皆以「有德」、「有造」為文王作人之事，故劉向《說苑》亦謂此兩句乃大學之教。雖於理亦通，而於章旨未合，故定從歐說。「古之人」，謂古老之人，指文王也。《周書・無逸篇》言小人「侮厥父母曰：『昔之人，無聞知』」，是亦以昔人稱父母矣。況此詩作於文王既沒之後乎！呂云：「典謨作

〔註50〕《列女傳》卷一《母儀傳・周室三母》：「大任者，文王之母，摯任氏中女也。王季娶為妃。大任之性，端一誠莊，惟德之行。及其有娠，目不視惡色，耳不聽淫聲，口不出敖言，能以胎教。溲於豕牢，而生文王。文王生而明聖，大任教之，以一而識百，卒為周宗。君子謂大任為能胎教。古者婦人妊子，寢不側，坐不邊，立不蹕，不食邪味，割不正不食，席不正不坐，目不視於邪色，耳不聽於淫聲。夜則令瞽誦詩，道正事。如此，則生子形容端正，才德必過人矣。故妊子之時，必慎所感。感於善則善，感於惡則惡。人生而肖萬物者，皆其母感於物，故形音肖之。文王母可謂知肖化矣。」
《國語・晉語四》：「臣聞昔者大任娠文王不變，少溲於豕牢，而得文王不加疾焉。文王在母不憂，在傅弗勤，處師弗煩，事王不怒，孝友二虢，而惠慈二蔡，刑於大姒，比於諸弟。詩云：『刑于寡妻，至于兄弟，以御于家邦。』」

於虞、夏，其稱堯、舜、禹、皋陶已曰『若稽古』，則此詩追述文王以為古之人，復何疑哉？」「斁」，《說文》云：「解也。」厭倦之意。「譽」，《說文》云：「稱也。」毛云：「有名譽也。」髮至眉為髦。孔云：「士者，男子行成之大稱。」又，人未有生而貴者，其初皆士，雖天子之子亦不過比於元士而已。言文王教育諸子，亦如大任無少厭倦，故皆能有聲譽。當其髮至眉之時，而德行已成，儼然有士之稱矣。《螽斯》之「繩繩」，《麟趾》之「振振」，「譽髦斯士」之謂也。然而有管、蔡者，何也？劉向謂人才質不同，有不可以少加重任者。《易》曰：「力小而任重，鮮不及矣。」反思其受教之時，未必至於是也。按：武、周滅殷，管、蔡興殷，各行其志，雖不可以管、蔡為是。要之，彼亦自有所見。後之論者，且有以殷之忠臣目之矣。

《思齊》五章。二章章六句，三章章四句。故言如此，朱子從之。按：故言即毛氏《傳》也。鄭《箋》分為四章，章各六句。豐氏本移《緜》之虞芮章為此詩末章，辨見《緜》篇。○《子貢傳》亦以為「訓成王之詩」，未有所據。

棫樸

《棫樸》，詠文王祭告伐崇之事，而有群髦為之用，又以見文王之能官人也。疑即九夏中之《章夏》。《吳志注》云：「《棫樸》之作，有積燎之薪。文王郊酆，經有明文。」董仲舒《春秋繁露》云：「已受命而王必先祭天，乃行王事，文王之伐崇是也。《詩》云：『濟濟辟王，左右奉璋。奉璋峨峨，髦士攸宜。』此文王之郊也。其下之辭曰：『淠彼涇舟，烝徒楫之。周王于邁，六師及之。』此文王之伐崇也。上言『奉璋』，下言『伐崇』，以是見文王之先郊而後伐也。文王受命則郊，郊乃伐崇。崇國之民方困於暴亂之君，未得被聖人德澤，而文王已郊矣，安在德澤未洽者不可以郊乎？」又云：「為人子而不事父者，天下莫能以為可。今為天子而不事天，何以異？是故天子每至歲首，必先郊祭以享天，行子禮也；每將興事，必先郊祭以告天，行子道也。文王受天命而王天下，先郊，乃敢行事而興師伐崇。其詩曰：『芃芃棫樸』云云至『髦士攸宜』，此郊辭也。其下曰『淠彼涇舟』云云至『六師及之』，此伐辭也。」今按：以文王為受天命而王天下，先儒多疑之。若紂尚存而文王儼然行郊天之禮，是二天子也。且文王伐崇之後，始作邑于豐，無緣當伐崇時，遂有郊酆之事。惟《皇矣》之詩所云「是類是禡」者，固自可信。類、禡皆師祭，文王既受命，得專征伐，故得行類祭之禮，亦如舜之居攝而類於上帝耳。其禮倣郊祀為之，非正祭天也。《中候我應》云：「玄陽伐亂崇孽首。王曰：『於戲！斯在伐崇謝告。』」注云：「斯，此也。天命此在，伐崇侯虎，謝百姓，且告天。」是祭天而伐，主為崇也。〔註51〕次章以造乎禰、宜乎社言，與祭天無預。若篇中所舉「髦士」乃四友之倫，其能獎率六師以從文王於邁，固所謂有禦侮者，而其他亦皆能分猷宣力，以閏色休明，如《雲漢》之「為章于天」，則所謂疏附、奔奏、先後者也。「濟濟多士，文王以寧」，故《序》則又以為「文王能官人也」。愚疑此詩即九夏中之《章夏》，說見《時邁》篇《小引》下。又，但詠歌文王而不及武王，疑是詩必作於武王之世。

芃芃棫樸，薪豐氏本作「新」。**之槱**宥韻。亦叶有韻，以九翻。陸德明本作「禉」。**之。濟濟辟王，左右趣**叶宥韻，於候翻。亦叶有韻，此苟翻。《晏子》、賈誼《新書》俱作「趨」。**之。**賦之興也。「芃芃」，孔穎達云：「枝葉茂盛也。」「棫」，白桵也。解見《緜》篇。「樸」，當別是一木名。毛《傳》訓為枹木，蓋本之《爾雅》，謂「樸屬叢生者為枹」，乃根枝迫迮相附著之貌，「《詩》所謂『棫樸枹櫟』」是也。「枹櫟」，《秦風》作「苞櫟」。愚按：《爾雅》有云：「樕樸，心。」《注》謂「樕樸乃槲樕之別名，有心能濕，江、河間以作柱。一名心」。安知此樸非樕樸乎？又，槲與櫟相類，亦有斗。櫟即柞也。《大雅》以柞棫連言者三，而《旱麓》篇直曰「瑟彼柞棫，民所燎矣」，此詩亦有薪槱之語，言棫樸正猶之乎言棫柞耳。孔云：「伐木析之謂之薪。」按：《禮記・月令》注云：「大〔註52〕者可析名薪，小者合束名柴。」據郭璞《爾雅注》謂棫乃「小木叢生」者，今觀此詩，棫以薪言，則郭《注》之謬明矣。「槱」，《說文》云：「積火燎之也。」按：《月令》：「季冬，乃命四監收秩薪柴，以供郊廟及百祀之薪燎。」《周禮》：「大宗伯以禋祀祀昊天上帝，以實柴祀日月星辰，以槱燎祀司中、司命、風師、雨師。」《注》謂「禋之言煙，周人尚臭。煙，氣之臭聞者也。槱者，積也」。三祀皆積柴實牲體焉，燔燎而升煙，所以報陽也。孔云：「三者皆祭天神之禮，俱是燎柴升煙，但神有尊卑，異其文耳。下文言『奉璋峨峨』，是祭時之事，則此亦祭事。」愚按：所以知此為祭天者，以《皇矣》篇「是類」之語知之。蓋為將出師伐崇而類於上帝也。「濟」之為言齊也。曰「濟濟」者，威儀整齊之貌。「辟」，《爾雅》云：「君也。」按：辟

〔註51〕「《中候我應》」至此，出《毛詩注疏》卷二十六《周頌・維清》。
〔註52〕「大」，四庫本誤作「太」。

本訓法，而轉訓為君者，以君為人所取法也。鄭玄云：「君王謂文王也。君王臨祭祀，其容濟濟然敬。」嚴粲云：「『辟王』，從后尊稱之辭。『左右』，謂諸臣從王左右者。」「趣」，《說文》云：「疾也。」言諸臣皆疾速趨事以助祭也。薪槱棫樸，本賦其事，而中含興意。山善養木，資薪槱焉。國善養士，稱任使焉。是立言之義也。又，《晏子春秋》云：「晏子聘於魯，魯昭公問焉：『吾聞之，莫三人而迷，今吾以魯一國迷，慮之不免於亂，何也？』晏子對曰：『君之所尊舉而富貴，入所以與圖身，出所以與圖君。及左右偪邇，皆同於君之心者也。犒魯國化而為一心，魯無與二，其何暇有三？夫偪邇於君之側者，距本朝之勢，國之所以治也。左右讒諛，相與塞善，行之所以衰也。士者持祿，遊者養交，身之所以危也。《詩》曰：芃芃棫樸，薪之槱之。濟濟辟王，左右趨之。此言古者明君之使以善也，故外知事之情而內得心之誠，是以不迷也。』」賈誼《新書》云：「上主者，可引而上，不可引而下。下主者，可以引而下，不可引而上。中主者，可以引而上，可以引而下，故其可憂者〔註53〕，惟中主爾。又似練絲，染之藍則青，染之緇則黑。無善佐則亡，此其不可不憂者耳。故曰：『芃芃棫樸，薪之槱之。濟濟辟王，左右趨之。』此言左右日以善趨也。」又云：「古者年九歲入就小學，蹍小節焉，業小道焉。束髮就大學，蹍大節焉，業大道焉。是以邪放非辟無因入之焉。諺曰：『君子重襲，小人無繇入。正人十倍，邪辟無繇來。』古之人其謹於所近乎！《詩》曰：『芃芃棫樸，薪之槱之。濟濟辟王，左右趨之。』此言左右日以善趨也。」皆斷章取義，非詩正旨。○**濟濟辟王**，陽韻。**左右奉璋**。陽韻。**奉璋峨峨**，歌韻。亦叶支韻，魚羈翻。陸本作「俄」。今本皆書作「峩」。**髦士攸宜**。支韻。亦叶歌韻，牛何翻。○賦也。「奉」，《說文》云：「承也。」言以兩手承之。毛云：「半圭曰璋。」鄭云：「璋，瓚也。」祭祀之禮，王祼，以圭瓚，諸臣助之亞，祼，以璋瓚。孔云：「臣行禮亦執圭璧，無專以璋者。《冬官・玉人》所云『大璋』、『中璋』、『邊璋』，皆璋瓚也。祭之用瓚，唯祼為然。《郊特牲》曰『祼以圭璋』，故知璋為璋瓚矣。《考工記・玉人》云：「祼圭尺有二寸，有瓚，以祀廟。大璋、中璋九寸，邊璋七寸。射四寸，厚寸。黃金勺，青金外，朱中。鼻寸，衡四寸，有繅。」祼之言灌也，瓚如盤，其柄用圭，有流前注。漢禮，瓚盤大五升，口徑八寸，下有盤，口徑一尺。三璋之勺，形如圭瓚。勺即瓚也。璋，其柄也。頭如矢，銳而穿物曰射。其勺以金為之。鼻者，勺流也。流者，

〔註53〕「者」，四庫本作「也」。

所以流鬯也。衡者，勺徑也。據《周禮》內宰職云：「大祭祀，後祼獻則贊。」先儒謂王行初祼，後行亞祼。其或後有故不與，則大宗伯攝之。故《祭統》云「君執圭瓚，祼尸。大宗執圭瓚，亞祼」，是也。而諸臣則又有助祼將之事者，觀小宰職云「凡祭祀，贊祼將之事」，是可見助行祼事不獨一人矣。沈括云：「璋，圭之半體也。合之則成圭。王左右之臣合體一心，趣乎王者也。」《疏義》云：「圭首銳。一圭中分為二璋，奉於王前，則其中分處向王，類乎人之鞠躬內向而歸心也。」又按：《周禮注》云：「唯人道宗廟有祼，天地大神至尊不祼。」故孔氏以為此言祼事，祭宗廟也。「峨」，《說文》云：「嵯峨也。」饒氏云：「衣冠壯偉之貌。」「髦士」，俊士之居官者，解見《小雅・甫田》篇。「宜」，祭社之名。孔云：「兵凶戰危，慮有負敗，祭之以求其福宜，故謂之宜。」或云起大事，動大眾，必先有事於社，令誅罰得宜。言此奉璋峨峨之髦士廟祭之禮既畢，則又於宜社之所而助祭也。按：《王制》云：「天子將出征，類於上帝，宜乎社造乎禰，受命於祖。」《泰誓》云：「受命文考，類於上帝，宜於冢土。」《周禮》大祝職云：「大師宜於社，造於祖，設軍社，類上帝，數者言行禮先後，俱各不同。」按：此詩先言祭天，以天最尊，故先之，與《王制》合也；次祭祖廟，然後祭社，以出征必載遷廟之祖主及社主以行。故《左傳》云「帥師者受命於廟，受脤於社」，《甘誓》亦云「用命賞於祖，不用命戮於社」，皆言祖在社先，疑行禮次第當是如此。文王行此三禮，蓋皆以伐崇告也。又，受脤亦作受蜃，鄭玄引《春秋傳》云：「蜃，宜社之肉。」今按：三傳皆無此文。孔穎達解之云：「蜃，大蛤也。〔註 54〕可以白器，令色白。然則器以蜃飾之，故謂之蜃。」以祭祀之肉盛之蜃器而賜之，故曰受蜃也。〇**淠彼涇舟，烝徒楫**叶緝韻，秦入、即入二翻。《春秋繁露》作「檝」。**之**。**周王于邁，六師及**緝韻。**之**。賦之興也。〇「淠」，《集韻》云：「動也。」字從水，如水之動。《詩》：「萑葦淠淠」、「其旂淠淠」，皆言動也。「涇」，水名。《山海經》云：「涇谷之山，涇水出焉，東南流注於渭。」《說文》云：「涇，水，出安定涇陽幵頭山，東南入渭。雍州之川也。」《雍大記》云：「涇水自平涼府城西南自岩發源，至涇州，又東南至邠州界，又東北至西安府涇陽縣界，繇涇陽東流至高陵縣，會於渭。」文王自岐伐崇，道必涉涇。按：岐即今岐山縣，與涇州連界。崇即今鄠縣，與涇陽高陵俱隸陝西西安府。「烝」，眾也，解

〔註 54〕《毛詩注疏》卷二十三《大雅・緜》此處原有「鄭司農云蜃」，「可以白器，令色白」係鄭眾之語。

見《東山》篇。「徒」，謂從行者，即船人是也。「楫」，《說文》云：「舟棹也。」《釋名》云：「在傍撥水曰櫂，又謂之楫。」楫，捷也。撥水舟行捷疾也。「周王」，文王也，亦從後追稱之辭。「于」，鄭云：「往也。」「邁」，《說文》云：「遠行也。」《周禮》：「五師為軍，二千五百人為師，萬二千五百人為軍。」天子六軍，則當用三十師。而《書》言「張皇六師」，《詩》言「以作六師」、「整我六師」，《孟子》言「六師移之」，皆謂天子之六軍也。不言軍而言師者，先儒謂多以軍為名，次以師為名，少以旅為名。師者，舉中之言。以愚意度之，天子六軍不必盡行，每軍之中各取其一師，其餘則以備更番之用，故謂之六師耳。文王為西伯，奉王命，得專征伐，故亦得抽調六師也。「及」，毛云：「與也。」此指統師之將言。詩於賦中有興。言彼涇水之舟淠淠然順流而行者，為有眾徒在傍以楫撥之，蓋心力既齊，則舟行自疾也。周王以西伯奉命徂征，則諸臣之有事行間者皆能提挈六帥，同心恊力，與之俱進，此文王得諸臣之助也。歐陽修云：「文王養育賢才，助祭皆髦俊之士，有所征伐則六師皆從，以見王所官之人入宗廟，居軍旅皆可用，言文武之材各任其事也。」

〇**倬彼雲漢，為章于天**。先韻。亦叶真韻，汀因翻。**周王壽考，遐不作人**。真韻。亦叶先韻，如延翻。〇興也。「倬」，《說文》云：「著大也。」徐鍇云：「卓然高明也。」「雲」，《說文》云：「山川氣也。」「漢」，天河也，解見《大東》篇。或謂漢之在天，似雲非雲，故曰「雲漢」。今按：詩言「維天有漢」，《夏小正》言「漢案戶」，皆單舉「漢」字，未有連雲漢為文者，知當指雲及漢也。豐道生云：「舊說雲漢為一物，則未必有文。必曰雲曰漢二物，而後成文，蓋雲之變態不常，光彩非一，點綴天河而相映發，故曰『為章于天』也。」「章」，通作「彰」，《說文》云：「文章也。」蘇轍云：「天之蒼蒼，豈自有章哉？則亦有雲漢以為之章耳。」歐陽云：「雲漢在上，為天之文章，猶賢才在朝，為國之光采。」「壽」，《說文》云：「久也。」「考」，《說文》云：「老也。」鄭云：「文王是時九十餘矣，故云壽考。」「遐」之言「胡」，「胡」之言「何」，音之轉也。《易》云：「鼓之舞之之謂作。」孔云：「作人者，變舊造新之辭。」曹氏云：「商之末世，士氣卑弱甚矣，非鼓舞振動之，烏能自奮而有成哉？」郝敬云：「文王聖德在位五十年，培植薰育久，兔罝野人皆為干城。」輔廣云：「作人非一日偶然之可為也，必積累漸漬之久，乃底於成。」愚按：《恒》之《彖》曰：「聖人久於其道，而天下化成。」其文王之謂乎！〇**追**《荀子》作「雕」。《說苑》作「彫」。**瑑其章**，陽韻。《周禮注》作「璋」。

金玉其相。陽韻。**勉勉**《荀子》、《韓詩外傳》、《白虎通》俱作「亹亹」。**我**《韓詩外傳》作「文」。**王**，陽韻。**綱紀四方**。陽韻。○比而賦也。按：夏后氏冠名毋追。《禮記疏》云：「毋，發語辭。追，猶堆也。夏后氏質，以其形名之。」此「追」字當亦如此解，蓋於器物上為堆起之形。照下文，當屬金言。趙希鵠云：「追即追蠡之追。三代鍾、鼎、尊、彝等器為雲雷、饕餮之文，曰追。」「琢」，《說文》云：「治玉也。」《爾雅》亦云「玉謂之琢」。「相」，《說文》云：「省視也，從木目。」會意。引《易緯》文「地可觀者，莫可觀於木」。「金玉其相」者，謂觀其本質，乃是金玉。故毛《傳》亦訓相為質，蓋會意也。王安石云：「文王作人，外則使有文，內則使有質。」董鼎云：「玉不琢，不成器。作人猶追琢，使之就器也。然非養成其質，則文其得有傅哉？」鄧元錫云：「四友具矣，而原本於壽考之作人。『追琢其章』，教化之益也。『金玉其相』，髦俊之質也。學為文，益其質，作之之力也，與『雲漢』、『為章』同義。金玉微追琢不章，髦俊微教化不成。夫有疏附，有先後，有奔奏，禦侮有人矣。惟其作之，是以有之。是《棫樸》之義也。」愚按：二句聯言，猶云必追琢之以煥發其章而後顯其為良金美玉云爾。徐軒云：「夫珠之含礫，瑾之挾瑕，斯其性與！良工為之，以純其性，若夫素然。故觀二物之既純，而知仁德之可粹也。優者取多焉，劣者取少焉，在人而已，孰禁我哉？乘扁舟而濟者，其身也安；粹大道而動者，其業也美。故《詩》曰：『追琢其章，金玉其相。』」「勉」，猶勤也。「勉勉」，朱子云：「猶言不已也。」鄭云：「『我王』，謂文王也。」按：《韓詩外傳》作「亹亹文王」。《說文》云：「綱，網紘也。紀，別絲也。」孔云：「綱者，網之大繩。故《盤庚》云：『若網在綱，有條而不紊。』是其事也。紀者，別理絲縷。以喻為政有舉大綱者，有理微細者。」《白虎通》云：「綱者，張也。紀者，理也。大者為綱，小者為紀，所以疆理上下，整齊人道也。」呂氏云：「所以綱紀四方、維持而不墜者，皆官人之效。雖文王無為，猶勉勉於斯而不已也。」愚按：文王勞於作人，勉於任人。《書》曰：「文王罔攸兼於庶言：庶獄、庶慎，惟有司之牧夫，是訓用違；庶獄、庶慎，文王罔敢知於茲。」文王得人，以任四方之事，而已不必與，特總其大綱而已，是綱四方也。四方之事，有群才以分理之，故無滲漏而不周、墜廢而不舉者，是紀四方也。又，《說苑》云：「三王術如循環，故夏后氏教以忠而君子忠矣。小人之失野，救野莫如敬，故殷人教以敬而君子敬矣。小人之失鬼，救鬼莫如文，故周人教以文而君子文矣。小人之失薄，救薄莫如忠，故聖人之與聖也，如矩之三襍，規之三襍，周則又始，窮則反本也。《詩》曰：『彫琢其章，金玉其相』，言文質美也。」《韓詩外傳》云：「夫五色雖明，有時而渝；豐交之木，有時而落。物有成衰，不得自若。故三王之道，周則復始，窮則反本，非務變而已，將以正惡扶微，絀繆淪非，調和陰陽，順萬物之宜。《詩》曰：『亹亹文王，綱紀四方。』」《荀子》云：「人之生不能無群，群而無分別則爭，爭則亂，亂則窮矣。故無分者，人之大害也；有分者，天下之大利也。而人君者，所以管分之樞要也。故美之者，是美天下之本也；安之者是，安天下之本也；貴之者，是貴天下之本也。古者先王分割而等異之也，故使或美或惡，或厚或薄，或佚或樂，或劬或勞，非特以為淫泰誇麗之聲，將以明仁之文，通仁之順也。故為之彫琢刻鏤、黼黻文章，使足以辨貴賤而已，不求其觀；為之鍾鼓管磬、琴瑟竽笙，使足以辨吉凶，合歡定和而已，不求其餘；為之宮室臺榭，使足以避燥濕養，德辨輕重而已，不求其外。《詩》曰：『彫琢其章，金玉其相。亹亹我王，綱紀四方。』此之謂也。」皆非此詩正旨。

《棫樸》五章。章四句。朱子謂「此詩亦以詠歌文王之德」，而疑其作於周公；《申培說》則直謂「周公詠歌文王之德以訓嗣王」；皆未知此詩立言之意者。使其見《春秋繁露》所云，則豁然矣。《子貢傳》但存「以訓成王」四字，而餘皆闕文。今按：如《傳》、《說》，則末章乃屬望嗣王之語，故稱「我王」耳，亦通。

靈臺

《靈臺》，化成也。文王立靈臺而知民之歸附，作靈囿、靈沼而知鳥獸之得其所，以為音聲之道與政通，故合樂以詳之。合樂於辟廱，育才之地也，是王道之終也。自「文王」下至「合樂以詳之」，出鄭《箋》、《黃圖》。○按：《竹書》：「商紂三十七年，周作辟雍。四十年，周作靈臺。四十一年春三月，西伯昌薨。」故知是文王末年事。鄧元錫云：「文王久道成化，虞、芮平而方國畢至，天下三分有二矣，於是乎作靈臺，庶攻子來，人和已。人和，化本也。囿沼以育物，濯翯於牣，則澤及蠕動也。在辟廱而於論於樂，論無患而後樂，樂行而倫清，教化流焉。德天則神，化久乃洽，故曰王道之終也。」蔡汝楠云：「若後世臺沼之樂，必非子來矣；鍾鼓之樂，必不及辟廱矣。」季本云：「文王存日，未嘗稱王。曰王在，見其為武王時詩矣。」按：賈逵、服虔注《左傳》，謂「天子靈臺在太廟之中。壅之靈沼，謂之辟廱」。《大戴禮・盛德》篇謂「明堂者，所以明諸侯尊卑也」。外水名曰辟廱。《政穆》篇謂「大學明堂之東序也」。盧植《禮記注》謂明堂即太廟也。天子太廟上可以望氣，故謂之靈臺。中可以序昭穆，故謂之太廟。圜之以水，似璧，故謂之辟廱。古法皆同一處。近世殊異，分為三耳。蔡邕《月令論》謂「取其宗廟之清貌則曰清廟，取其正室之貌則曰大廟，取其堂則曰明堂，取其四門之學則曰大學，取其周水圜如璧則曰辟廱，異名而實一也」。潁子容《春秋釋例》謂「大廟有八名。肅然清靜，謂之清廟。行禘祫，序昭穆，謂之大廟。告朔行政，謂之明堂。行饗射，養國老，謂之辟廱。占雲物，望氣祥，謂之靈臺。其四門之學，謂之大學。其中室，謂之大室。總謂之宮」。此等諸儒，皆以廟學、明堂、靈臺為一。袁準《正論》云：「明堂、宗廟、大學，禮之大物也事。義不同，各有所為，而世之論者合以為一體，取詩書放逸之文、經典相似之語而致之，不復考之人情，驗之道理，失之遠矣。夫宗廟之中，人所致敬，幽隱清靜，鬼神所居，而使眾學處焉，饗射其中，人鬼慢黷，死生交錯，囚俘截耳，瘡痍流血，以干犯鬼神，非其理矣。且夫茅茨采椽，至質之物，建日月，乘玉輅，以處其中，象箸玉杯，而食於土簋，非其類也。如《禮記》先儒之言：『明堂之制，四面，東西八丈，南北六丈。』禮：天子七廟，左昭右穆。又有祖宗，不在數中。以明堂之制言之，昭穆安在？若又區別，非一體也。夫宗廟，鬼神之居，祭天而於人鬼之室，非其處也。且明堂法天之宮，非鬼神常處，故可以祭天，而以其祖配之。配其父於天位可也。事天而就人鬼，則非義也。自古帝王必立大小之學，以教天下，有虞氏謂之上庠、下庠，夏后氏謂之東序、西序，殷謂之右學、左學，周謂之東膠、虞庠，皆以養老之言。《明堂位》曰：『瞽宗，殷學也。』《文王世子》曰：『春夏學干戈，秋冬學羽籥，皆於東序。』又曰：『秋學禮，冬學書，禮在瞽宗，書在上庠。』此周立三代之學也。可謂立其學，不可謂立其廟。然則大學非宗廟也。又曰：『世子齒於學，國人觀之。』宗廟之中，非百姓所觀也。是故明堂者，大朝諸侯講禮之處；宗廟，享鬼神歲覲之宮；辟雍，大射養孤之處；大學，眾學之居；靈臺，望氣之觀。各有所為，非一體也。古有王居明堂之禮，《月令》則其事也。天子居其中，學士處其內，君臣同處，非其義也。明堂以祭鬼神，故亦謂之廟。明堂大廟者，明堂之內大室，非宗廟之太廟也。於辟廱獻捷者，謂鬼神惡之也。《王制》：『釋奠於學，以訊馘告。』其上句曰『小學在公宮之左，大學在郊』，明大學非廟也。」

經始靈臺，經之營庚韻。亦叶陽韻，于方翻。**之**。賈誼引《詩》，無此一句。**庶民**《史記注》作「人」。**攻**叶陽韻，姑黃翻。**之，不日成**庚韻。亦叶陽韻，辰羊翻。**之**。**經始勿亟，**職韻。亦叶支韻，去奇翻。《爾雅》作「悈」。**庶民子來**。叶支韻，陸之翻。亦叶職韻，六直翻。毛、鄭本只以「經始靈臺」四句為第一章，今從朱《傳》改正。《三輔黃圖》引此詩云：「經始靈臺，庶民子來。經之營之，不日成之。」○賦也。「經」，毛《傳》云：「度之也。」按：經本織絲之經，縱曰經，橫曰緯，故取為縱橫量度之義。「始」，《說文》云：「女之初也。」今但訓為初。嚴粲云：「經度而始為之，言創建也。」「靈」，字或從巫，或從玉。《說文》云：「靈，巫以玉事神也。」《大戴禮》云：「陽氣為精，陰氣為靈。」孔穎達云：「靈是神之別名。」毛云：「神之精明者稱靈。」《爾雅》云：「四方而高曰臺。」《易類謀》云：「文王伐崇，作靈臺。」《含神霧》云：「作邑于豐，起靈臺。」《周本記》云：「文王立靈臺，於時年九十六也。」又，《周易乾鑿度》云：「昌二十九年，伐崇侯，作靈臺。」《淮南子》云：「文王為玉門，築靈臺，以待紂之失。」《六韜》云：「文王既出羑里，周公但築為靈臺。」高誘云：「文王為紂拘於羑里，得歸，乃作靈臺，作王門，相女童鍾鼓，示不與紂同也。」按：文王年九十七而終，享國五十年。據《竹書》紀作靈臺之次年，西伯薨，與《周本紀》合。《鑿度》所云「二十九年」之說，或未足信。文王伐崇而作豐邑，其事在囚羑里之後。謂周公旦所築，固未測其信否。至謂築此「以待紂之失」，示不與紂同，則皆陋之乎觀聖者矣。又，陳際泰云：「文王卑服，即康功田功，能惡衣服，不能卑宮室乎？其以靈臺為也，則又文王所以詭為窮奢以自玷之微權也。湯之不免於桀也，其以身為莠稗也。至窮其所以，則仲虺之言曰：『惟王不邇聲色，不殖貨利。』而後湯之賢適以見忌耳。文王伐崇而取之，紂之疑周，必自此始矣。為臺為沼，關中彈丸地已自安之，豈有志天下哉？或謂聖人當無此。夫求美女而進之，獻雒西之地，而後始脫身虎口也。則孰謂聖人無機權也？」〔註 55〕《關中記》云：「靈臺在長安西北四十里。」《三輔故事》云：「在豐水北，經靈臺西，文王又引水為辟廱、靈沼。」《括地志》云：「今悉無復處所，惟靈臺孤立臺基，猶高二丈，周回一百二十步。」《五經通義》云：「靈臺在於野中，國之南，附近辟廱，積土增崇，其高九仞，極陽之數。上平無屋，望氣顯著。」按：臺之

〔註 55〕陳際泰《五經讀・詩經・讀雝》。(《四庫全書存目叢書》經部第 151 冊，第 406 頁)

所以名靈者，其說有三。《含文嘉》、《白虎通》皆云：「天子靈臺，所以觀天人之際，察陰陽之會，揆星度之驗，徵六氣之端，為萬物獲福之元。」此一說也。《三輔黃圖》云：「靈者，言文王之有靈德也。」劉向云：「積恩為愛，積愛為仁，積仁為靈。靈臺之所以為靈者，積仁也。」鄭玄亦云：「臺而曰靈者，文王化行，似神之精明，故以名焉。」此又一說也。朱子云：「謂之靈者，言其倏然而成，如神靈之所為也。」此又一說也。繇前一說，於以解臺，似矣。然囿沼何以亦稱靈？不可通也。謂文王積仁而化行若神，故呼之以靈，此出於民之名之則可，而人君臺囿沼之名，民果得而命之乎？此正坐讀《孟子》誤耳。《孟子》云：「文王以民力為臺為沼，而民歡樂之，謂其臺曰靈臺，謂其沼曰靈沼。」蓋言文王因民之歡樂而工速成也，以為非神工不至此，故於臺囿沼皆標之為靈以紀異，正如後說所云「乃文王之自名之也」。朱子既晰靈之義，而於《孟子集注》反云：「民歡樂之，加以美名」，何哉？又，《公羊說》云：「天子有三臺：靈臺以觀天文，時臺以觀四時施化，囿臺以觀鳥獸魚鱉。諸侯卑不得觀天文，無靈臺，但有時臺、囿臺，皆在國之東南二十五里。東南少陽用事，萬物著見。用二十五里者，吉行五十里，朝行暮返也。」今按：靈臺既為天子制，則文王尚為西伯，安得有之？凡靈臺、辟雍之類，皆文王以意為之，不必有所沿襲。其後周有天下，周公制禮，遂因以為天子之制，而諸侯不敢同其名，故服虔《左傳注》言「天子曰靈臺，諸侯曰觀臺」，《王制》言「天子曰辟雍，諸侯曰頖宮」，皆所以示別也。又，《前漢書・地理志》云：「濟陰郡成陽有堯靈臺。」《後漢書・章帝紀》云：「祠唐堯於成陽靈臺。」是則靈臺之名，堯亦有之，豈文王慕其德因而踵襲之與？而康志賀《述禮統》則云：「夏為清臺，商為神臺，周為靈臺。名清臺何？明明相承，太平相續，故為清臺。名神臺、靈臺何？質者具天而王，天者稱神；文者具地，而王地者稱靈。」是皆競出新意以為之說。古文散軼，誰使正之哉？若舊說謂靈臺固以望氛祲，而亦因以疏瀹精神，宣節勞逸，則意已具是。自此之外有求言於其上者。《管子》謂「武王有靈臺之復而賢者進」，與「堯有衢室之問」、「湯有總街之庭」並稱是也。復，謂白也。有偃武於其下者，《司馬法》謂「偃伯靈臺，答民之勞，示休」是也。偃伯，或曰偃武也。然則靈臺之為用亦博矣。孔云：「《左》僖十五年：『秦伯獲晉侯以歸，乃舍諸靈臺。』秦是諸侯，而得有靈臺者，杜預謂在京兆鄠縣周之故臺也。哀二十五年，『衛侯為靈臺於藉圃』。言『為』，則是新造。其時僭名之也。」「營」者，周匝之義，當以圖回於心言。不然，則與上文經之之義相類。「攻」，毛云：「作也。」韋昭云：「治也。」「不日」，鄭云：「不說期日。」韋云：「不程課以時日也。」「成」，《說文》云：「就也。」言文王之經度始為靈臺也。當其經度已定，此心猶在遲回就慮間，而眾民則共協力攻作之，曾未設為之期限，而臺功倏已告成矣。才度即成，何其速也！鄭云：「說文王之德，勸〔註56〕其事，忘己勞也。」「勿」，通作「毋」，禁止辭。「亟」，《說文》云：「敏疾也。」文王以為此臺也，乃經度而始為之者，心恐煩民，戒令勿亟，而民心樂為之，如子來趨父事，無所勉強，故其成之速有如此也。此兩句申說上四句意。陳櫟云：「不欲其急而過於來者，愛民之仁；子來而忘其勞者，事君之義。未有上好仁而下不好義也。」張栻云：「文王則勿亟，庶民則子來，君民之相與如此。」賈誼云：「文王志之所在，意之所欲，百姓不愛其死，不憚其勞，從之如集。《詩》曰：『經始靈臺，庶民攻之，不日成之。經始勿亟，庶民子來。』文王有志為臺，令近規之。民聞之，麕裹而至，聞〔註57〕業而作之，日日以眾，故民趨而疾，弗期而成。」桓寬云：「夫牧民之道，除其所疾，適其所安，安而不擾，使而不勞，故取而民不厭，役而民不苦。《靈臺》之詩，非或使之，民自為之。」《楚語》云：「靈王為章華之臺，與伍舉升焉，曰：『臺美夫！』對曰：『先王之為臺榭也，榭不過講軍實，臺不過望氛祥，故榭度於大卒之居，臺度於臨觀之高。其所不奪穡地，其為不匱財用，其事不煩官業，其日不廢時務。瘠磽之地於是乎為之，城守之木於是乎用之，官僚之暇於是乎臨之，四時之隙於是乎成之。故《周詩》曰：經始靈臺，經之營之。庶民攻之，不日成之。經始勿亟，庶民子來。王在靈囿，麀鹿攸伏。夫為臺榭，將以教民利也，不知其以匱之也。若君謂此臺美，楚其殆矣！』」《左・昭九年》：「築郎囿。季平子欲其速成也。叔孫昭子曰：『《詩》曰：經始勿亟，庶民子來。焉用速成？其以勦民也。無囿猶可，無民其可乎？』」《孔叢子》云：「陳侯起凌陽之臺，未終，而坐法死者數十人。夫子適陳，陳侯問曰：『昔周作靈臺，亦戮人乎？』答曰：『文王之興，附者六州。六州之眾，各以子道來，故區區之臺，未及期日而已成矣。何戮之有乎？夫以少少之眾，能立大大之功，唯君爾。』」劉陶云：「聖王承天制物，與人行止，建功則眾悅其事，興戎而帥樂其旅。是故靈臺有子來之人，武旅有鳧藻之士。」

○王在靈囿，宥韻。豐氏本作「圞」。**麀**豐本作「麠」。下同。**鹿攸伏**。叶

〔註56〕「勸」，四庫本作「觀」。鄭《箋》作「勸」。
〔註57〕「聞」，《新書・君道》作「問」。

宥韻，扶富翻。毛、鄭本以「王在靈囿」二句繫於「經始勿亟」二句之後，為第二章。呂祖謙云：「今觀楚椒舉引《詩》，止於「麀鹿攸伏」，蓋全舉前二章之文也。若以首章為章六句，則椒舉所引詩末二句在他章矣。然則章句其傳甚遠，未易以意改也。」愚按：朱《傳》分前二章為章六句，文義甚順。如毛、鄭分作三章，章四句，反隔斷語氣。且古人引詩，何常之有？椒舉所論，乃兼臺榭二者，自當引「靈囿」二句，以足論榭之意。必以引詩為分章之證，則賈誼引此乃至「子來」而止，是非與朱《傳》吻合者耶？又按：依毛、鄭分章，則「伏」當叶職韻，弼力翻。**麀鹿濯濯**，叶藥韻，書藥翻。**白鳥翯翯**。叶藥韻，下各翻。《孟子》、豐本俱作「鶴鶴」。賈誼《新書》作「皜皜」。**王在靈沼，於牣魚躍**。藥韻。〇賦也。嚴云：「此詩謂文王為王者，皆非作於文王之時。」「囿」，《說文》云：「苑有垣也。」孔云：「囿者，築牆為界域，而禽獸在其中，所以域養禽獸也。」《淮南子》云：「湯始作囿，以奉宗廟楅鮮之具。」《周禮》「囿人」職云：「禁牧百獸。祭祀、喪紀、賓客共其生獸死獸之物。」鄭云：「囿也，沼也，同言靈，於臺下為囿為沼可知。」按：《三輔黃圖》載靈臺在長安西北四十里，靈囿在長安西四十二里，靈沼在長安西三十里。明有三處，但其地相近耳。朱子謂「臺下有囿，囿中有沼」，非也。《孟子》云：「文王之囿，方七十里，芻蕘者往焉，雉兔者往焉。與民同之，民以為小，不亦宜乎？」班固《東都賦》云：「因原野以作苑」，義合乎靈囿。「鹿」者，彼類牝牡之總名。「麀」，則專舉牝而言。解見《吉日》篇。「攸」，《說文》云：「行水也。」「伏」，《說文》云：「伺也。」然則攸有行義，伏有止義，言其行止皆自得也。古說皆以攸為所，伏為伏子之義，故趙岐注《孟子》謂「文王在此囿中，麀鹿懷任，安其所而伏」，韋昭注《國語》謂「牝鹿所伏，息愛牸任之類」，此皆從麀字生解，蓋但以麀鹿為指麀耳。然《樂記》云「羽者嫗伏，毛者孕鬻」，不應以伏詠麀。且於下文「濯濯」不甚聯貫，故不從。「濯」，本訓浣，取以擬鮮澤之貌，如言新沐、新浴是也。重言者，非一之辭。「翯翯」倣此。「白鳥」，謂鳥羽色白者，偶舉所見而言。陸佃以為鷺也。「翯」，《說文》云：「鳥白肥澤貌。」陸云：「《淮南子》曰：『的的者獲，提提者射。』故《詩》正言『麀鹿濯濯，白鳥翯翯』，以美文王之德。」「沼」者，池之別名。圓曰池，曲曰沼。《雍大記》云：「靈沼，按《舊圖記》，在上長安城西四十里豐水之西、真花確北，今為水泊。」劉向《新序》云：「周文王作靈臺，及為池沼，掘得死人之骨，吏以聞於文王。文王更葬之。吏曰：『此無主矣。』文王曰：

『有天下者，天下之主；有一國者，一國之主。寡人者，死人之主，又何求主？』遂令吏以衣棺更葬之。天下聞之，皆曰：『文王賢矣，澤及枯骨，又況於人乎！』」「於」，朱子云：「歎美辭。」「牣」，《說文》云：「滿也。」字從牛者，牛大物，故為滿也。鄭云：「靈沼之水，魚盈滿其中，皆跳躍，言得其所。」劉彝云：「魚驚則潛。今牣而躍者，習於仁而自遂也。」愚按：《孟子》解此詩云：「樂其有麋鹿魚鱉，古之人與民偕樂，故能樂也。」麋鹿魚鱉之樂，正主文王言〔註 58〕，所謂古之人能樂者。觀此詩以「王在」起語，可見深探其本，則以為繇與民偕樂而然耳。舊說不達《孟子》立言之意，而並以此詩為民歡樂之之辭，其亦誤矣。賈誼云：「此言德至也。聖主所在，魚鱉禽獸猶得其所，況於人民乎！故仁人行其禮則天下安而萬里得矣。逮至德渥澤洽，調和大暢，則天清徹，地富煴，物時熟，民心不挾詐賊，氣脈淳化，攫齧搏擊之獸鮮，毒蠚猛蚄之蟲密，毒山不蕃，草木少薄矣，鑠乎大仁之化也。」真德秀云：「鹿之在囿，如在山林；魚之在沼，如在江湖。文王之德及飛潛，各安其處，此所謂不擾也。漢儒作賦，鋪陳弋獵之盛，至曰『風毛雨血，灑野蔽天』。吁！物生斯時，與靈臺之世為何如耶？」又按：《周書》言「文王不敢盤於遊田，自朝至於日中昃，不遑暇食」，而此詩言其在囿在沼者何哉？順時伴渙，以節勞逸，雖聖王不能廢。然亦偶一涉之耳。若夫囿沼之設，以習武事，以供祭祀，喪紀賓客，各有所為，初不為遊觀設也。○**虡**《說文》作「巨」。**業維樅**，冬韻。**賁**陸德明本作「鼖」。**鼓維鏞**。冬韻。**於論鼓鍾**，冬韻。**於樂**音酪。**辟廱**。冬韻。豐本作「雍」。後同。○賦也。此章述文王既遊囿沼之後，遂於辟廱作樂之事。鄭云：「虡，所以懸鍾鼓也。」《說文》云：「鍾鼓之柎也。飾為猛獸。」本作「虞」，從虍，異象其下足，今文作「虡」。顏師古以虡為神獸名，又云：「猛獸名」，《上林賦》「擽蜚虡」是也。凌濛初云：「木刻虡獸之形，遂藉以為名。如掩兔之畢、祭器之畢，皆象畢星之形，而俱名之以畢也。」《禮記》云：「夏后氏勾龍作筍虡。」按：《考工記》：「梓人為筍虡。天下之大獸五：脂者、膏者以為牲，裸者、羽者、鱗者以為筍虡。厚唇、弇口、齣目、短耳、大胸、燿後、大體、短脰，若是者謂之裸屬。常有力而不能走，則於任重宜；大聲而宏，則於鍾宜。若是者，以為鍾虡。是故擊其所縣而繇其虡鳴。銳喙、決吻、數目、顅脰、小體、騫腹，若是者謂之羽屬。常無力而輕其聲，清揚而遠聞。無力而輕，則於任輕宜；其聲清揚而遠聞，則於磬宜。若是者以

〔註 58〕「言」，四庫本作「者」。

為磬虡，故擊其所縣而繇其虡鳴。小首而長，摶身而鴻，若是者鱗屬，以為筍。」自孫炎、郭璞據此文以虡為懸鍾磬之用，俗說相因，皆謂此但懸編鍾編磬之類耳。豈知編鍾編磬乃樂之小者，若下文「賁鼓維鏞」，各自有虡。此詩二句連言，故知所指者乃賁鏞之虎，亦舉大以該小也。何以明之？《明堂位》云：「夏后氏之足鼓，殷楹鼓，周縣鼓。」此三鼓即建鼓也。建鼓乃少昊氏所作之大鼓。夏加四足，故以足名。殷人柱貫之，故以楹名。周人縣之，故以縣名。是則周大鼓用縣之明據矣。故劉熙《釋名》云：「所以懸鼓者，橫曰簨。簨，峻也，在上高峻也。從曰虡。虡，舉也，在傍舉虎也。」又，《廣韻》云：「飛虡，天上神獸，鹿頭龍身。凡鍾之柎飾為此獸，故謂之虡。」陳祥道云：「十二辰之鍾，以應十二月之律。十二辰之鍾，大鐘也，大鐘特懸，《詩》、《書》、《爾雅》所謂鏞是也。非十二辰之鍾，則編焉，《周禮》所謂編鍾是也。」《管子・霸形》篇云：「桓公起行筍虡之間，管子從至大鐘之西，大鐘鳴。」是又大鐘用縣之明據矣。然則《考工記》所云鍾虡、磬虡者何居？愚意大鐘大鼓之虡皆任重之類，當用鍾虡；編鍾編磬之虡皆任輕之類，當用磬虡。於鍾虡不言大鼓、於磬虡不言編鍾者，互見之也。又按：《鬻子》云：「大禹銘於筍虡，教寡人以道者擊鼓，以義者擊鍾。」是又非鍾鼓有虡之證乎？《爾雅》云：「大版謂之業。」《說文》云：「筍虡，大版也，所以飾縣鍾鼓。捷業如鋸齒，以白畫之，象其鉏鋙相承也。」筍，亦作栒。孔云：「縣鍾磬者，兩端有植木，其上有橫木，謂直立者為虡，謂橫牽者為栒。栒上加之大版，為之飾，謂之業。其縣鍾磬之處，又以彩色為大牙，其狀隆然，謂之崇牙。」樅本木名，《尸子》所謂「松柏之鼠，不知堂密之有美樅」者。《字說》云：「檜，柏葉松身，則葉與身皆曲。樅，松葉柏身，則葉與身皆直。樅以直從，檜以曲會。」陳祥道云：「《詩》曰：『虡業維樅。』樅身葉皆直，則虡業者，皆以直木為之也。漢武帝時，樂虡銅人生毛，董卓壞銅人銅虡以充鑄，則漢時以銅為之，與古異耳。」又，《樂書》別有樅圖，其形圓首長柄，乃所以撞鍾鼓者。陳暘云：「撞鍾鼓謂之樅。《漢書・司馬相如傳》謂『樅金鼓』，古樂歌所謂『戛玉樅金』，豈謂是耶？」其說亦可從。「賁」，通作「鼖」。《說文》云：「大鼓也。」《爾雅》云：「大鼓謂之鼖，小者謂之應。」《考工記》云：「鼓長八尺，鼓四尺，中圍加三之一，謂之鼖。」劉彝云：「鼖鼓身高八尺，而其鼓之面皮所冒者徑四尺也。中圍者謂鼓腹也。鼓而徑四尺，則其圍十二尺。鼓腹之圍加以三之一，則其圍十六尺而徑五尺三寸三分寸之一也。」《周書・顧命》篇云：「鼖鼓在西序。」《周官》「鼓人」職云：「以鼖鼓鼓軍事。」《司馬法》云：「中春振旅，諸侯執鼖鼓。」陳暘云：「所謂鼖鼓者，大鼓而已。鼖鼓鼓軍事，則晝作眾之鼓，非夜以警眾之鼜也。鄭氏以鼜為鼖，誤矣。凡此非特用之以和軍旅，雖節聲樂亦用之，故《詩》言『賁鼓維鏞』，以文王能作大事，考大功，作樂以象其成也。鼖鼓、路鼓皆謂之大者，路者，人道之大；鼖者，人事之大。『國之大事，在祀與戎。』故鬼享以路，軍事以鼖。」愚按：此賁鼓奏於辟雍，即射宮也。射乃軍事，故特用鼖耳。「鏞」，《說文》云：「大鐘也。」《爾雅》云：「大鐘謂之鏞，其中謂之剽，小者謂之棧。」張萱云：「鏞，庸也，故亦作庸。庸，用也。用以民功為大也，故古人有大功者必銘於鍾以此。」陳暘云：「莫非鍾也。大者謂之鏞，以民為大故也〔註 59〕。鍾師掌金，奏大鐘也。鎛師掌金，奏小鍾也。許慎曰：『鎛，錞于之屬，所以應鍾磬也。』於理或然。鄭康成謂『鎛如鍾而大』，孫炎、郭璞釋大鐘之鏞亦名為鎛，不亦失小大之辨歟？以經考之，自虞至周，鏞大而鍾小。自周公制禮，鍾大而鎛小。雖有改制之名，無變大小之實也。」又云：「樂之作也，先鼓以警戒，後鍾以應之，故虞書論堂下之樂，以鞀鼓為先，笙鏞次之。《商詩》以置我鞀鼓為先，鏞鼓次之；《周詩》以鼖鼓為先，維鏞次之。是鼓大麗而象天，鍾統實而象地，天先而地從之，鼓先而庸從之，先王立樂之方也。」愚按：《大射儀》云：「建鼓在阼階西，南鼓。西階之西，其南鍾，南陳。一建鼓在其南，東鼓。一建鼓在西階之東，南面。」所謂建鼓，宜即此詩之賁也。所謂鍾，舊皆〔註 60〕謂即此之鏞也。言鼓在鏞之先者，禮視學必先奏鼓，《文王世子》曰「天子視學，大昕鼓徵，所以警眾」是也。「於」，亦歎美辭。下同。「論」，《說文》云：「議也。」蘇轍云：「講也。因民之樂而講求鍾鼓之度，以作辟廱之樂也。」「鍾鼓」，蒙上文言。樂有八音，專言「論鼓鍾」者，亦舉大以該小也。陳暘云：「鍾鼓，樂之器，而樂非器也。有精微之義存焉。鍾鼓不論，吾無以知其義矣。古之論樂者，論倫無患，則論其情而已，非論其義也。其文足論而不息，則論其文而已，亦非論其義也。論其義則得之於耳而心喻之，得之於心而神受之，豈特聽其鏗鏘而已。荀卿曰：『鍾鼓以道志。』莫非鼓也，而大者謂之賁；莫非鍾也，而大者謂之鏞。於論賁鼓，其義見於作大事也。於謂維鏞，其義見於考大功也。」又云：「鍾，陰聲也。鼓，陽聲也。在天則陰陽和然後萬

〔註 59〕「以民為大故也」，四庫本作「以民功為大也」。
〔註 60〕「皆」，四庫本作「階」。

物得，在樂則鍾鼓應然後八音諧。故獨鍾不能以和聲，獨鼓不能以成樂，是以鍾師掌金，奏必以鼓倡之；鼓人掌六鼓，必以四金和之。然則於論鍾鼓，其義豈不深且遠哉？」又云：「鍾鼓之於樂，猶君之於國，父之於家也。又云：仲尼曰：『樂云樂云，鍾鼓云乎哉？』以為樂在於鍾鼓，則鍾鼓樂之器而器非樂也。以為不在於鍾鼓，則鍾鼓不抎，吾無以見聖人矣。」又云：「雷積陽氣而後成聲，蟲待雷聲而後啟蟄。先王之為鼓，其冒之也必以啟蟄之日。其聲象雷，其形象天，其於樂象君。鼓無當於五聲，五聲不得不和。《傳》曰：『鼓所以撿樂，為群音之長。』是鼓為五聲之君，五聲又以中聲為君，故鼓大而短則其聲疾而短聞，小而長則其聲舒而遠聞。然則大而不短、小而不長，則其聲必適舒疾之節，其聞必適短遠之衷，一會歸中聲而已。鼓之為用，豈不大矣哉！」又云：「先王之制鍾也，大不出钧，重不过石，律度量衡於是乎出。所制有齊而無高下厚薄之偏，所容有量而無達回侈弇之過，一歸正緩之中聲〔註 61〕而已。《國語》曰：『古者神瞽考中聲而量之以制，度律均鍾。』則鍾以中聲為本矣。昔齊景公為大鐘，鍾大懸下，其氣不上薄，仲尼譏之。周景王將鑄無射而為之大林，單穆公非之。魯莊公鑄大鐘而國小鍾大曹劌譏之。皆失中聲故也。」《周語》：「伶州鳩云：『聞之琴瑟尚宮，鍾尚羽，石尚角，匏竹利制，大不踰宮，細不過羽。夫宮，音之主也，第以及羽。聖人保樂而愛財，財以備器，樂以殖財，故樂器重者從細，輕者從大。是以金尚羽，石尚角，瓦絲尚宮，匏竹尚議，革木一聲。夫政象樂，樂從和，和從平聲。以和樂律以平聲，金石以動之絲竹以行之詩以道之歌以詠之，匏以宣之，瓦以贊之，革木以節之。物得其常曰樂極，極之所集曰聲，聲應相保曰和，細大不踰曰平。如是而鑄之，金磨之，石繫之，絲木越之，匏竹節之，鼓而行之，以遂八風。於是乎氣無滯陰，亦無散陽，陰陽次序，風雨時至，嘉生繁祉，人民和利，物備而樂，上下不罷，故曰樂正。』」按：參上諸說，亦可以得論樂之概矣。「辟」，通作「璧」。「廱」，《說文》謂天子饗飲之地，即辟廱也。字從廣，雝聲。按：廱字當從廣下邕，廣讀若儼，象對刺高屋之形。四方有水曰邕。辟廱之制，四面有水環之，正合邕義。從邕，為意兼聲。今不諧邕而諧雝，殊不可解。雝者，鳥名也。《漢書》又通作雍。考《說文》乃無雍字。《三輔黃圖》云：「周文王辟廱在長安西北四十里，亦曰璧廱。如璧之圓，壅之以水，象教化流行

〔註 61〕「聲」，《樂書》卷一百九同，卷四十九作「和」。（按：引文出陳暘《樂書》卷一百九。另，「先王之制鍾也」至「度律均鍾」，又見《樂書》卷四十九）

也。」蔡邕云：「水廣二十四丈，四周於外。」《禮統》曰：「內如覆，外如偃盤。」毛云：「水旋丘如璧曰璧廱，以節觀者。」孔云：「璧體圓而內有孔，此水亦圓而內有地，猶如璧。然土之高者曰丘，此水內之地未必高於水外，正謂水下而地高，故以丘言之。以水繞丘，所以節約觀者，令在外而觀也。」陳祥道云：「辟雍外圜內方，明德當圓，行當方。考之於禮釜簋錢之類，皆外圜內方。圜而函方，陰陽之義也。漢明帝祀辟廱，人圜橋門而觀，周制宜亦然也。」今按：據此，則辟廱之說本自明白。繹其字義，即其制度，亦可想見。後人紛紛妄生異論。《白虎通》謂「辟之為言積也，積天下之道德也。雍之為言壅也，雍天下之殘賤。故謂之辟廱也」。《韓詩說》謂「言辟，取辟有德，不言辟水。言辟廱者，取其廱和也」。《禮記注疏》謂「辟，明也。於此樂中習學道藝，欲使天下之人悉皆明達和諧。《樂書》謂夏后氏以序名學，則主以禮射而略於樂。商人以瞽宗名學，則主以樂教而略於禮。周人兼而用之而名其學以辟廱，辟者，法之所自出，本之以為禮；廱者，和之所自生，本之以為樂。辟廱以本之，則禮樂之教足以同人心，出治道」。胡致堂謂「《靈臺》詩言鳥獸昆蟲各得其所，鼓鐘虡業莫不均調。於此所樂之德，惟辟雍而已。辟，君也。雍，和也。《文王有聲》所謂『鎬京辟雍』，義亦若此」。皆以己意穿鑿附會，最誤學者，故詳闢之。鄭云：「辟廱三靈，皆同處在郊。」今按：《黃圖》載靈臺、辟廱皆在長安西北四十里，則同處之說不為無據。《頌》「振鷺于飛，于彼西廱」，先儒亦謂辟廱在西郊，故曰西廱也。《韓詩說》謂「辟廱在南方七里之內」，此不足信。孫鑛云：「東漢左辟廱，右靈臺，正是法周。蓋二地相近。」又按：《王制》云：「諸侯，天子命之教，然後為學。小學在公宮南之左，大學在郊。天子曰辟廱，諸侯曰頖宮。」此辟廱在郊之明證。漢鄭氏以此為殷制、非周制者，以篇內言「有虞氏養國老於上庠，養庶老於下庠。夏后氏養國老於東序，養庶老於西序。殷人養國老於右學，養庶老於左學。周人養國老於東郊，養庶老於虞庠。虞庠在國之西郊」。鄭氏之意以為養國老當在大學，養庶老當在小學。殷人於左學養庶老，正與「小學在公宮之左」句相合，故斷以為小學既左學為小學，則右學是大學，其地當在郊矣。周人則不然，以虞庠養庶老，而其地「在國之西郊」，則與「小學在公宮之左」者異。虞庠既在郊，則東膠當在國，故有殷大學在郊，周大學在國之說，又有四代相變，虞殷貴在郊，夏周貴在國之說。而陳氏《禮書》則又合《王制》先後二義而參訂之，謂此天子與諸侯之異也。「諸侯之學，小學在內，大學在外」，取其「選士必繇內以陞於外」，故言「小學在公宮之左」。又，《郊特牲》言「魯人將有事於上帝，必先有事於頖宮」〔註 62〕。頖宮者，魯之大學，其地在郊，是其證也。「天子之學，小學居外，大學居內」，取「其選士必繇外以陞於內」。故《文王世子》言「凡語於郊者，必取賢斂才焉。乃進其等，以其序。於成均以及取爵於上尊」，是其證也。此其說良辨。今言文王辟廱在郊者，文王時為殷諸侯，尚仍殷制耳。前此未有名學為辟廱者，自文王始。其後周有天下，遂尊以為天子之學名。《王制》雜引三代制度，故合記之。又，陳祥道云：「四代之學，虞則上庠、下庠，夏則東序、西序，商則右學、左學，周則東膠、虞庠，而周則又有辟廱、成均、瞽宗之名。《記》曰：『天子設四學。』蓋周之制也。辟廱即成均也，東膠即東序也，瞽宗即右學也。蓋以成其虧，均其過不及，則曰成均；以習射事，則曰序；以糾德行，則曰膠；以樂祖在焉，則曰瞽宗；以居右焉，則曰右學。成均居中，其左東序，其右瞽宗。此大學也。虞庠在國之西郊，則小學也。《記》曰：『天子視學，命有司行事，祭先師先聖焉。卒事，遂適東序，設三老五更之席。』又曰：『祀三老五更於大學，所以教諸侯之弟。祀先賢於西學，所以教諸侯之德。』夫天子視學，則成均也；祭先師先聖，即祀先賢於西學，祭於瞽宗也。適東序，設三老五更之席，即養國老於東膠，祀三老五更於大學也。然則商之右學在周謂之西學，亦謂之瞽宗；夏之東序在周謂之東膠，亦謂之大學。蓋夏學上東而下西，商學上右而下左，周之所存，特其王者耳。則右學、東序蓋與成均並建於一丘之上而已。繇是觀之，成均頒學政，右學祀樂祖，東序養老更。右學、東序不特存其制而已，又因其所上之方而位之也。」按：《文王世子》云：「春夏學干戈，秋冬學羽籥，皆於東序。春誦夏弦，大師詔之瞽宗。秋學禮執，禮者詔之。冬讀書典，書者詔之。禮在瞽宗，書在上庠。」覽陳氏所論，其位置亦自晰。然先儒謂周但立三代之大學，而不立三代之小學也。「於樂辟廱」者，辟廱興賢育才之地。今文王討論樂之理數於此，使賢才日以向化，洵可樂哉此辟廱也。《孟子》曰：「得天下英才而教育之，三樂也。」詩人言樂意亦如此。或引《莊子》言歷代之樂，黃帝有《咸池》，堯有《大章》，舜有《大韶》，禹有《大夏》，湯有《大濩》，文王有《辟雍》之樂，武王、周公作《武》，遂以辟雍為樂名。按：《樂苑》言文王樂名《巨業》，固未足信。《周禮》「大司樂舞六代之樂」，無所謂辟雍者。《尚書大傳》引《樂經》云：「舟張辟雍，鶬鶬相從。八風回

〔註 62〕按：語見《禮記・禮器》。

回，鳳凰喈喈。」則辟雍乃奏樂之所。上言「舟張」，可知其為璧水也。《莊子》謂「文王有《辟雍》之樂」，正據此詩而言。或又以辟雍別有所在，乃文王宮名，其地近水，作樂宜空虛，故於是奏合其樂，尤堪捧腹。〇**於論鼓鍾**，韻見上。**於樂辟廱**。韻見上。**鼉鼓逢逢**，冬韻。亦叶東韻，蒲蒙翻。**矇瞍**豐本作「瞭」。**奏公**。東韻。亦叶冬韻，諸容翻。《楚辭章句》作「工」。豐本於此章之後又有二章。其第五章云：「舟張辟雍，蹌蹌相從。八風回回，皇皇喈喈。」其第六章云：「有昭辟雍，率爾眾工。無怠無訩，肅肅雝雝。」按：前章出《尚書大傳》，後章出《周官注》，而文尚多。舊分為二章。其一云：「有昭辟雍，有賢泮宮。田里周行，濟濟鏘鏘。相從執質，有族以文。」其一云：「敕爾瞽，率爾眾工，奏爾悲誦。肅肅雍雍，無怠無凶。」此乃合而隱括為四語，祇因有「辟雍」二字相類，遂竊取以眩眾。然絕無意義可味，真續貂耳。〇賦也。按：《竹書》，文王未作靈臺時，已有辟廱，至此乃講究作樂之事，故詩先言「於論鼓鍾」而後言「於樂辟廱」。使辟廱雖設，而無所以為育材之具，亦安見其可樂乎？詩人所以嗟歎而不已也。「鼉」，《說文》云：「水蟲也。」陸璣云：「形似蜥蜴，四足，長丈餘。生卵，大如鵝卵。甲如鎧。甲今合藥，鼉魚甲是也。其皮堅，可以冒鼓。」陸佃云：「鼉具十二肖肉，蛇肉最後，在尾。其枕瑩淨，魚枕弗如。欲雨則鳴，故里俗以鼉讖雨。鱗甲黑色。能橫飛，不能上騰。」羅願云：「鼉能吐霧致雨，力尤酋健，善攻崎岸。夜則出邊岸，人甚畏之，聲亦可畏。」《晉安海物記》云：「鼉宵鳴，如桴鼓，今江淮之間謂鼉鼓。亦或謂鼉更，以善夜鳴，其數應更故也。」又，《樂書》云：「詩人託之其鳴更，更為靈德之應，非實鼓也，如簫音以鳳，故謂之鳳簫，即此類。」今按：《月令》：「季夏，命漁師取鼉。」《注》云：「皮可冒鼓。」李斯亦云：「樹靈鼉之鼓。」又，司馬相如《上林賦》云：「建靈鼉之鼓。」是則古人固以鼉皮冒鼓矣。陸佃謂「鼉鼓非特有取於皮，亦其聲象鼉之鳴，故謂之鼉鼓」。此論為允。「逢逢」，《埤蒼》云：「鼓聲也。」此「鼉鼓」，非上章「賁鼓」。《周禮・鼓人》所謂「以晉鼓鼓金奏」者是也。陳暘云：「其制大以短，所以鼓金奏，非所以節樂。鼓人掌六鼓四金之音聲，而晉鼓居一焉。鎛師掌金奏之樂，豈晉鼓歟？」按：上章賁鼓舉其最大者言之，此章鼉鼓則以始作者言之，蓋自鼉鼓鼓眾而後，矇瞍始作樂也。毛云：「有眸子而無見曰矇，無眸子曰瞍。」孔云：「矇、瞍皆無目之名，就無目之中以為等級。矇者，言其矇矇然無所見，即今之青盲者也。矇有眸子，則瞍當無矇之小別也。故

《春官・瞽矇》注，鄭司農云：『無目眹謂之瞽，有目眹而無見謂之矇，有目而無眸子謂之瞍。』亦與此同。此則對而為名，其總則皆謂之瞽。」又，《文選注》云：「無珠子曰矇，珠子具而無見曰瞍。」愚按：前說皆未盡。矇，右施蒙，童蒙也，是幼而無見者。瞍，右施叟，長老之稱，是老而無見者。總謂之瞽耳。《禮》云：「御瞽幾聲之上下。」《國語》云：「矇瞍修聲。」「奏」，《說文》云：「進也。」嚴粲云：「樂之更端曰奏，故九成謂之九奏。」官所曰公，即「夙夜在公」之「公」，言奏樂於公所也。古奏樂皆以瞽，以其善聽而審於音也。

《靈臺》四章。二章章六句，二章章四句。毛、鄭作五章，章四句。今從朱《傳》。豐氏本有六章，詳見第四章下。〇《序》云：「民始附也。文王受命，而民樂其有靈德，以及鳥獸昆蟲焉。」按：如此說，將置後二章於何地？且民之歸周久矣，謂至此而始附，何歟？東萊呂氏謂「前二章樂文王有臺池鳥獸之樂也，後二章樂文王有鍾鼓之樂也，皆述民樂之詞也」。朱子從之，似已。然辟廱作人論樂興化，乃文王制作之大者，詩人於「於樂」二句特疊言之，其鄭重之意殆可想見，而僅以為如尋常之奏樂娛耳云乎？《孟子》所謂與民偕樂同樂者，乃引君之詞，其實聖人無皇耽樂也。《子貢傳》以為「訓成王之詩」，既未有以信其然。《申培說》從而衍之，謂「文王遷都於豐，作靈臺，以齊七政，奏辟廱。周公述之，以訓嗣王」。所謂「奏辟廱」者，蓋誤襲莊子之說。其陋斯甚。

臣工

《臣工》，耕耤也。《樂記》言「武王祀乎明堂，而民知孝；朝覲，然後諸侯知所以臣；耕籍，然後諸侯知所以敬」。然則此詩，其武王之詩歟？「籍」，本作「耤」，《說文》云：「帝耤千畝也。」古者使民如借，故謂之「耤」，通作「藉」。《祭義》云：「天子為藉千畝，冕而朱紘，躬秉耒。諸侯為藉百畝，冕不青紘，躬秉耒，以事天地、山川、社稷、先古，以為醴酪齊盛，於是乎取之，敬之至也。」又云：「耕籍，所以教諸侯之養也。」鄒忠胤云：「夫明堂朝覲，則《我將》、《載見》諸詩是已。至《耕籍》，豈容無詩？此詩嗟臣工，正指公卿大夫之屬。至嗟保介，則義益顯然，其為耕籍而戒農官，益可據矣。」

嗟嗟臣工，東韻。**敬爾在公**。東韻。**王釐爾成**，自此以下俱無韻。未詳。**來咨來茹**。賦也。「嗟嗟」，孔穎達云：「歎聲。嗟而又嗟，重歎以呼之。」按：篇中言「嗟嗟」者二，而意各別。此為歎而美之，下則歎而敕之也。「工」，毛《傳》云：「官也。」「臣工」，通三公九卿諸侯大夫百吏而言。「公」，朱子云：「公家也。」「敬爾在公」，言能恪供於在公家之事，即從王耕耤之禮也。「釐」，《說文》云：「家福也。」「爾」，指臣工也。「成」，《說文》云：「就也。」鄧元錫云：「『王釐爾成』者，言王受釐，爾實成之，則敬之效也。」「來」，來諸臣也。「諮」，《說文》以為「謀事」也。「茹」，《爾雅》云：「啜也。」《方言》云：「食也。」王與諸臣躬耕，帝耤祭於先。農事竣，受釐而歸美於臣工之克敬，故大禮告成，於是進而與之謀事，且進而與之飲食也。「來咨」，即下章敕保介、命眾人之事。「來茹」，則受釐之餘，共分神惠耳。《禮・月令》篇：「孟春之月，乃擇元辰，天子親載耒耜，措之於參保介之御間，帥〔註 63〕三公、九卿、諸侯、大夫躬耕帝籍。天子三推，三公五推，卿、諸侯九推。反執爵於大寢，三公、九卿、諸侯、大夫皆御，命曰勞酒。」《周語》：「虢文公曰：『農祥辰正，日月底於天廟，土乃脈發。先時九日，稷告王曰：『距今九日，土其俱動，王其祗祓，監農不易。』王乃使司徒咸戒公卿、百吏、庶民，司空除壇於藉，命農大夫咸戒農用。先時五日，瞽告有協風至。王即齊宮，百官御事各即其齊三日，王乃淳濯饗醴。及期，鬱人薦鬯，犧人薦醴，王祼鬯，饗醴乃行，百吏、庶民畢從。及藉，后稷監之，膳夫、農正陳藉禮，太史贊玉，王敬從之。王耕一墢，班三之，庶人終於千畝。其后稷省功，大史監之；司徒省民，大師監之。畢，宰夫陳饗，膳宰監之。膳夫贊王，王歆大牢，班嘗之，庶人終食。』」今按：「五推」、「九推」、「省功」、「省民」，即此詩所云「敬爾在公」者。「膳夫、農正陳藉禮」，則祭先農之事。其「反執爵於大寢」及「膳夫贊，王歆大牢」，所謂「王釐」者也。酒則公、卿、諸侯、大夫皆御，太牢則班共嘗之，所謂「來茹」者也。〇**嗟嗟保介，維莫**陸德明本作「暮」。**之春**。豐氏本作「維春之莫」。**亦又何求？如何新**豐本作「親」。**畬**。**於**音烏。**皇來牟，將受厥明**。**明昭上帝，迄用康年**。豐本作「年康」。**命我眾**豐本作「衆」。**人，庤乃錢鎛，奄觀銍艾**。豐本作「穫」。〇賦也。此下皆敕農官之辞。「嗟嗟」，解見上章。朱子云：「『保介』，見《月令》、《呂覽》，其說不同，然皆為籍田而言。」按：《月令》：「天子親載耒耜，措之於參

〔註 63〕「帥」，四庫本作「師」。

保介之御間。」鄭玄《注》:「保介，以為車右也。保，猶衣也。介，甲也。人君之車，必使勇士衣甲居右而參乘，備非常也。」孔穎達云:「車右及御人，皆是參乘，於時天子在左，御者在中。車右在右，言置此耒器於參乘保介及御者之間也。保，即繈保。保謂小被，所以衣覆小兒，故云『保，猶衣也』。」今按:以衣訓保，義已難通。就如所云，車右置勇士以備非常，固非農官也。而使之勸農，於理疏矣。高誘注《呂覽》，惟云:「保，介副也。」朱子增其義，曰:「蓋農官之副也。」夫以介為副，似矣。然保字當作何解，且以保介為農官之副，則以何者為農官之正乎?愚意保介即《周禮》遂人之官，「介」當通作「界」，田有經界，保護其經界，不使相混，謂之保介。遂人職所云:「以土地之圖經田野，造縣鄙形體之法。皆有地域，溝樹之。」而《月令》亦云:「王命布農事，命田舍東郊皆修封疆，審端徑術。」是皆保介之義也。以《韓詩外傳》明之:「楚莊王寢疾，卜之，曰:『河為祟。』大夫曰:『請用牲。』莊王曰:『止。古者聖王之祭，不過望。濉、漳、江、漢，楚之望也。寡人雖不德，河非所獲罪也。』遂不祭，三日而疾有瘳。孔子聞之，曰:『楚莊王之霸，其有方矣!制節守職，反身不貳，其霸不亦宜乎!《詩》曰:嗟嗟保介。莊王之謂也。』」傳意以莊王能自守其疆界，不越境以求福，故引此詩。然則「介」之通作「界」，其義亦昭然矣。「維莫之春」二句，反語也。「如何新畬」，問辭也。莫春，朱子云:「斗柄建辰，夏正之三月也。」「新」，新田也。「畬」，孫炎云:「和也，田舒緩也。」按:《爾雅》、《說文》皆謂「田三歲曰畬」，而《爾雅》又謂「田二歲曰新田」。惟鄭玄《坊記注》云:「二歲曰畬，三歲曰新田。」《詩詁》深然其說。今從之。詳見《采芑》篇。王於耕籍禮畢，嗟呼保介之官而告之曰:時不可失也，土不可蕪也。孟、仲二春，正田工畢舉之時。倘過此而春莫，則時已過矣。爾為農夫者，將何所求乎?欲其不違農時也。田之甫墾者，有三歲之新焉，有二歲之畬焉。雖已成田，而未能與久墾之田埒也。爾農夫之有新畬者，今亦曾如何加功否乎?欲其無曠地利也。「於」，亦歎聲。「皇」，通作「煌」，光華之貌，故《爾雅》訓為華，鄭《箋》訓為美也。「來牟」，解見《思文》篇。「於皇來牟」，據耕耤時所見而言也。「將受厥明」者，言將享受此來牟之獲，其事明明可必，無差爽也。鄒云:「或疑寅月，安得有來牟?然麥種在南方，下於亥月，其在北方，則下於酉月。金王而生，火王而死。備四時之氣，謂之首種。而此但云『將受』，則亦未遽受也。」「明昭上帝」，本祈穀上帝而言。「迄」，《說文》云:「至也。」「康」，毛《傳》云:

「樂也。」「康年」，即《孟子》所云「樂歲」也，言自郊而祈穀之後，不獨來牟之熟可必而已，此上帝之意甚照然，至於西成之時，又將用此豐年之慶以賜我，故宜亟勉力於農事，如下文所云也。羅願云：「鄭司農注稻人，稱今時謂禾下麥為荑下麥，言芟夷其禾，於下種麥。又注薙氏云：『俗間謂麥下為荑，言芟夷其麥，以其下種禾豆。』則是卒歲之間，無曠土閒民矣。」「眾人」，鄭云：「庶民也。」「命我眾人」，使保介轉命之也。「庤」，《說文》云：「儲置屋下也。」《爾雅》云：「具也。」「錢」，《說文》云：「銚也。古田器。」《世本》云：「垂作銚。」季本云：「錢之為銚，說者不詳。宋仲子注銚為刈，則經本刈器，而刈器又有一銚，不知其為何物矣。據孔氏，以銚為七遙反，即今之鍬，一謂之鍤，所以起土，可用於耕，蓋耜類耳。」《爾雅》「銚」作「斛」，云：「斛謂之疀。」《方言》云：「燕之東北、朝鮮洌水之間謂之斛，宋、魏謂之鏵，或謂之鍏，江淮、南楚謂之鍤，趙、魏謂之喿，東齊謂之梩。」「鎛」，毛云：「耨也。」耨亦作鎒。《世本》云：「垂作耨。」韋昭、李巡皆云：「鋤也。」郭璞云：「鋤屬。」《廣雅》云：「定謂之耨。」《爾雅》云：「斪斸謂之定。」《呂氏春秋》云：「耨柄尺，此其度也。其耨六寸，所以間稼也。」《字詁》云：「頭長六寸，柄長一尺。」高誘云：「耨，芸苗也。六寸，所以入苗間也。」《考工記》云：「攻金之工，段氏為鎛器。」又云：「粵之無鎛也。非無鎛也，夫人而能為鎛也。」錢，耕時所用。鎛，耘時所用。《莊子》所云「春雨日時，草木怒生，銚耨於是乎始修」是也。「奄」者，遍覆之義。「奄觀」者，遍觀之也。「銍」，劉熙云：「穫鐵也。」《說文》云：「穫禾短鐮也。」「艾」，通作「刈」，鄭云：「芟末曰艾。」「銍艾」者，用銍以刈禾也。孔穎達引《管子》云：「一農之事，必有一銍一耨一銚，然後成農。」蓋此三器者，分耕、耘、刈三用，闕一不可，故云。然承上言天既將賜我以康年矣，凡我眾人，可不盡人事以承天意乎？必具其銚耨以待用。及至秋成，則爾農官又當遍觀之，以驗其銍穫之多少。《書》曰：「惰農自安，不昏作勞，不服田畝，越其罔有黍稷。」此始之所以不能已於命，而卒之所以不能已於觀也。《周語》：「虢文公曰：『古者大史順時覛土，陽癉憤盈，土氣震發。太史告稷曰：自今至於初吉，陽氣俱烝，土膏其動。弗震弗渝，脈其滿眚，穀乃不殖。稷則遍戒百姓，紀農協功，曰：陰陽分布，震雷出滯，土不備墾，闢在司寇。乃命其旅曰：狗，農師一之，農正再之，后稷三之，司空四之，司徒五之，大保六之，大師七之，太史八之，宗伯九之，王則大狗。耨穫亦如之。民用莫不震動，恪恭於農，修其疆畔，日服其鎛，不解於時，財用不乏，民用和同。』」按：虢公之言與此章語意一一吻合，亦可以見此詩為耕耤而作，彰彰無疑矣。

《臣工》二章。一章四句，一章十一句。舊作一章十五句。〇《序》及蔡邕《獨斷》皆云「諸侯助祭，遣於廟」之所歌也。鄧元錫為之說曰：「王祭郊社宗廟，親耕耤，百工終畝，供明粢焉，敬之矣。祭訖，受釐，臣工來助祭者，於廟臨遣之。又申助以豫農穀，受明康之賜，為後祀端焉。於是知先工事鬼神之忠也，靡時怠忘也。慎終如始，慎始於終也，教之至也。禮嘗之日，卜來歲之芟。獮之日，卜來歲之戎。社之日，卜來歲之稼。其豫一也。祭先祼鬯，先黍稷清酒，故重之。嗚呼！於受釐之終，惟受明之始；於受明之始，惟銍艾之終。終始不失於敬，其惟《臣工》乎！次之頌，以為是交神明之本也。」其論信美矣，顧不知保介之說乃天子耕耤所用，載在《月令》、《呂覽》甚明。若遣諸侯而自呼保介，何不相蒙之甚！抑豈諸侯亦有保介也？而郝敬又強解之，謂「天子於諸侯將行，而呼其車右，亦猶『敢告僕夫』之意」。善乎鄒忠胤之闢之也，曰：「以卑告尊，不敢斥言，故虞箴有『敢告僕夫』之說。若以君訓臣，何必爾？止有因卑以達尊者，豈有因卑以達卑者乎？」《申培說》則以為「祭先農之詩」。今按：祭先農亦耕耤中之一事。然此詩意重在勸農，不專為祭詠耳。朱子但以為「戒農官之詩」。果爾，當與勞使臣、遣戍役諸篇同在《小雅》，不應列《頌》中矣。《子貢傳》闕文。

白駒

《白駒》，餞箕子也。出鄒忠胤《詩傳闡》。〇陳際泰謂：「白，宋色。客，宋號。言授之縶，以縶其馬。《頌》之《有客》，已言之矣。其諸留微子與其子孫之詩歟？」鄒氏直以為「餞箕子也」。其說云：「殷人尚白，至周猶仍其色。『乘彼白駒』，非殷士而何？受之以縶、維，隆之為嘉客，至公侯不足挽空谷之轍，而尚冀其無金玉爾音，此其意何篤摯。然卒不彊留者，以賢者固各有志，無苦相逼也。嘗觀膚敏之億麗侯服周京者不為少矣，且以不如夏迪簡在王庭、服在大僚為憾，『所謂伊人』何獨可近不可攀如此？則予又意非它人，必箕子也。蓋周人誠不吝公侯之爵以寵殷獻臣，而箕子自靖，罔為臣僕，豈肯變其初志？武王亦不敢彊臣之，故訪範之後，即封之朝鮮。雅謌《白駒》，頌謌《有客》，要之皆此志也。夫殷有三仁，微、箕猶並在，而予獨以『如玉』目箕子者，蓋微子向已行遁矣。若如抱器奔周之妄說，則必非倏來而忽去。

『今朝』、『今夕』，何煩縶焉？若既就封，則固已膺桓圭而為上公矣。爾公爾侯，又何勸焉？即返旆宋都，亦未可云遁思也。夫維箕子釋囚而陳範，陳範而又不為臣，是以有朝鮮之長往。『在彼空谷』，此行是已。『無金玉爾音』，其有味乎《洪範》之言，而更祈嗣音乎？予故曰《白駒》，餞箕子也。」按：《書序》云：「武王勝殷，殺受，以箕子歸，作《洪範》。」《書・洪範》篇云：「惟十有三祀，王訪於箕子。王乃言曰：『嗚呼！箕子，惟天陰騭下民，相協厥居。我不知其彝倫攸敘。』箕子乃言曰：『我聞在昔，鯀陻洪水，汨陳其五行。帝乃震怒，不畀洪範九疇，彝倫攸斁。鯀則殛死，禹乃嗣興，天乃錫禹洪範九疇，彝倫攸敘。初一曰五行，次二曰敬用五事，次三曰農用八政，次四曰協用五紀，次五曰建用皇極，次六曰乂用三德，次七曰明用稽疑，次八曰念用庶徵，次九曰嚮用五福，威用六極。』」蘇軾云：「箕子之不臣周也，而曷為為武王陳《洪範》也？天以是道畀之禹，傳至於我，不可使自我而絕。以武王而不傳，則天下無可傳者矣，故為箕子者傳道則可，仕則不可。」《史記》云：「武王既克殷，訪問箕子，乃封於朝鮮而不臣也。」《洪範大傳》云：「武王勝殷，繼公子祿父，釋箕子囚。箕子不忍周之釋，走之朝鮮。武王聞之，因以朝鮮封之。」班固《漢書》云：「昔殷道衰，箕子去之朝鮮，教其民以禮義、田蠶、織作。為民設禁八條：相殺以當時償殺；相傷以穀償，相盜者，男沒入為其家奴，女為婢；欲自贖者，人五十萬，雖免為民，俗猶羞之，嫁娶無所讎。是以其民終不相盜，無門戶之閉，婦人貞信不淫辟。可貴哉，仁賢之化也！」范曄《後漢書》云：「昔箕子違衰殷之運，闢地朝鮮，回頑薄之俗，就寬略之法，行數百千年，故東夷通以柔謹為風，異乎三方。若箕子之省簡文條，而用信義，其得聖賢做法之原矣。」《竹書》云：「武王十六年，箕子來朝。」《史記》云：「箕子朝周，過故殷墟，傷故都宮室毀圮，禾黍生焉，欲哭不可，欲泣則為近婦人，故作《麥秀》之歌曰：『麥秀漸漸兮，禾黍油油兮。彼狡童兮，不與我好兮。』殷之遺民聞之，莫不流涕。」蓋箕子自入周後，其出處之見於傳記者如此。當釋囚之後，因而陳範。其時箕子已不肯仕周，而周人亦不忍違其意，聽其行遁，不問所往。厥後避地朝鮮，漸漸有聞，乃始從而封之。箕子見周之所以待己者能盡其道，故又復朝周，誦《麥秀》之歌，其情甚悲故國，而其心實公天下，斯固周人之所戀慕而不能已已者也。是詩若為箕子作，定在陳範後遜荒之時，決不在封朝鮮來朝之日。觀「勉爾遁思」語可見。

皎皎白駒，音鉤。後同。**食我場苗**。蕭韻。**縶之維之，以永今朝**。蕭韻。豐氏本作「晁」。**所謂伊人，於焉逍**豐本作「消」。**遙**。蕭韻。〇賦也。月白曰皎，藉以形馬色之白。陸德明以為潔白也。重言之者，駕車非一馬也。「駒」，解見《皇皇者華》篇。「白駒」，箕子所乘。按：《公羊注》云：「禮：天子馬曰龍，高七尺以上。諸侯曰馬，高六尺以上。卿大夫曰駒，高五尺以上。」箕子若已受五等之封，即宜乘六尺以上之馬。今乃乘駒者，不受周爵，故退而就卿大夫之服。「白」者，殷所尚之色，與《振鷺》、《有客》義同。「我」，詩人自謂也。「場」，《說文》云：「田不耕者。」「苗」，《說文》云：「草生於田者。」又，嚴粲云：「穀之始生曰苗，草之類始生亦曰苗。《本草》多言『春夏采苗』是也。若以納稼在場，則不名苗矣。」「縶」，《說文》亦作「䭾」，云：「絆馬足也。」「維」，毛《傳》云：「繫也。」《公羊傳》云：「牛馬維婁。」舊說繫馬曰維，繫牛曰婁也。孔穎達云：「謂繫靷也，在胸曰靷。」「永」，長朝旦也。得賢人與之話言，則覺此朝旦為久，語所謂「共君一夜話，勝讀十年書」也。「以永今夕」放此。「伊」，鄭云：「當作緊，緊猶是也。」「伊人」，嚴云：「猶言彼人也。」不斥言之，以致其歎想之意。「焉」，何也，與「焉有」之「焉」同。鄭云：「語助之『焉』，假借為『焉有』之『焉』，因借而借也。」「逍」字，《說文》無解。與「遙」聯文，第云猶翱翔也。今按：「遙」本訓「遠」，「逍」雖無解，以字形求之，當與「趙」同意。趙者，趨也。然則逍遙乃是趨而至遠，猶言遠遊也。我欲留伊人而伊人若不可留者，不知彼將欲於何處而逍遙乎，蓋既不敢問其所往，而思慕之意又不能忘。周人之愛敬箕子，可謂至矣！〇**皎皎白駒，食我場藿**。藥韻。**縶之維之，以永今夕**。叶藥韻，祥龠翻。**所謂伊人，於焉嘉客**。叶藥韻，克各翻。〇賦也。「藿」，本作「𧄍」，《說文》云：「尗之少也。」或以為豆葉。又，《爾雅》云：「蔨，鹿𧄍，其實莥。」郭璞云：「今鹿豆也。葉似大豆，根黃而香，蔓延生。」《本草》云：「味苦，苗似豌豆，人取以為菜，亦微有豆氣。」又，《原始》云：「香草也。」未詳孰是。「夕」，暮。「嘉」，美也。「嘉客」，猶云嘉賓。言是人也將欲於何處為嘉賓，而使我不得親就乎？〇**皎皎白駒**，叶尤韻，居侯翻。此章六句，駒、侯、游三字一韻，思、期、思三字一韻。各隔句為韻，亦奇體也。**賁然來思**。支韻。**爾公爾侯**，尤韻。**逸豫無期**。支韻。**慎**豐本作「㥲」。**爾優游**，尤韻。**勉爾遁**陸德明、豐本俱作「遯」。陸本又作「遜」。**思**。見上。〇賦也。「賁」，《易》、《說文》皆云「飾也」。

曰「賁然」者，朱子云：「光采之貌。」謝枋得云：「賢人所過之地，山川草木皆有精彩。」「思」，語辭。「賁然來思」，望其既去而復來也。「爾」，指箕子也。前二章因其欲別去而不知所適，則想像之曰「伊人」；末章因其既別去而終不可留，則摹擬之曰「其人」。唯此章乃對語丁寧之辭，故稱爾也。「公」、「侯」，爵之貴者。「逸」，通作「佚」，安佚不勞也。「豫」，劉熙云：「舒也。」通作「預」，《說文》云：「安也。」「期」，《說文》云：「會也。」言爾若為公為侯，則將勤勞國事，無有逸豫之期，時蓋箕子決意不肯臣周，而周人亦不敢拂其意也。宋人經義云：「以爾為公，則夙夜在公。以爾為侯，則謹爾侯度。勞於王事，逸無期矣。職思其憂，豫無期矣。蓋為國家計，則深惜賢者之去；為賢者計，則又深體其情之不容不去。」此頗得詩人微旨。〔註64〕「慎」，《說文》云：「謹也。」「優游」，舊統訓為自如貌。若逐字釋之，則各有本義。「優」，通作「優」，本即「憂」字，《說文》云：「行之和也。」今誤作愁之「慐」。「游」，服虔云：「猶流也。」《爾雅》：「順流而下曰泝游。」步行為優，舟行為游，皆藉以象其出入自得之意。「慎爾優游」者，言爾既無公侯之責，可以優游適志矣，猶當慎自保護，毋或有乖衛生之節，蓋將以期後會也。「勉」，《說文》云：「強也。」「遁」，本作「遯」。《易》云：「退也。」《說文》云：「逃也。」「思」，亦語辭，如上文「來思」之例。「勉爾遁思」，言爾雖決意行遁，猶望其時時勉圖一來，不以既遁而遂已也。語意與「賁然來思」相應。

○皎皎白駒，在彼空《文選注》作「穹」。**谷**。叶沃韻，俞玉翻。**生芻一束**，沃韻。**其人如玉**。沃韻。**毋**陸本作「無」。**金玉爾音**，侵韻。**而有遐心**。侵韻。○賦也。此章人已別矣，因極贊其人之美，而仍致其拳拳思慕之意。「谷」，《書注》以為兩山閭流水之道也。「芻」，刈草也，解見《綢繆》篇。「生芻」，杜詩所謂「青芻」也。乘馬而行於空谷，其地寂寞無人，往來但見行李蕭然，惟有新刈生草一束，以供秣馬之用，高風蓋可挹矣。「其人如玉」，以象其品之貴，亦自其出處之節見之，堅不可磷，潔不可淄，堪比德於玉也。此四語目極行暉，隱然丰采在望。漢鄒長倩與公孫弘書云：「夫人無幽顯，道在則為尊。雖生芻之賤也，不能脫落君子，故贈君生芻一束。詩人所謂『生芻一束，其人如玉』也。」郭泰以喪歸，徐稚來弔，以生芻一束頓泰廬前而去。泰曰：「此必南州高士徐孺子也。《詩》不云乎？『生芻一束，其

〔註64〕自「宋人經義云」至此見楊慎《丹鉛總錄》卷十八《詩話類・爾公爾侯》，最末一句作「此深得詩人之旨」。

人如玉。』吾不堪此喻耳。」「毋金玉爾音」者，言毋得自愛音聲，貴如金玉，蓋終望其來而有以教誨我也。舊說但以為傳書相問訊，似未切。「遐」，《說文》云：「遠也。」行遯之後，若終靳一來，則是有遠心於我矣。是詩也，倘亦武王所作，其醉心於《洪範》之訓者深乎！曹氏學佺云：「誠其遁思之慎，勉而勿懷金玉之遐心，蓋今日以嘉客留之者，實他日以公侯期之也。噫！孰知箕子之適於東方哉？」

《白駒》四章。章六句。《子貢傳》以為「周公制作禮樂，用之燕享，此詩所以燕賢也」。玩詩中「縶維空谷」等語，明是賢者不肯仕於其國。而以為燕賢之詩，可乎？《申培說》則謂「賢者將隱去，王者留之而作是詩」。夫果留之自上，賢者亦不應決去若是，是惟若箕子者，乃不可留耳。《序》以為「大夫刺宣王」，鄭玄云：「刺其不能留賢也。宣王之末，不能用賢，賢者有乘白駒而去者。」而《文昌化書》亦云：「宣王以四方無虞，於心少怠。一日師氏韋仲將諫章方上，天威肅震，置韋於理。於是道德之士、老成之人有翻然而去者。予心憂焉，乃作《白駒》之詩，以為譏刺，勸王留意賢才，寬容受諫，使有位者無去志，已去者冀其來歸，隱跡者期於願仕。詩聞於上，上意感焉，於是詔告在庭，責躬悔過，復韋之職，束帛弓旌，日遣無虛。未幾，清議歸美，士風藹盛，天下復見成康化矣。」《序》因篇次與宣王諸詩相錯，遂以為宣王事。《文昌化書》則好事者因《序》說而附益之，要未足信。陳暘《樂書》則引古琴曲，謂「衰世失朋友而作」，亦影響之辭。若《儀禮·投壺》〔註65〕篇云：「凡雅二十六篇，共八篇可歌，歌《鹿鳴》、《狸首》、《鵲巢》、《采蘩》、《采蘋》、《伐檀》、《白駒》、《騶虞》，八篇廢不可歌；七篇商、齊，可歌也；三篇間歌。」按：《投壺》所以歌此者，當是以其出處有合於君子之道，故以之娛賓耳。

小宛

《小宛》，教康叔毖酒也。商受酗酒，天下化之。妹土，商之都邑，染惡尤甚。武王以其地封康叔，故作此詩以誡之，與《周書·酒誥》相表裏。康叔，名封，文王子，武王弟。漢儒惑《康誥》篇首四十八字有「周公作雒」之語，遂謂康叔受封在成王世。今按：篇中曰「孟侯，朕其

〔註65〕按：出《大戴禮記·投壺》。

弟，小子封。」又曰：「乃寡兄勖，肆汝小子封，在茲東土。」其為武王之辭明甚。篇首四十八字，宋儒定以為《雒誥》脫簡，是也。蔡沉云：「或謂康叔在武王時尚幼，故不得封。」按：《汲冢周書・克殷》篇言「王即位於社南，群臣畢從，毛叔鄭奉明水，衛叔封傳禮，召公奭贊采，師尚父牽牲」。《史記》亦言「衛康叔封布茲」，與《汲書》大同小異。康叔在武王時非幼，亦明矣。且康叔，文王之子；叔虞，成王之弟。周公東征，叔虞已封於唐，豈有康叔得封反在叔虞之後？必無是理也。吳氏云：「先儒謂康叔受封時尚幼者，以此書稱小子之故。康叔與武王、周公皆太姒之子，安得為尚幼？今陝右之俗，凡尊命卑，貴命賤，雖長且老者亦以小子呼之。此所謂小子亦然。」按：《康誥》、《酒誥》二篇皆同時之作，紂以酒亡國，餘習猶存，康叔所封在殷故墟，故武王深誡之，欲其剛制於酒，為臣民倡。其後周公作《無逸》，以訓成王，亦曰「無若殷王受之迷亂，酗於酒德哉」，蓋惕心於墜命之故者深矣。今節錄《酒誥》之文於此，以表此詩立言之意。王若曰：「明大命於妹邦。乃穆考文王，肇國在西土。厥誥毖庶邦庶士，越少正、御事，朝夕曰：『祀茲酒。』惟天降命肇我民，惟元祀。天降威，我民用大亂喪德，亦罔非酒惟行。越小大邦用喪，亦罔非酒惟辜。文王誥教小子，有正，有事，無彝酒。越庶國飲，惟祀、德將、無醉。惟曰：『我民迪小子惟土物愛，厥心臧，聰聽祖考之彝訓。越小大德，小子惟一。』」王曰：「封，我西土棐徂邦君、御事、小子，尚克用文王教，不腆於酒。故我至於今，克受殷之命。」王曰：「封，我聞惟曰，在昔殷先哲王，不敢自暇自逸，矧曰其敢崇飲？在今後嗣王酣身，厥命罔顯於民，祗保越怨不易。誕惟厥縱淫佚於非彝，用燕、喪威儀，民罔不盡傷心。惟荒腆於酒，不惟自息，乃逸。厥心疾狠，不克畏死。辜在商邑，越殷國滅無罹。弗惟德馨香，祀登聞於天，誕惟民怨。庶群自酒，腥聞在上。故天降喪於殷，罔愛於殷，惟逸。天非虐，惟民自速辜。」王曰：「封，予不惟若茲多誥。古人有言曰：『人無於水監，當於民監。』今惟殷墜厥命，我其可不大監撫於時？予惟曰：『汝劼毖殷獻臣，侯、甸、男、衛；矧太史友、內史友，越獻臣百宗工；矧惟爾事，服休、服采；矧惟若疇，圻父薄違，農父若保，宏父定辟，矧汝剛制於酒。厥或誥曰：群飲。汝勿佚，盡執拘以歸于周，予其殺。又惟殷之迪諸臣惟工，乃湎於酒，勿庸殺之，姑惟教之有斯明享。乃不用我教辭，惟我一人弗恤，弗蠲乃事，時同於殺。』」王曰：「封，汝典聽朕毖，勿辨乃司民湎於酒。」

宛《釋文》作「菀」。**彼鳴鳩，翰飛戾**《文選注》作「厲」。**天**。先韻。亦叶真韻，汀因翻。**我心憂傷，念昔**《春秋繁露》作「彼」。**先人**。真韻。亦叶先韻，如延翻。**明發不寐，有懷二人**。見上。○興而比也。「宛」，毛《傳》云：「小貌。」按：《說文》：「宛或從心」，作「惌」。《考工記·函人》云：「凡察革之道，眡其鑽空，欲其惌也。」《注》亦解惌謂孔小貌。則宛義訓小，明矣。「鳴鳩」，毛《傳》云：「鶻鵰也。」《爾雅》以為鶌鳩，郭璞云：「似山鵲而小，短尾，青黑色，多聲。今江東亦呼為鶻鵃。」《字林》作「骨鵃」，云：「小種鳩也。」羅願云：「鶌鳩春來冬去，備四時之事，故少皞以為司事之官。」陸佃云：「一名鳴鳩，《月令》所謂『鳴鳩拂其羽』者是也。一名鷽鳩，《莊子》所謂『蜩與鷽鳩笑之』者是也。蓋此似山鵲而小。《釋鳥》曰：『鷽，山鵲。』故此一名鷽鳩。又其多聲，故一名鳴鳩也。性食桑葚，然過則醉而傷其性。而陸璣云：『鶻鳩一名斑鳩，蓋斑鳩似鵓鳩而大。鵓鳩灰色，無繡項，陰則屏逐其匹，晴則呼天，語曰天將雨，鳩逐婦者是也。』斑鳩項有繡文斑然，故曰斑鳩，則與此鶻鳩全異。璣之言非。今此鳥喜朝鳴，故一曰鶻嘲也。凡鳥朝鳴曰嘲，夜鳴曰嘋。」「翰」，《廣韻》云：「鳥羽也。」「戾」，通作「麗」，附著之意。許慎云：「鳴鳩迅其羽，直刺上飛數千丈，入雲中，其勉而飛如此。」陸云：「鳴鳩，小鳥。決起而飛，搶榆枋，時則不至，而控於地而已矣。今飛鳴戾天，則其聲亦遠聞，其勢亦高至，惟勉強故也。」愚按：詩興鳴鳩，亦就醉酒取義。鳩耽桑椹，過醉則傷其性。今高飛遠舉，則不至傷醉矣。可以人而不如鳥乎！「我心憂傷」，武王憂康叔染於紂俗，不知甚酒則必有喪亡之禍也。「念昔先人」以下，戒勉康叔之辭也。「念」，《說文》云：「常思也。」「先人」，指文考也。「明發」，朱子云：「謂將旦而光明開發也。」「懷」，《說文》云：「念思也。」「二人」，文王之父母也。念昔文王以父母之心為心，當明發之時，輒思親而不能寢寐，其孝如此。康叔當追文王之孝，則自不至喪德喪命，以辱吾親也。《禮·祭義》篇云：「文王之祭也，事死者如事生，思死者如不欲生，忌日必哀，稱諱如見親，祀之忠也。如見親之所愛，如欲色然，其文王與？《詩》云：『明發不寐，有懷二人。』文王之詩也。」按：觀此可以得詩意。

○**人之齊聖，飲酒溫克**。職韻。**彼昏不知，壹**《列女傳》、豐氏本俱作「一」。**醉日富**。叶職韻，筆力翻。**各敬爾儀**，支韻。**天命不又**。叶支韻，盈支翻。○賦也。「齊」，《說文》云：「禾麥吐穗上平也。象形。」按：生而齊者，莫若禾麥，故藉以為整肅之義。「聖」，朱子云：「通明也。」洪邁云：

「自孔子贊《易》、孟子論善信之前，未甚以聖為尊崇。人之齊聖，不過飲酒溫克而已。《左傳》八愷：齊、聖、廣、淵、明、允、篤、誠。《周官》六德：智、仁、聖、義、中、和。皆混於諸字中，了無所異。以故魯以臧武仲為聖人，伯夷、伊尹、柳下惠皆曰聖。」朱善云：「整肅者必不以酒而喪儀，通明者必不以酒而敗德。溫和克勝也。以溫和自勝，不止能勝乎酒而已。」郝敬云：「醉人多怒，故不醉而怒曰奰。《酒誥》曰：『厥心疾狠，不克畏死。』惟齊聖之人醉能溫克也。」「昏」，闇也。「彼昏」，指紂也。「壹」，《說文》云：「專壹也」，字「從壺」。徐鍇云：「取其不泄也。」「富」，備也，言彼昏昧之人不知酒之為害，專一惟取醉是務，且日備酒食以資沉湎也。一說：萬尚烈云：「『壹醉日富』者，言能謹之於初，飲不至醉，則末路可持。惟一醉焉，則其繼也，遂日甚一日，有不能自禁者，酒使之也。今俗所云『入慣場，走熟路』是也。」亦通。四句一法一戒，而意重在戒。敬主心言，儀主貌言。儀本於敬，則儀非外也。凡喪儀之事非一，而湎酒為甚，故《酒誥》曰：「天降威，我民用大亂喪德，亦罔非酒惟行。」言各則不獨戒康叔，並欲轉戒其臣若民，所謂「明大命於妹邦」者，此也。「天命」，與「天威」對看。凡諸侯之得有其國，卿大夫之得有其家，士庶人之得有其身，皆本於天之眷命而然也。又，毛云：「復也。」沉湎則天命將改，一去不復來也。或疑飲酒小節，未必繫天命之去留。殊不知蕩心敗德，縱慾荒政，疏君子而狎近倖，玩寇讎而忘憂患，皆自飲酒啟之。禹惡旨酒，曰：「後世必有以酒亡國者。」歷觀前史，其事可監。晉元帝以王導一言而覆杯，其能植立江左，宜哉！一說：民受天地之中以生，所謂命也，於是有動作威儀之節，以定命也。無時無處可萌一懈心。才有懈心，則命已棄我而去，不復存矣。此主義理言命，較細，但於戒意未切。《左·昭元年》：「楚公子圍為令尹，享趙孟，賦《大明》之首章，趙孟賦《小宛》之二章義。」蓋取「天命不又」也。〇**中原有菽**，豐本作「未」。**庶民采**叶紙韻，此禮翻。**之。螟蛉**《說文》、豐本俱作「蠕」。**有子**，紙韻。**蜾**豐本作「果」。《說文》作「蠣」。**贏負**叶紙韻，蒲美翻。**之，教誨爾子**，紙韻。**式穀似**紙韻。豐本作「佀」。**之**。比也。「中原」，毛云：「原中也。」季本云：「中原曠地，非八家所受之田也。」「菽」，朱子云：「大豆也。」《爾雅》謂之戎菽。戎者，大也。張揖云：「大豆，菽也。小豆，荅也。」「采」，《說文》云：「捋取也。」毛、鄭以為採藿。藿者，菽葉也。孔云：「以言采之，明采取其葉，故言藿也。」今按：詩言采芑、采麥，芑、麥亦穀也，安在藿可言采，菽不可言采乎？鄧元錫云：「中原有菽，非適有主也。采者得之乃善，何適主之有？能者從之矣。」「螟蛉」，犍為文學云：「桑上小青蟲也。似步屈，其色青而細小。或在草葉上。」郭璞云：「俗謂之桑蟃，亦曰戎女。」「蜾蠃」，《說文》作「蠣蠃」。《爾雅》云：「蒲盧也。」郭云：「即細腰蜂也。俗呼為蠮螉。」《方言》云：「蜂，燕趙之間謂之蠓螉。其小者謂之蠮螉。」許慎云：「土蜂也。天地之性，純雄無子。」《列子》云：「純雌者，其名大腰。純雄者，其名穉蜂。」陸璣云：「取桑蟲負之於木空中，或書簡筆筒中，七日而化為其子。俚語曰：咒云象我象我。」《法言》亦云：「螟蛉之子殪，而逢果蠃，祝之曰：『類我類我。』久則肖之矣。」《化書》云：「蠮螉之蟲孕螟蛉之子，傳其情，交其精，混其氣，和其神，隨物小大，皆得其真，蠢動無定精，萬物無定形。」按：舊說相傳皆如此，惟陶隱居云：「今一種黑色，腰甚小，銜泥於人壁及器物邊作房，如並竹管。其生子如粟米大，置中，乃捕取艸上青蜘蛛十餘枚，滿中，仍塞口，以擬其子大為糧也。其一種入蘆竹管中者，一名果蠃，亦取艸上青蟲。或言細腰無雌，皆取青蟲教祝，便變成己子，斯為謬矣。」程良孺云：「余乃見細腰黑蜂在竹木縫上作巢七孔，以次封之，孔皆銜青黃蜘蛛。未半孔，時即生子如粟大，於蜘蛛之背，仍用蜘蛛置滿，以泥封之。數日，子漸大，如青屈蠖形。蝕完蜘蛛，乃成蛹。蛹枯，內出蜂，齧泥口而出，聲與大蜂祝聲無異。」《解頤新語》云：「近世詩人取蜾蠃之巢毀而視之，乃自有細卵如粟，寄螟蛉之身以養之。其螟蛉不生不死，蠢然在穴中，久則螟蛉盡枯，其卵日益長大，乃為蜾蠃之形，穴竅而出。蓋此物不獨取螟蛉，亦取小蜘蛛置穴中，寄卵於蜘蛛腹脅之間，其蜘蛛亦不生不死，久之蜘蛛盡枯，其子乃成。今人養晚蠶者，蒼蠅亦寄卵於蠶之身，久之其卵為蠅，穴繭而出。殆物類之相似者。」董葉翁云：「蜾蠃負螟蛉埋土中，而寄子其身，如雞抱子暖之而使生。然其子即蜾蠃之子，非以螟蛉之子為子。」戴〔註66〕侗云：「嘗親見蠮螉負螟蛉入筆管，有兩蠮螉互飛而共營之，非獨陽無子，而外取螟蛉之子為子也。如腐草化螢，亦螢宿其子於腐草，既成形，則自腐草而出。杜詩有云：『幸因腐草出。』最精於物理。」楊慎云：「露蜂懸其巢，每穴各綴一卵如粟，不知用何物養之，久乃漸大成蜂。或謂細腰有術，能禁物，其祝聲可聽，乃其禁術也。《莊子》曰：『細腰者化。』彼之所不可知者，正謂其能禁螟蛉、蜘蛛不生不死以化物身之膏潤，滋養其卵而成其形。《列子》以為

〔註66〕「戴」，四庫本誤作「載」。

純雄，殆未可信。」〔註67〕置初於背曰負。螟蛉之背有子，乃蜾蠃之子。蜾蠃使之負之，正借之以孚化其子耳。教子之道，日漸月累，俟之自化，何以異是？《說文》云：「上所施、下所效曰教。」「誨」，曉也。徐鍇云：「丁寧誨之，若決晦昧也。」「式」，用。「穀」，善也。「式穀」者，沉湎之反。「似之」，言子克肖也。教爾子必用善道，而以身教，如庶民之采菽，不遺餘力，而讓人如螟蛉之負子，優游以聽其自化，則庶乎可與爾相似矣。上章危以命，此章感以子。蓋身者，親之枝；子者，身之枝。敬威儀以善吾身，所以繼先人也。式穀以教吾子，所以繼吾身，亦所以繼先人也。〇**題**《中論》作「相」。《潛夫論》作「顧」。**彼脊**《潛夫論》、豐本俱作「鶺」。**令**，叶庚韻，離貞翻。《潛夫論》、《釋文》、豐本俱作「鴒」。**載飛載鳴**。庚韻。**我日斯邁，而月斯征**。庚韻。**夙興夜寐，毋**《大戴禮》、《韓詩外傳》、《潛夫論》、《詩大全》、穎濱《集傳》、朱《傳》、《讀詩記》、嚴氏《詩緝》俱作「無」。**忝爾所生**。庚韻。〇興而比也。「題」，通作「睇」。鄭《箋》云：「題之為言視睇也。」按：《說文》：「睇，目小視也。」「脊令」，詳見《常棣》篇。「載」之言「則」也。《禽經》注云：「脊令共母者，飛鳴不相離。」故取為兄弟之比。舊皆謂脊令且飛且鳴，口翼俱勞，無有止息，以興進修不得暇逸。故毛云：「脊令不能自捨，君子有取節爾。」東方朔亦云：「士所以日夜孳孳敏行而不敢怠也，譬若鶺鴒，飛且鳴矣。」皆附會曲解，非詩本意。「我」，武王自我也。「邁」，猶過也。「日月逾邁」之「邁」。武王未受命，故言「我日斯邁」，猶云日薄西山也。「而」，汝也，指康叔也。「征」，猶進也。汝之春秋方進未艾，當勉於自修，如下文所云也。日、月對看，互舉見義。一說：朱子云：「我既日斯邁，則汝亦月斯征矣，言當各務努力，不可暇逸。」徐幹云：「有進業，無退功。」「我日斯邁，而月斯征」，遷善不懈之謂也。亦通。自朝至暮為夙夜。「興」，起。「寐」，臥也。《大戴禮》云：「言不自舍也。」「毋」，禁止辭。「忝」，《說文》云：「辱也。」「所生」，謂父母也。敬慎其身，無時不然，以求無辱於父母，正與首章「念昔先人」句相應。斯言也，天顯之哀，切於中心，康叔者聞之，有不戚戚然動乎？韓嬰云：「昨日何生，今日何成，必念歸厚，必念治生，日慎一日，完如金城。《詩》曰：『夙興夜寐，無忝爾所生。』」又，《孝經》引此詩而足之曰：「用天之道，因地之利。謹身節用，以養父母。此庶人之孝也。」

〔註67〕見楊慎《升菴集》卷四十二《中原有菽》，末稱「此范處義之說也」。原出范處義《詩補傳》卷十九《變小雅・小宛》。

按：《孝經》引《詩》，姑斷章比類云耳。若論謹身之為孝，豈特庶人事哉？〇**交交桑扈**，豐本作「鳸」。**率場啄粟**。沃韻。**哀我填**《韓詩》作「疹」。**寡，宜岸**《韓詩》、《鹽鐵論》、豐本俱作「犴」。**宜獄**，沃韻。**握粟出卜**，屋韻。**自何能穀？**屋韻。〇比也。此章因民多以湎酒罹罪，故舉以為戒，為末章發端也。「交交」，歐陽修云：「參雜相亂之謂。」「桑扈」，鳥名。《爾雅》云：「竊脂也。」郭云：「俗呼青雀，觜曲，食肉，喜盜脂膏食之，因以名云。」《淮南子》云：「馬不食脂，桑扈不啄粟，非廉也。」陸佃云：「桑扈蓋一名而二種，若魯有兩曾參也。」《爾雅．釋鳥》謂「桑扈，竊脂，鳩鷯，剖葦」，此桑扈之一種也。又云：「桑扈，竊脂，棘扈，竊丹」，此桑扈之一種也。蓋對剖〔註 68〕葦言之，則竊脂者，所謂青質，觜曲，食肉，好盜脂膏者是也；對竊丹者言之，則竊脂者，所謂素質，其翅與領皆有文章者是也。「率場啄粟」，正以其性之竊脂者言之也。色之竊脂，言淺白也。又，《補傳》云：「或指其色，或指其性，實一物耳。」「率」，通作「衛」，循也。「場」，穀場也，解見《七月》篇。「啄」，《說文》云：「鳥食也。」桑扈本食肉之物，而今乃循穀場以啄粟，喻人不宜耽麯蘖，而今反沉湎也。「填」，本「寘」字，通作「闐」。漢西域于闐國或作寘是也。闐，眾盛貌。「岸」，當依《韓詩》作「犴」，野狗也。犬所以守，故謂獄為犴，本作豻。「獄」，《說文》云：「確也。」從言，謂訟言也。從㹜，二犬所以守也。《韓詩傳》云：「鄉亭之繫曰犴，朝廷曰獄。」言哀我人斯，或眾或寡，鮮不罹於在外之犴、在內之獄者，推其所以，皆酒之為也。兩言「宜」字，悲慘可掬。「握」，《說文》云：「扼持也。」陸佃云：「持五指也。在外為持，在內為握。」嚴云：「《史．日者傳》曰：『卜而有不審，不見奪糈。』見古以粟問卜也。」「自」，從也。「穀」，善也。「握粟出卜」，蓋欲求所以禳災祈福者，亦商人尚鬼之遺習則然。但其所為如此，亦從何能善乎？妹上〔註 69〕染紂惡已深，其時以湎酒獲罪者，必比比而是，故武王云然。《酒誥》曰：「群飲，女勿佚，盡執拘以歸于周，予其殺。」此之謂也。《樂記》云：「夫豢豕為酒，非以為禍也，而獄訟益繁，則酒之流生禍也。」又，桓寬云：「方今律令百有餘篇，文章繁，罪名重，郡國用之疑惑，或淺或深。自吏明習者不知所處，而況愚民乎！此斷獄所以滋眾而民犯禁也。《詩》云：

〔註 68〕「剖」，四庫本誤作「部」。

〔註 69〕「上」，四庫本作「土」，是。按：《尚書．酒誥》：「妹土嗣爾股肱，純其藝黍稷，奔走事厥考厥長。」

『宜犴宜獄，握粟出卜，自何能穀？』刺刑法繁也。」雖非詩意，亦恍惚相近。〇**溫溫恭人，如集于木。**屋韻。**惴惴小心，如臨于**《中說》作「空」。豐本作「深」。**谷。戰戰兢兢，**蒸韻。《韓詩外傳》此句下有「如臨深淵」四字。**如履薄冰。**蒸韻。豐本作「冰」。〇賦也。承上章言民湎酒之生禍如此。康叔身居民上，可不益知所以自毖乎？《酒誥》言「矧汝剛制於酒」，意正如此。「溫溫」，毛云：「和柔貌。」「恭人」，謙恭之人。鳥棲曰集。「如集于木」，徬徨踧踖，不敢自安，蓋狀其溫恭之容如此。即第二章言「溫克」之意。《荀子》云：「行而拱翼，非漬淖也。立而俯項，非擊戾也。偶視而先俯，非恐懼也。然夫士欲獨修其身，不以得罪於比俗之人也。」「惴」，《說文》云：「憂懼也。」主心言。「惴惴」，以狀小心。如臨于谷，恐其隕越，以狀「惴惴」，即第二章言敬儀之意。「溫溫恭人」、「惴惴小心」，皆指好修君子而言，欲康叔取法也。《韓詩外傳》：「孫叔敖遇狐丘丈人。狐丘丈人曰：『僕聞之，有三利必有三患。子知之乎？』孫叔敖蹙然易容曰：『小子不敏，何足以知之。敢問何謂三利？何謂三患？』狐丘丈人曰：『夫爵高者，人妒之；官大者，主惡之；祿厚者，怨歸之。此之謂也。』孫叔敖曰：『不然。吾爵益高，吾志益下；吾官益大，吾心益小；吾祿益厚，吾施益博。可以免於患乎？』狐丘丈人曰：『善哉言乎！堯舜其猶病諸。《詩》曰：溫溫恭人，如集于木。惴惴小心，如臨于谷。』」按：此於詩旨不甚合，然亦格言也。「戰戰」二句，勉勵康叔之辭，解見《小旻》篇。康叔取法於溫溫、惴惴之賢者，當益戰兢自持，時時如履薄冰而恐陷者然，則自不敢湎酒，而不至以先父母之遺體行殆矣。今按：《孝經》、《論語》所引「戰戰兢兢」之詩，皆有「如臨深淵」之句。味其語意，正與此詩之言「有懷二人，毋忝所生」互相吻合，非《小旻》詩也。《孝經》云：「非先王之法服不敢服，非先王之法言不敢道，非先王之德行不敢行，是故非法不言，非道不行，口無擇言，身無擇行，言滿天下無口過，行滿天下無怨惡。三者備矣，然後能守其宗廟，蓋卿大夫之孝也。」《論語》云：「曾子有疾，召門弟子曰：『啟予足，啟予手。《詩》云：戰戰兢兢，如臨深淵，如履薄冰。』」《韓詩外傳》引此章全文，亦有七句，當是二詩文法相類因而相混耳。劉向云：「存亡禍福，其要在身。聖人重誡，敬慎所忽。諺曰：誡無垢，思無辱。夫不誡不思而以存身全國者，亦難矣。《詩》曰：『戰戰兢兢，如臨深淵，如履薄冰。』此之謂也。」董鼎云：「古之為酒，本以供祭祀，灌地降神，取其馨香下達，求諸陰之義也。後以其能養陽也，故用之以奉親養老。又以其能合歡也，故用之冠婚賓客。然曰『賓主百拜，而酒三行』，又曰『終日飲酒而不得醉焉』，未嘗過也。自禹飲儀狄之旨酒而疏之，寧不謂其太甚。已而亡國之君、敗家之子接踵於後世，何莫繇斯？然則文王之教，不惟當「明於妹邦」家寫一通，猶恐覆車之不戒也。」又按：武王《觴豆銘》曰：「食自杖，食自杖，戒之憍，憍則逃。」又，《觴銘》曰：「樂極則悲，沉湎致行，社稷為危。」可與此詩及《酒誥》互相發。

《小宛》六章。章六句。小宛之義，解見《小旻》篇。《子貢傳》、《申培說》、豐氏本篇名俱作《鳴鳩》。今按：《左傳》：「趙孟賦《小宛》。」則《小宛》之名舊矣。《子貢傳》諸書所以變稱《鳴鳩》者，以《國語》「秦伯燕公子重耳，賦鳩飛」，遂妄意此名非古耳。豈知《國語》所載「秦伯賦鳩飛，公子賦河水」，原非篇名，第摘本章中二字，自是文家變體。其實鳩飛之篇仍名《小宛》，猶之河水之篇仍名《碩人》也。○《序》云：「大夫刺宣王也」，鄭玄以「當為刺厲王之詩」，要皆無所據。唐孔氏又徑改為「刺幽王」。而郝敬且從而曼衍其說，謂「鳴鳩即雎鳩」，引《本草》「食布穀，佩其骨，令夫婦和」，以刺幽王之黜申后。又解二人為宣王與姜后，引《禮》「雞初鳴，適父母舅姑所」，為「明發不寐」，刺「幽王夫婦乖離」。「中原采菽」比太子見黜在外。「螟蛉負子」比申侯扶太子，召犬戎。「誨子式穀」刺王寵庶奪嫡。「脊令」刺伯服兄弟亂倫。附會如此，亦不根甚矣。朱子則以為「此大夫遭時之亂而兄弟相戒以免禍之詩」。《申培說》襲朱《傳》而不顯其世，要亦依附文義而想像為之辭者，不必有所根着也。